Stuart Hall

Ideologie
Identität
Repräsentation

Ausgewählte Schriften 4

Herausgegeben von Juha Koivisto
und Andreas Merkens

Aus dem Englischen von Kristin Carls, Dagmar Engelken, Stefan Howald, Tobias Nagl, Nora Räthzel, Victor Rego Diaz, Bettina Suppelt, Thomas Weber

Stuart Hall bei Argument:

Vertrauter Fremder. Ein Leben zwischen zwei Inseln

Ideologie, Kultur, Rassismus (Schriften 1)
Rassismus und kulturelle Identität (Schriften 2)
Cultural Studies (Schriften 3)
Ideologie, Identität, Repräsentation (Schriften 4)
Populismus, Hegemonie, Globalisierung (Schriften 5)

Schriften. Band I und II

Neu durchgesehene Ausgabe 2021:
Victor Rego Diaz, Koordinator des Editorial Boards der Hall-Autobiografie *Vertrauter Fremder*, das für Halls Begriffe den aktuellen Diskursen gerechte Übersetzungen erarbeitet hat, passte die Terminologie dieses Bandes entsprechend an. Paginierung gegenüber früheren Ausgaben geringfügig abweichend.

Die Deutsche Nationalbibliothek verzeichnet diese Publikation in der Deutschen Nationalbibliografie; detaillierte bibliografische Daten sind im Internet über http://dnb.d-nb.de abrufbar.

Alle Rechte der deutschen Fassung vorbehalten
© Argument Verlag 2004
Glashüttenstraße 28, 20357 Hamburg
Telefon 040/4018000 – Fax 040/40180020
www.argument.de
Druck: CPI books GmbH, Leck
Gedruckt auf säure- und chlorfreiem Papier
ISBN 978-3-88619-326-4
Siebte Auflage 2021

Inhalt

Vorwort

Stuart Hall ist einer der wichtigsten – wenn nicht der wichtigste – Begründer der Cultural Studies. Unter den linken Projekten gehören diese, wenigstens im englischen Sprachraum, zu den erfolgreicheren. Inzwischen gibt es entsprechende Studienprogramme und Lehrstühle an den Universitäten, und mit dem *International Journal of Cultural Studies* sowie dem *European Journal of Cultural Studies* wurden vor einigen Jahren zwei neue Zeitschriften von akademischen Großverlagen lanciert. Die neue internationale *Association for Cultural Studies*, vergleichbar zur ISA (*International Association for Sociology*) hat bereits ihr erstes *Business Meeting* im Rahmen der fünften internationalen *Crossroads* Konferenz in Illinois (2004) abgehalten. Die Kehrseite dieses Zugewinns an akademischer Anerkennung, so sagen manche linke Kritiker, die sich schon in einer Minderheitsposition innerhalb der Cultural Studies sehen, besteht in der Depolitisierung des Ansatzes: Die Analyse der umkämpften gesellschaftlichen Verhältnisse – auch der eigenen – findet sich zugunsten einer qualitativen Soziologie bzw. einer dekonstruktivistischen Lektüre populärer Texte verdrängt, in der das *eingreifend-politische* Selbstverständnis der Cultural Studies verloren geht; der Anspruch also, Theorie in wechselseitiger Verbindung zu den Subjekten, Gruppen und Netzwerken der sozialen und kulturellen Emanzipation zu entwickeln (vgl. Barker, 2003). Zudem zeigt sich, dass starker institutioneller Druck und akademische Traditionen, eine Disziplinierung und Formalisierung der eigenen Theoriearbeit bewirken können, deren lähmende Wirkung auch auf eine erfolgreiche intellektuelle Bewegung nicht ausbleibt.

Wie uns freilich nicht nur die Cultural Studies vor Augen führen, die schwere Kunst sich kritisch zu positionieren statt passiv positioniert zu werden (wobei letzteres die selbsttätige ›einfügende Bedrängung‹ nicht ausschließt), ist angesichts einer allgemeinen Verengung von Wissenschaft und Erkenntnis auf ihre Marktgängigkeit, eine notwendige Herausforderung. Hier können Halls theoretische Entwürfe einen entscheidenden Beitrag leisten, steht seine Arbeit doch für eine produktive Unruhe im Denken, die sich immer wieder neuen theoretischen und politischen Fragen stellt, die Grenzen überschreitet und dabei am Anspruch festhält, das unlösbare Spannungsverhältnis zwischen Theorie und Praxis aufrechtzuerhalten. Eine *dialogische* Vorgehensweise, die keinen endgültigen Standpunkt des Wissens behauptet, sich dem immer auch »willkürlichen Abschluss« (Hall

2000, 36) eigener intellektueller Reflexionen bewusst ist, und dennoch darum ringt eine Positionierung zu vollziehen, die auf politisches Handeln zielt, die »immer über ihre Intervention in einer Welt nachdenkt, in der sie etwas verändern, etwas bewirken könnte« (ebd., 51).

Dieser vierte Band der *Ausgewählten Schriften* erörtert das Wechselspiel von Ideologie, Identität und Repräsentation. Gibt es etwas Selbstverständlicheres als die eigene Identität? Können wir die Pluralität von Identitäten behaupten? Nachgefragt werden die umkämpften Praktiken und Politiken von Repräsentation, in denen Identifikationen gebildet werden. Ereignisse, Gegenstände und Personen tragen ihre eigenen Bedeutungen nicht auf Schildern geschrieben vor sich her, vielmehr erfahren sie erst durch den Eintritt in den Diskurs eine spezifische Festlegung – innerhalb eines konkurrierenden Systems von Interpretationen – die immer auch auf Selektion basiert, die auf der Hervorhebung und auf dem Ausschluss von Merkmalen aufbaut. Bedeutungen sind daher weder außerhalb von Herrschaftsverhältnissen und dem Spiel der sozialen Kräfte, noch sind sie ein für alle mal festgeschrieben durch die Ökonomie oder die Politik. Allerdings sollten wir mit Hall von »tendenziellen Ausrichtungen« (im vorl. Band, 29) sprechen, die politisch und kulturell aus den materiellen Bedingungen erwachsen, in denen sich gesellschaftliche Gruppen und Klassen ideologisch artikulieren und Repräsentationspraxen der ›Differenz‹ und ›Andersheit‹ hervorbringen.

In seinen Arbeiten widmet sich Stuart Hall wesentlich dem Prozess der konfliktären Herstellung dieser Repräsentationen, den ihnen innewohnenden Machtspielen, die Bedeutungen und Wahrheiten festlegen, die bestimmte Welteinsichten und Identitäten ermöglichen und andere wiederum verschließen. Am Ausgangspunkt dieser Analysen steht eine die Debatten der Cultural Studies anleitende Frage, die erkenntnistheoretisch das Verhältnis zu dem vom französischen Sprachwissenschaftler *de Saussure* begründeten (Post-)Strukturalismus verhandelt: Wie kann die Analyse der *materiellen* Praxen und Politiken von Repräsentation, etwa durch rassistische Stereotypisierung, mit dem theoretischen Vermächtnis von de Saussure, der die Sprache als ein System von Zeichen bestimmt, welches auf Differenzen basiert, erfasst werden? Sein Modell hilft uns in den Sozialwissenschaften einerseits essentialistische Lesarten zu überwinden, Identitäten als instabil und beweglich zu verstehen, auf der anderen Seite tendiert eine entsprechende Kritik dazu, Bedeutungspraxen nur von einem linguistischen Standpunkt aus zu durchdenken. Sobald wir beginnen Bezeichnungen im System der Differenz politisch-gesellschaftlich entlang unterschiedlicher ›Werte‹ zu bestimmen, überschreiten wir notwendig den Bereich der Linguistik, wir untergraben damit Saussures grundlegende Dichotomie von *langue* und *parole*, die eine solche Analyse der Bedeutungspraxen blockiert. In *Derridas* philosophischen Erkundungen – oder vielleicht seiner philosophischen ›Ausbeutung‹ – von Saussures zentraler Idee der Differenz, finden wir diese Problematik fortgeschrieben, wenn es darauf ankommt, die Materialität von Bezeichnungen über ihre Einbindung in antagonistische soziale Verhältnisse zu verstehen.

Halls Überlegungen zum Wechselspiel von Ideologie, Identität und Repräsentation, wie sie in verschiedenen Beiträgen, bei unterschiedlicher thematischer Schwerpunktsetzung, im Zeitraum von über zwanzig Jahren entstanden sind, verdichten sich maßgeblich entlang dieser theoretischen Herausforderung. Eine Auswahl dieser Texte, teils schon Klassiker geworden, finden sich in dem vorliegenden Band dokumentiert. Dabei gelingt es Hall durch den konstruktiven Rückgriff auf Theoretiker wie Gramsci, Vološinov, Althusser, Pêcheux und Foucault, identitätsstiftende Repräsentationspraxen als umkämpft und herrschaftsmächtig durchsetzt zu theoretisieren, analytische Werkzeuge zu entwickeln, um die ideologischen Prozesse, Kämpfe und Konjunkturen der kapitalistischen Gegenwart zu kritisieren. Wider den Fallstricken einer Identitätspolitik, die sich in der Vertretung ›ihrer‹ spezifischen Interessen verliert, entwickelt er in den Jahren ein kreatives Denken, das unterschiedliche Logiken repräsentiert, ohne den gesellschaftlichen Zusammenhang, das gegliederte Ganze, aufzugeben.

Ein besonderer Dank gilt schließlich den Übersetzerinnen und Übersetzern, ohne deren unentgeltliche und zeitaufwendige Mitarbeit dieses Buch nicht hätte realisiert werden können,

Tampere und Hamburg, August 2004
Die Herausgeber

Ideologie und Ökonomie. Marxismus ohne Gewähr

1. *Das Problem der Ideologie im Marxismus heute*

In den vergangenen zwei oder drei Jahrzehnten hat die marxistische Theorie eine bemerkenswerte, aber einseitige und ungleichmäßige Wiederbelebung erfahren. Einerseits wurde sie erneut zum hauptsächlichen Gegenpol zur ›bürgerlichen‹ Gesellschaftstheorie. Andererseits sind viele junge Intellektuelle durch diese Wiederbelebung *hindurch* gegangen und nach einer hitzigen und raschen Lehrzeit auf der anderen Seite wieder herausgekommen. Sie haben mit dem Marxismus ›ihre Rechnung beglichen‹ und sind aufgebrochen zu neuen intellektuellen Feldern – aber nicht ganz. Der Post-Marxismus bleibt eine unserer größten und blühendsten zeitgenössischen Schulen. Die Post-Marxisten verwenden marxistische Konzepte, wobei sie ständig deren Unangemessenheit demonstrieren. Tatsächlich scheinen sie noch immer auf den Schultern gerade derjenigen Theorien zu stehen, die sie soeben endgültig zerstört haben. Hätte es den Marxismus nicht gegeben, der ›Post-Marxismus‹ hätte ihn erfinden müssen, damit seine weitere ›Dekonstruktion‹ den ›Dekonstrukteuren‹ fernerhin etwas zu tun gibt. Der Marxismus erhält damit die kuriose Eigenschaft eines Lebens-nach-dem-Tode. Er wird ständig ›überwunden‹ *und* ›bewahrt‹. Dieser Vorgang lässt sich von nirgendwo lehrreicher beobachten als vom Standpunkt des Ideologieproblems.

Ich beabsichtige weder, den genauen Windungen und Wendungen dieser neueren Auseinandersetzungen nachzuspüren, noch versuche ich, die sie begleitenden verschlungenen Theoriebildungen zu verfolgen. Stattdessen möchte ich die Debatten über Ideologie in den weiteren Kontext der marxistischen Theorie als Ganzer stellen. Ich möchte sie auch als ein allgemeines *Problem* darstellen, da es sowohl ein Problem der Theorie als auch ein politisches und strategisches Problem ist. Ich möchte die schlagendsten Schwächen und Grenzen in den Formulierungen des klassischen Marxismus über Ideologie ausmachen und einschätzen, was erreicht wurde, was vergessen werden kann und was im Lichte der Kritiken festgehalten – und vielleicht umgedacht – werden muss.

Zunächst aber: warum hielt das Ideologieproblem einen so hervorragenden Platz innerhalb der marxistischen Diskussion der letzten Jahre besetzt? Perry Anderson beobachtete in seiner Bestandsaufnahme der westeuropäischen marxistischen Intellektuellenszene (Anderson 1978) die intensive Beschäftigung dieser Kreise mit Problemen, die sich auf Philosophie,

Epistemologie, Ideologie und auf die Überbauten beziehen. Er sah dann eindeutig eine Deformation in der Entwicklung marxistischen Denkens. Der Vorrang dieser Fragen im Marxismus reflektiere die allgemeine Isolation westeuropäischer marxistischer Intellektueller von den Erfordernissen politischer Massenkämpfe und -organisationen; die Abgetrenntheit ihrer »extrem schwierigen Sprache«, die »niemals durch eine direkte oder aktive Beziehung zu einem proletarischen Publikum kontrolliert« wurde (ebd., 83); ihre Distanz zur popularen Praxis und ihre fortdauernde Unterstellung unter die Herrschaft bürgerlichen Denkens. Dies resultierte, so Anderson, in einer allgemeinen Abwendung von den klassischen Themen und Problemen des reifen Marx und des Marxismus. Die übermäßige Beschäftigung mit dem Ideologischen könne als beredtes Zeichen dafür genommen werden.

Vieles spricht für dieses Argument – was diejenigen bezeugen werden, die die theoretizistische Flutwelle im ›westlichen Marxismus‹ der letzten Jahre überlebt haben. Die Akzentsetzungen des ›westlichen Marxismus‹ mögen wohl die Erklärung sein für *die Art und Weise*, in der das Ideologieproblem konstruiert, wie die Debatte geführt und bis zu welchem *Grad* es in die Sphären spekulativer Theorie abstrahiert wurde. Dies darf aber nicht beinhalten, dass die marxistische Theorie, trotz der vom ›westlichen Marxismus‹ produzierten Verzerrungen, getrost auf ihrem festgelegten Weg fortschreitend und der einmal aufgestellten Tagesordnung folgend, das Ideologieproblem an seinem untergeordneten, zweitrangigen Platz belässt. Das Sichtbarwerden des Ideologieproblems hat einen objektiveren Grund. Erstens in den realen Entwicklungen der Mittel, mit denen das Massenbewusstsein geformt und transformiert wird: im massiven Anwachsen der ›Kulturindustrien‹. Zweitens in der beunruhigenden Frage der ›Zustimmung‹ der Mehrzahl der Arbeiterklasse zum System der entwickelten kapitalistischen Gesellschaften in Europa und damit – entgegen aller Erwartung – deren teilweiser Stabilisierung. Selbstverständlich wird der ›Konsensus‹ *nicht* durch die Mechanismen der Ideologie allein aufrechterhalten. Beides kann aber nicht getrennt werden. Das Sichtbarwerden des Ideologieproblems spiegelt auch wirkliche theoretische Schwächen der ursprünglichen marxistischen Formulierungen über Ideologie wider. Und es wirft Licht auf einige der entscheidendsten Fragen der politischen Strategie und der Politik der sozialistischen Bewegung in den entwickelten kapitalistischen Gesellschaften.

Beim kurzen Überblick über einige dieser Fragen möchte ich nicht so sehr die Theorie als vielmehr das *Problem* der Ideologie in den Vordergrund stellen. Das *Problem* der Ideologie ist, innerhalb einer materialistischen

Theorie zu erklären, wie gesellschaftliche Ideen entstehen. Wir müssen verstehen, welche Rolle sie in einer bestimmten Gesellschaftsformation spielen, um den Kampf für die Veränderung der Gesellschaft zu orientieren und den Weg zu bahnen für eine sozialistische Transformation. Unter Ideologie verstehe ich die mentalen Rahmen – die Sprachen, Konzepte, Kategorien, Denkbilder und Vorstellungssysteme –, die verschiedene Klassen und soziale Gruppen entwickeln, um der Funktionsweise der Gesellschaft einen Sinn zu geben, sie zu definieren, auszugestalten, verständlich zu machen.

Das Ideologieproblem betrifft deshalb die Art und Weise, in der verschiedenartige Ideen die Köpfe der Massen ergreifen und dadurch zur ›materiellen Gewalt‹ werden. In dieser mehr politischen Perspektive hilft uns die Ideologietheorie, zu analysieren, wie ein bestimmter Set von Ideen die gesellschaftliche Denkweise eines historischen Blocks – in Gramscis Sinne – dominiert und damit dazu beiträgt, solch einen Block von innen her zu vereinheitlichen und seine Herrschaft und Führerschaft über die Gesellschaft als Ganze aufrechtzuerhalten. Es hat insbesondere etwas mit den Konzepten und Sprachen des praktischen Denkens zu tun, das eine bestimmte Form von Macht und Herrschaft stabilisiert oder das die Volksmassen an ihren untergeordneten Platz in der Gesellschaftsformation anpasst und sie mit ihm versöhnt. Es hat auch zu tun mit den Prozessen, durch die neue Bewusstseinsformen, neue Entwürfe der Welt entstehen, die die Volksmassen zur historischen Tat gegen das herrschende System bewegen. Bei einer ganzen Reihe von gesellschaftlichen Kämpfen stehen diese Fragen *auf dem Spiel*. Sie müssen geklärt werden, um das Terrain des ideologischen Kampfes besser zu verstehen und zu meistern. Dazu brauchen wir nicht nur eine Theorie, sondern eine Theorie, die der Komplexität dessen angemessen ist, was wir zu erklären versuchen.

In den Werken von Marx und Engels ist eine solche Theorie nicht schon fix und fertig verpackt. Marx entwickelte keine allgemeine Erklärung der Funktionsweise gesellschaftlicher Ideen, die vergleichbar wäre mit seinem historisch-theoretischen Werk über die ökonomischen Formen und Verhältnisse der kapitalistischen Produktionsweise. Seine Anmerkungen auf diesem Gebiet zielten nie auf einen ›gesetzmäßigen‹ Status. Missversteht man sie als Aussagen von jener mehr theoretisch exakten Art, landet man dort, wo das Problem der Ideologie einst für den Marxismus begann. Tatsächlich erfolgte seine Theoretisierung dieses Gegenstandes viel mehr *ad hoc*. Folglich unterliegt der Marx'sche Gebrauch des Ausdrucks ›Ideologie‹ starken Schwankungen. Heutzutage hat er – wie man an der oben von mir vorgeschlagenen Definition sehen kann – einen viel weiteren, mehr deskriptiven und weniger systematischen Bezug als in den klassischen marxistischen Texten. Wir benutzen ihn *heute*, um auf *alle* organisierten Formen gesellschaftlichen Denkens zu verweisen. Diese Verwendungsweise lässt den Grad und die Natur der ›Verzerrungen‹ dieses Denkens offen. Mit Sicherheit verweist er mehr auf den Bereich des praktischen Denkens und Urteilens (auf die Form also, in der die meisten Ideen die Köpfe der Massen ergreifen und sie zur Tat bewegen können) als einfach auf gründlich ausgearbeitete und in sich konsistente ›Denksysteme‹. Wir meinen damit sowohl das praktische als auch theoretische Wissen, das die Leute dazu befähigt, sich die Gesellschaft ›auszugestalten‹, und in dessen Kategorien und Diskursen wir unsere objektive Positionierung in den gesellschaftlichen Verhältnissen ›ausleben‹ und ›erfahren‹.

2. *Marx' Ideologiemodell und seine Kritiker: Dekonstruktion‹ oder Rekonstruktion*

Marx hat den Ausdruck ›Ideologie‹ praktisch bei vielen Gelegenheiten so verwendet. Seine Verwendung in dieser Bedeutung ist also tatsächlich durch sein Werk sanktioniert. So sprach er in einer berühmten Passage zum Beispiel von den »ideologischen Formen, worin sich die Menschen [... eines] Konfliktes bewusst werden und ihn ausfechten« (MEW 13, 9). Im *Kapital* spricht er häufig in Nebenbemerkungen das »gewöhnliche Bewusstsein« des kapitalistischen Unternehmers oder die Denkformen des kapitalistischen »Alltagslebens« an. Er meint damit die Formen spontanen Denkens, in denen der Kapitalist sich die Funktionen des kapitalistischen Systems vorstellt und seine praktischen Verhältnisse dazu ›lebt‹ (d.h. wirklich erlebt). In der Tat gibt es schon hier Anhaltspunkte für die späteren Verwendungsweisen des Ausdrucks, von denen viele wohl nicht glauben würden, dass sie durch Marx' eigenes Werk gerechtfertigt sind. Die spontanen Formen des praktischen bürgerlichen Bewusstseins zum Beispiel sind real, aber sie können keine *adäquaten* Gedankenformen sein, da es Aspekte des kapitalistischen Systems gibt – zum Beispiel die Produktion des Mehrwerts –, die mit den herkömmlichen Kategorien einfach nicht gedacht oder erklärt werden können. Andererseits können sie auch nicht einfach *falsch* sein, da diese praktischen Bürger anscheinend durchaus in der Lage sind, ohne die Hilfe eines anspruchsvolleren oder ›richtigeren‹ Verständnisses dessen, worin sie sich bewegen, Profite zu machen, das System zu bedienen, seine Verhältnisse aufrechtzuerhalten, die Arbeit auszubeuten.

Um ein anderes Beispiel zu nehmen: Man kann aus Marx' Worten durchaus ableiten, dass *derselbe* Set von Verhältnissen – der kapitalistische Kreislauf – auf mehrere, *verschiedene* Arten dargestellt oder (wie die moderne

Schule sagen würde) *innerhalb verschiedener Diskurssysteme repräsentiert* werden kann. Da gibt es – um nur drei zu nennen – den Diskurs des ›bürgerlichen Common Sense‹, die anspruchsvollen Theorien der klassischen politischen Ökonomen wie Ricardo, von dem Marx so viel gelernt hat, und natürlich Marx' eigenen theoretischen Diskurs, den Diskurs des *Kapital* selbst.

Sobald wir uns von einer religiösen und doktrinären Marx-Lektüre lösen, sind die Verbindungswege zwischen vielen der klassischen Verwendungsweisen des Ideologiebegriffs und seinen neueren Ausarbeitungen nicht mehr so geschlossen, wie es uns gegenwärtige theoretizistische Polemiken glauben machen wollen. Tatsache ist jedoch, dass Marx den Ausdruck ›Ideologie‹ meistens verwendete, um speziell auf die Äußerungsformen bürgerlichen Denkens zu referieren, vor allem auf dessen negative und verzerrte Merkmale. Er neigte auch dazu – zum Beispiel in der *Deutschen Ideologie*, dem gemeinsamen Werk von Marx und Engels –, diesen Ausdruck im Kampf gegen seiner Auffassung nach unrichtige Ideen zu verwenden – oft gegen gut unterrichtete und systematische Ideen (die wir *heute* ›theoretische Ideologien‹ oder, Gramsci folgend, ›Philosophien‹ nennen, im Gegensatz zu den Kategorien des praktischen Bewusstseins oder zu dem, was Gramsci den ›Alltagsverstand‹ nannte). Marx gebrauchte den Ausdruck als eine kritische Waffe gegen die spekulativen Mysterien des Hegelianismus, gegen die Religion und die Religionskritik, gegen die idealistische Philosophie und die vulgären und degenerierten Varianten der politischen Ökonomie. In *Die Deutsche Ideologie* und *Das Elend der Philosophie* bekämpften Marx und Engels bürgerliche Ideen. Sie fechten die antimaterialistische Philosophie an, die die Herrschaft solcher Ideen untermauerte. Um ihre Polemik zuzuspitzen, vereinfachten sie viele ihrer Formulierungen. Unsere nachfolgenden Probleme entstanden teilweise dadurch, dass diese polemischen Umkehrungen als Grundlage für die Arbeit einer allgemeinen *positiven* Theoriebildung betrachtet wurden.

Innerhalb dieses breiten Rahmens der Verwendungsweisen des Ausdrucks ›Ideologie‹ gelangte Marx zu bestimmten vollständiger ausgearbeiteten Thesen, die dann die theoretische Basis der Theorie in ihrer so genannten klassischen Form bildeten. An erster Stelle die materialistische Prämisse: Ideen entstehen aus den materiellen Bedingungen und Umständen, in denen sie hervorgebracht werden, und sie spiegeln diese wider. Sie drücken gesellschaftliche Verhältnisse und deren Widersprüche im Denken aus. Besonders die Vorstellung, dass die Ideen den Motor der Geschichte liefern und unabhängig von den materiellen Verhältnissen sich weiterentwickeln und ihre eigenen autonomen Effekte erzeugen, wird als das Spekulative und Illusorische in der bürgerlichen Ideologie dargestellt. Zweitens die These von der Determiniertheit: Ideen sind lediglich die abhängigen Effekte der letztlich determinierenden Ebene der Gesellschaftsformation – des Ökonomischen in letzter Instanz –, so dass Veränderungen des Letzteren sich früher oder später als entsprechende Modifikationen der Ersteren bemerkbar machen. Drittens die festen Entsprechungen zwischen der Herrschaft in der sozioökonomischen Sphäre und im Ideologischen: die ›herrschenden Ideen‹ sind die Ideen der ›herrschenden Klasse‹ – die Klassenlage der Letzteren liefert dabei die Kopplung und Garantie der Korrespondenz mit den Ersteren.

Die Kritik an der klassischen Theorie zielte auf genau diese Aussagen. Zu sagen, Ideen sind ›bloße Reflexe‹, begründet zwar ihren Materialismus, belässt sie aber ohne spezifische Wirksamkeit in einem Bereich reiner Abhängigkeit. Sagt man, dass Ideen ›in letzter Instanz‹ durch das Ökonomische determiniert sind, begibt man sich auf den Weg des ökonomischen Reduktionismus. Ideen können letztlich auf das Wesen ihrer Wahrheit reduziert werden – ihren ökonomischen Gehalt. Der einzige Halt vor diesem letztendlichen Reduktionismus ergibt sich durch den Versuch, ihn etwas zu verzögern und sich durch eine wachsende Zahl von ›Vermittlungen‹ einen Manövrierraum zu erhalten. Zu sagen, dass die Herrschaft einer Klasse die Garantie der Vorherrschaft bestimmter Ideen ist, heißt, sie dieser Klasse als ausschließliches Eigentum zuzuschreiben und einzelne Bewusstseinsformen als klassenspezifisch zu definieren.

Es sollte festgehalten werden, dass diese Kritiken, obgleich sie sich direkt auf Formulierungen beziehen, die das Ideologieproblem betreffen, in der Tat den Gehalt der allgemeineren, umfassenderen Kritiken rekapitulieren, die gegen den klassischen Marxismus selbst vorgebracht werden seinen rigiden strukturellen Determinismus, seine zwei Varianten des Reduktionismus – den Ökonomismus und Klassenreduktionismus –, seine Art, die Gesellschaftsformation selbst zu begreifen. Marx' Ideologie-Modell wurde kritisiert, weil es die Gesellschaftsformation nicht als eine bestimmte komplexe Formation begreife, die zusammengesetzt ist aus verschiedenen Praxen, sondern als eine *einfache* (oder, wie es Althusser in *Für Marx* und *Das Kapital* lesen nannte, als eine ›expressive‹) Struktur. Althusser meinte damit, dass eine Praxis – ›das Ökonomische‹ – unmittelbar alle anderen Praxen determiniert und jede Wirkung einfach und gleichzeitig auf allen anderen Ebenen entsprechend reproduziert (d. h. ›ausgedrückt‹) wird.

Wer die Literatur und die Debatten kennt, wird leicht die Hauptlinien der von verschiedenen Seiten im Einzelnen vorgebrachten Revisionen dieser Positionen ausmachen. Sie setzen ein mit Engels' Kommentaren über das,

»was Marx gemeint hat« (besonders in den Altersbriefen), mit der Verneinung, dass es solch einfache Entsprechungen gibt oder dass die ›Überbauten‹ gänzlich ohne eigene spezifische Wirkungen sind. Die Bemerkungen von Engels sind ungeheuer fruchtbar, anregend und produktiv. Sie liefern zwar nicht die Lösung, aber den Ausgangspunkt für jede ernsthafte Reflexion des Ideologieproblems. Die Vereinfachungen entstanden seiner Auffassung nach dadurch, dass Marx sich im Kampf gegen den spekulativen Idealismus seiner Zeit befand. Es waren einseitige Verzerrungen, die notwendigen Übertreibungen der Polemik. Die Kritiken werden weitergeführt durch die groß aufgemachten Bemühungen von marxistischen Theoretikern wie Lukács, die – polemisch – an der strengen Orthodoxie einer bestimmten ›hegelianischen‹ Marx-Lektüre festhielten, während sie praktisch eine ganze Reihe von ›vermittelten und vermittelnden Faktoren‹ einführen, die den Hang zum Ökonomismus und Reduktionismus, wie ihn einige originale Formulierungen von Marx beinhalten, abschwächen und verschieben. Dazu gehört – aber aus einer anderen Richtung kommend – Gramsci, dessen Beitrag weiter unten diskutiert wird. Sie gipfeln in den raffinierten theoretischen Eingriffen Althussers und der Althusserianer, die gegen den Ökonomismus und Klassenreduktionismus und den Ansatz der ›expressiven Totalität‹ kämpfen.

Althussers Revisionen (in *Für Marx* und insbesondere in dem Aufsatz *Ideologie und Ideologische Staatsapparate*) haben eine entschiedene Abwendung von dem Ansatz, Ideologie als ›verzerrte Ideen‹ und ›falsches Bewusstsein‹ zu denken, gefördert. Sie haben den Weg zu einer stärker linguistischen oder ›diskursiven‹ Ideologiekonzeption geöffnet. Sie haben die gesamte vernachlässigte Fragestellung auf die Tagesordnung gesetzt, wie Ideologie verinnerlicht wird: Wie kommen wir dazu, ›spontan‹ innerhalb der Grenzen der Denkkategorien zu sprechen, die außerhalb von uns existieren und die, genauer gesagt, uns denken? (Das ist das Problem der so genannten Anrufung der Subjekte im Zentrum des ideologischen Diskurses. In der Folge hat dies dazu geführt, in den Marxismus psychoanalytische Interpretationen der Frage einzubringen, wie Individuen in die ideologischen Kategorien der Sprache überhaupt eintreten.) Indem er (z.B. in *Ideologie und Ideologische Staatsapparate*) an der *Funktion* der Ideologie für die Reproduktion der gesellschaftlichen Produktionsverhältnisse und (in *Elemente der Selbstkritik*) an dem metaphorischen Nutzen der Basis-Überbau-Metapher festhielt, versuchte Althusser noch einmal so etwas wie eine letzte Umgruppierung auf dem klassischen marxistischen Terrain.

Seine erste Revision aber war zu ›funktionalistisch‹. Wenn es die Funktion der Ideologie ist, die kapitalistischen Gesellschaftsverhältnisse gemäß den ›Anforderungen‹ des Systems zu ›reproduzieren‹, wie erklärt man dann subversive Ideen oder ideologischen Kampf? Und die zweite war zu ›orthodox‹. Althusser selbst war es, der die ›Basis/Überbau‹-Metapher so gründlich verschoben hatte. Tatsächlich waren die Türen, die er öffnete, genau die Ausgänge, durch die viele die Problematik der klassischen marxistischen Ideologietheorie insgesamt verließen. Sie gaben nicht nur den spezifischen Ansatz von Marx in der *Deutschen Ideologie* auf, »herrschende Klasse« und »herrschende Ideen« zu koppeln, sondern auch die Beschäftigung mit der Klassenstrukturierung der Ideologie und deren Rolle für die Herstellung und Aufrechterhaltung von Hegemonie.

Diskurstheorien und psychoanalytische Theorien, die ursprünglich als theoretische Stützen der kritischen Arbeit der Erneuerung und Weiterentwicklung der Theorie gedacht waren, lieferten stattdessen Kategorien, die solche des früheren Paradigmas ersetzten. Auf diese Weise wurden die wirklichen Schwächen und Lücken in der ›objektiven‹ Intention der marxistischen Theorie bei der Frage der Bewusstseinsmodalitäten und der ›Subjektion‹ der Ideologien, auf die Althussers Verwendung der Ausdrücke »Anrufung« (von Freud entlehnt) und »Positionierung« (von Lacan entlehnt) zielen, selbst zum ausschließlichen Gegenstand der Untersuchung. Das *einzige* Problem der Ideologie war jetzt, wie ideologische Subjekte durch die psychoanalytischen Prozesse geformt werden. Die theoretischen Verbindungsstränge waren damit gelöst. Dies ist der langsame Niedergang der ›revisionistischen‹ Bearbeitung der Ideologie, der schließlich (bei Foucault) mit der Abschaffung der Kategorie ›Ideologie‹ überhaupt endet. Dennoch bestehen diese hochgeistigen Theoretiker – als wären sie von Marx' Geist verfolgt, der immer noch in der theoretischen Maschinerie herumspukt – aus ziemlich obskuren Gründen weiterhin darauf, dass ihre Theorien ›wirklich‹ materialistisch, politisch, historisch usw. sind.

Ich habe diese Geschichte in stark verkürzter Form rekapituliert, da ich nicht beabsichtige, mich im Detail mit ihren Argumenten und Gegenargumenten zu beschäftigen. Stattdessen möchte ich ihren Faden aufgreifen und ihre Stärke und Überzeugungskraft insofern anerkennen, als sie zumindest die klassischen Aussagen über Ideologie substanziell verändert haben. Angesichts dessen möchte ich einige der früheren Marx'schen Formulierungen erneut untersuchen und überlegen, ob sie im Lichte der vorgebrachten Kritiken um- und ausgebaut werden können – wozu die meisten guten Theorien imstande sein sollten – ohne dabei einige ihrer wesentlichen Eigenschaften und Einsichten (die man gewöhnlich den ›rationalen Kern‹ nennt) zu verlieren. Grob gesagt: ich mache das, weil ich – wie ich zu zeigen hoffe – in vielem die Stärke der vorgebrachten Kritiken anerkenne.

Aber ich bin nicht davon überzeugt, dass sie jede nützliche Einsicht, jeden wesentlichen Ansatzpunkt in einer materialistischen Ideologietheorie aufheben. Wenn, dem modischen Kanon folgend, im Lichte der vernichtend vorgebrachten, klugen und überzeugenden Kritiken, nichts weiter übrigbleibt, als die Arbeit einer fortwährenden ›Dekonstruktion‹, dann ist dieser Essay einer kleinen, bescheidenen ›Rekonstruktion‹ gewidmet – ohne, wie ich hoffe, durch die rituelle Orthodoxie allzu sehr entstellt zu sein.

3. *›Falsches Bewusstsein‹ oder Pluralität der ökonomischen Diskurse?*

Nehmen wir zum Beispiel das äußerst heikle Gebiet der ›Verzerrungen‹ der Ideologie und die Frage des ›falschen Bewusstseins‹. Nun ist unschwer zu sehen, warum solche Formulierungen Marx' Kritiker dazu brachte, über ihn herzufallen. Der Ausdruck ›Verzerrungen‹ wirft unmittelbar die Frage auf, weshalb Leute, die ihr Verhältnis zu ihren Existenzbedingungen in den Kategorien einer verzerrten Ideologie leben, nicht erkennen können, dass sie verzerrt ist, während wir es mit unserer überlegenen Weisheit, bewaffnet mit richtig gebildeten Begriffen, können. Sind die ›Verzerrungen‹ einfach Unwahrheiten? Sind es absichtlich geförderte Fälschungen? Wenn ja, durch wen? Funktioniert Ideologie wirklich wie bewusste Klassenpropaganda? Und wenn Ideologie vielmehr Produkt oder Funktion ›der Struktur‹ als einer Gruppe von Verschwörern ist, wie erzeugt dann eine ökonomische *Struktur* einen im Voraus garantierten Set ideologischer Effekte? Offensichtlich sind die Ausdrücke, so wie sie sind, hilflos. Sie lassen sowohl die Massen als auch die Kapitalisten wie erklärte Deppen aussehen. Sie ziehen zudem eine merkwürdige Sichtweise der Bildung alternativer Bewusstseinsformen nach sich. Man muss annehmen, dass diese dann entstehen, wenn den Leuten die Schuppen von den Augen fallen, oder wenn sie, wie aus einem Traum erwacht, das Licht erblicken, das durch die Transparenz der Dinge unmittelbar auf ihre essentielle Wahrheit, deren verborgene strukturelle Prozesse strahlt. Dies ist eine Darstellung der Entwicklung des Arbeiterklassenbewusstseins, die auf dem recht wunderlichen Modell des Heiligen Paulus und der Straße von Damaskus beruht.

Machen wir selbst eine kleine Ausgrabung. Marx nahm nicht an, dass Hegel deshalb, weil er den Höhepunkt spekulativen bürgerlichen Denkens darstellte und die ›Hegelianer‹ sein Denken vulgarisierten und verhimmelten, kein Denker ist, mit dem man rechnen musste, von dem zu lernen sich lohnte. Noch mehr gilt dies für die klassische Politische Ökonomie, von Smith bis hin zu Ricardo, wobei wiederum die Unterscheidungen zwischen verschiedenen Ebenen einer ideologischen Formation wichtig sind:

der klassischen Politischen Ökonomie, die Marx ›wissenschaftlich‹ nannte; der Vulgärökonomie, die mit ›bloßer Apologetik‹ beschäftigt ist; und dem ›Alltagsbewusstsein‹, mit dem die praktischen bürgerlichen Unternehmer ihre Gewinnchancen kalkulieren – orientiert, aber (bis der Thatcherismus aufkam) völlig unbewusst, am Denken von Ricardo oder Adam Smith. Noch aufschlussreicher ist es, wenn Marx betont, dass (a) die klassische Politische Ökonomie tatsächlich ein mächtiges und gehaltvolles wissenschaftliches Werk war, welches (b) *nichtsdestoweniger* eine wesentliche ideologische Grenze, eine Verzerrung enthielt. Diese Verzerrung hat Marx zufolge nicht unmittelbar etwas zu tun mit Fehlern oder Lücken in der Argumentation, sondern mit einem weitergehenden Verbot. Die verzerrten oder ideologischen Merkmale entsprangen der Tatsache, dass sie die Kategorien der bürgerlichen Politischen Ökonomie, als Grundlage jeder ökonomischen Kalkulation, voraussetzten, da sie es ablehnten, die historische Bedingtheit ihrer Ausgangspunkte und Prämissen zu sehen. Andererseits entsprangen sie der Unterstellung, dass die ökonomische Entwicklung mit der kapitalistischen Produktion nicht bloß ihren bis dahin höchsten Punkt erreicht habe (damit stimmte Marx überein), sondern ihren endgültigen Abschluss und Höhepunkt. Danach konnte es keine neuen Formen ökonomischer Verhältnisse mehr geben. Die Formen und Verhältnisse der kapitalistischen Produktion würden ewig fortbestehen. Genaugenommen waren die Verzerrungen in der bürgerlichen theoretischen Ideologie, in ihrer ›wissenschaftlichen‹ Form, nichtsdestoweniger real und substantiell. Zahlreiche Aspekte ihrer wissenschaftlichen Gültigkeit wurden aber dadurch nicht beseitigt, und sie war daher nicht einfach deshalb falsch, weil sie innerhalb der Grenzen und des Horizonts bürgerlichen Denkens befangen war. Andererseits beschränkten die Verzerrungen ihre wissenschaftliche Gültigkeit, ihre Fähigkeit, über gewisse Punkte hinauszugelangen, ihre eigenen inneren Widersprüche zu lösen, ihre Kraft, außerhalb der Hülle der in ihr widergespiegelten gesellschaftlichen Verhältnisse zu denken.

Diese Beziehung zwischen Marx und den klassischen Politischen Ökonomen repräsentiert auf weitaus komplexere Weise das Verhältnis von ›Wahrheit‹ und ›Falschheit‹ *innerhalb* einer so genannten wissenschaftlichen Denkweise, als viele von Marx' Kritikern angenommen haben. Tatsächlich trugen kritische Theoretiker bei ihrer Suche nach größerer theoretischer Strenge, nach einer absoluten Trennung zwischen ›Wissenschaft‹ und ›Ideologie‹ und einem sauberen epistemologischen Bruch zwischen ›bürgerlichen‹ und ›nichtbürgerlichen‹ Ideen selbst erheblich dazu bei, die Beziehungen zu vereinfachen, die Marx weniger theoretisch ausführte als praktisch herstellte (d.h. in der Form, in der er tatsächlich die klassische Politische Ökonomie sowohl als Stütze wie als Gegner benutzte). Wir können die spezifischen ›Verzerrungen‹, die Marx der Politischen Ökonomie vorwarf, umbenennen, um später auf ihre allgemeine Anwendbarkeit zurückzukommen: Marx nannte sie die *Verewigung* von Verhältnissen, die tatsächlich historisch spezifisch sind, und den Effekt der Naturalisierung, der die Produkte einer spezifisch historischen Entwicklung als universell gültig behandelt, als seien sie nicht durch historische Prozesse entstanden, sondern gewissermaßen von Natur aus.

Wir können einen der umstrittensten Punkte – die ›Falschheit‹ oder die Verzerrungen der Ideologie – von einem anderen Standpunkt aus betrachten. Es ist bekannt, dass für Marx die spontanen Kategorien des gewöhnlichen bürgerlichen Denkens ihre Grundlage in den Formen auf der ›Oberfläche‹ des kapitalistischen Kreislaufes haben. Marx stellte insbesondere die Bedeutung des Marktes und des Austausches fest, wo Verkäufe und Profite gemacht werden. Dieser Zugang lässt, so Marx, den kritischen Bereich – die ›verborgne Stätte‹ – der kapitalistischen Produktion selbst außer Acht. Einige seiner wichtigsten Formulierungen entspringen diesem Argument.

Zusammengefasst lautet es wie folgt: Der Austausch auf dem Markt erscheint als das, was im Kapitalismus die ökonomischen Prozesse regiert und reguliert. Die Marktverhältnisse stützen sich auf eine Reihe von Elementen, und diese erscheinen (sind repräsentiert) in jedem Diskurs, der von diesem Standpunkt aus versucht, den kapitalistischen Kreislauf zu erklären. Der Markt führt, unter den Bedingungen des gleichen Tauschs, Konsumenten und Produzenten zusammen, die nichts voneinander wissen – und wissen müssen, sofern die ›unsichtbare Hand‹ des Marktes da ist. Ebenso bringt der *Arbeits*-Markt jene zusammen, die etwas zu verkaufen (Arbeitskraft) und solche, die etwas dafür zu bezahlen haben (Löhne): ein ›gerechter‹ Preis wird ausgehandelt. Da der Markt wie durch Zauberei funktioniert, indem er ›blindlings‹ die Bedürfnisse und ihre Befriedigung aufeinander abstimmt, gibt es darin keine Zwänge. Wir können ›wählen‹, ob wir kaufen und verkaufen wollen oder nicht (und wohl auch die Konsequenzen tragen: diese Seite ist jedoch nicht so gut repräsentiert in den Marktdiskursen, die auf der *positiven* Seite der Wahlmöglichkeiten mehr ausgearbeitet sind als bezüglich der *negativen* Konsequenzen). Käufer und Verkäufer brauchen weder den Antrieb durch guten Willen noch Nächstenliebe oder Kameradschaft, um im Markt-Spiel erfolgreich zu sein. In der Tat funktioniert der Markt am besten, wenn jede Partei sich nur durch ihr Eigeninteresse beraten lässt. Er ist ein System, das durch die realen und praktischen Imperative des Eigeninteresses angetrieben wird. Dennoch verschafft er ringsum eine bestimmte Art von Befriedigung. Der Kapitalist stellt Arbeitskraft ein und macht seinen Profit; der Grundbesitzer vermietet sein Eigentum und erhält eine Rente; die Arbeiterin erhält ihren Lohn und kann so die Lebensmittel kaufen, die sie braucht.

Nun ›erscheint‹ aber der Austausch auf dem Markt auch in einem ganz anderen Sinn. Er ist der Teil des kapitalistischen Kreislaufes, den jeder klar *sehen* kann, das Stückchen, das wir alle täglich erfahren. Ohne zu kaufen und zu verkaufen, würden wir in einer Geldwirtschaft alle sehr schnell physisch und gesellschaftlich zu einem Stillstand kommen. Sofern wir nicht gründlich in andere Aspekte des kapitalistischen Prozesses verwickelt sind, wissen wir nicht unbedingt viel über die anderen Teile des Kreislaufes, die notwendig sind, wenn Kapital verwertet und der ganze Prozess reproduziert und erweitert werden soll. Und doch gibt es nichts zu verkaufen, wenn keine Waren produziert werden, und es ist zuallererst die Produktion – das jedenfalls hat Marx nachgewiesen –, in der die Arbeit ausgebeutet wird. Währenddessen ist die Art der ›Ausbeutung‹, die eine Marktideologie allenfalls sehen und begreifen kann, das ›Profitieren‹ – einen zu großen Anteil am Marktpreis zu erzielen. Der Markt ist damit der Teil des Systems, dem universell begegnet und der universell erfahren wird. Er ist der augenfällige, sichtbare Teil: der Teil, der beständig *erscheint*.

Wenn man nun diese generative Kategorienreihe, die auf dem Markttausch basiert, extrapoliert, dann ist es möglich, sie auf andere Bereiche des gesellschaftlichen Lebens auszudehnen und auch diese als nach einem ähnlichen Modell konstituiert zu betrachten. Und dass genau dies der Fall ist, deutet Marx in einer mit Recht berühmten Passage an:

> »Die Sphäre der Zirkulation oder des Warenaustausches, innerhalb deren Schranken Kauf und Verkauf der Arbeitskraft sich bewegt, war in der Tat ein wahres Eden der angeborenen Menschenrechte. Was allein hier herrscht, ist Freiheit, Gleichheit, Eigentum und Bentham. Freiheit! Denn Käufer und Verkäufer einer Ware, z. B. der Arbeitskraft, sind nur durch ihren freien Willen bestimmt. Sie kontrahieren als freie, rechtlich ebenbürtige Personen. Der Kontrakt ist das Endresultat, worin sich ihre Willen einen gemeinsamen Rechtsausdruck geben. Gleichheit! Denn sie beziehen sich nur als Warenbesitzer aufeinander und tauschen Äquivalent für Äquivalent. Eigentum! Denn jeder verfügt nur über das Seine. Bentham! Denn jedem von beiden ist es nur um sich zu tun. Die einzige Macht, die sie zusammen und in ein Verhältnis bringt, ist die ihres Eigennutzes, ihres Sondervorteils, ihrer Privatinteressen.« (MEW 23, 189f.)

Kurz, unsere Ideen von ›Freiheit‹, ›Gleichheit‹, ›Eigentum‹ und ›Bentham‹ (d. h. Individualismus) – die herrschenden ideologischen Prinzipien des bürgerlichen Lexikons und die Schlüsselthemen der Politik, die in unseren Tagen unter den Auspizien von Mrs. Thatcher und dem Neoliberalismus ein machtvolles und unwiderstehliches Comeback auf der ideologischen Bühne erlebt haben – können von den Kategorien abgeleitet werden, die wir in unserem praktischen Alltags-Denken über die Marktwirtschaft verwenden. So entstehen aus der täglichen Welterfahrung die mächtigen Kategorien des bürgerlichen, rechtlichen, politischen, sozialen und philosophischen Denkens.

Dies ist ein kritischer *locus classicus* der Debatte; Marx extrapolierte daraus einige der Thesen, die dann das umkämpfte Gebiet der Ideologietheorie darstellen sollten. Erstens fixierte er als eine *Quelle* von ›Ideen‹ einen bestimmten Punkt oder ein bestimmtes Moment des ökonomischen Kreislaufs des Kapitals. Zweitens zeigte er, wie die Übersetzung der ökonomischen in ideologische Kategorien bewirkt werden kann: vom Äquivalententausch auf dem Markt zu den bürgerlichen Begriffen von ›Freiheit‹ und ›Gleichheit‹; von der Tatsache, dass jeder die Tauschmittel besitzen muss, zu den juristischen Kategorien der Eigentumsrechte. Drittens definiert er genauer, was er mit ›Verzerrung‹ meint. Denn dieses ›Abheben‹ von der Stelle des Austauschs im Kapital-Kreislauf ist ein ideologischer Vorgang. Er ›verschleiert, verbirgt, versteckt‹ – die Ausdrücke kommen alle im Text vor – ein anderes Set von Verhältnissen: die Verhältnisse, die nicht an der Oberfläche erscheinen, sondern die »in der verborgnen Stätte der Produktion« (MEW 23, 189) versteckt sind (dort, wo Besitz und Eigentum hausen, wo die Ausbeutung der Arbeitskraft und die Enteignung von Mehrwert vor sich gehen). Die ideologischen Kategorien ›verbergen‹ diese darrunterliegende Realität und *substituieren* all diese Verhältnisse durch die ›Wahrheit‹ der Marktverhältnisse.

In vielfacher Hinsicht enthält nun diese Passage all die so genannten Hauptsünden der klassischen marxistischen Ideologietheorie auf einmal: einen ökonomischen Reduktionismus, eine zu einfache Entsprechung zwischen dem Ökonomischen und dem Politisch-Ideologischen; die Unterscheidungen wahr/falsch, Reales/Verzerrung, ›richtiges‹ Bewusstsein/falsches Bewusstsein. Möglich scheint mir jedoch auch eine ›Re-Lektüre‹ der Passage vom Standpunkt vieler zeitgenössischer Kritiken, und zwar in der Weise, dass (a) viele der grundlegenden Einsichten des Originals erhalten bleiben, während sie (b) erweitert werden durch einige der in letzter Zeit entwickelten Ideologietheorien.

Die kapitalistische Produktion wird im Sinne von Marx als Kreislauf definiert. Dieser Kreislauf erklärt nicht nur Produktion und Konsumtion, sondern auch die *Re*produktion – die Art und Weise, wie die Bedingungen aufrechterhalten werden, um den Kreislauf in Gang zu halten. Jedes Moment ist lebenswichtig für die Erzeugung und Realisierung des Werts. Jedes legt gewisse determinierende Bedingungen für das andere fest – d.h., jedes ist abhängig vom anderen oder bestimmend für das andere. Wenn also ein Teil des durch Verkauf Realisierten nicht als Lohn an die Arbeit gezahlt wird, kann die Arbeit sich weder physisch noch gesellschaftlich reproduzieren, um am nächsten Tag wieder zu arbeiten und zu kaufen. Damit hängt auch die Produktion von der Konsumtion ab, auch wenn Marx in der Analyse dazu tendiert, den analytisch vorrangigen Wert der *Produktions*verhältnisse zu betonen. (Dies hatte selbst wiederum ernsthafte Konsequenzen, weil es bestimmte Marxisten veranlasste, nicht nur der Produktion Priorität einzuräumen, sondern so zu tun, als hätten die Momente der Konsumtion und des Austauschs weder Wert noch Bedeutung für die Theorie – eine fatale, einseitig produktivistische Lesart.)

Ideologisch kann nun dieser Kreislauf auf verschiedene Weise konstruiert werden. Das ist etwas, worauf moderne Ideologietheoretiker insistieren, gegen die vulgäre Ideologie-Konzeption, nach der Ideologie einer festen und unveränderlichen Beziehung entspringt zwischen dem ökonomischen Verhältnis und der Art und Weise, wie dieses sich in Ideen ›ausdrückt‹ oder repräsentiert. Diesen Bruch mit einer einfachen Vorstellung von ökonomischer Determination der Ideologie strebten moderne Theoretiker an durch ihre Anleihen bei neueren Arbeiten über die Natur der Sprache und des Diskurses. Die Sprache ist das Medium *par excellence*, durch das Dinge im Denken ›repräsentiert‹ werden, und deshalb das Medium, in dem Ideologie erzeugt und transformiert wird. In der Sprache aber kann dasselbe gesellschaftliche Verhältnis *unterschiedlich* repräsentiert und konstruiert werden, und zwar deshalb, weil die Sprache ihrer Natur nach zu ihrem Referenten *nicht* in einer eindeutigen Relation fixiert, sondern ›multireferentiell‹ ist: sie kann unterschiedliche Bedeutungen dessen konstruieren, was offenbar dasselbe gesellschaftliche Verhältnis oder Phänomen ist.

Es mag der Fall sein oder auch nicht, dass Marx in der zur Diskussion stehenden Passage eine feste, determinierte und unveränderbare Beziehung zwischen dem Austausch auf dem Markt und seiner Aneignungsweise im Denken unterstellt. Ich denke jedoch nicht, wie man aus dem bisher Gesagten entnehmen kann, dass dem so ist. Nach meiner Auffassung hat ›der Markt‹ in der bürgerlichen politischen Ökonomie und im spontanen Bewusstsein der praktischen Bürger eine, in der marxistischen ökonomischen Analyse aber eine ganz andere Bedeutung. Mein Argument wäre deshalb, dass Marx implizit sagt, es sei ausgesprochen merkwürdig, wenn in einer Welt, in der es Märkte gibt und der Austausch das ökonomische Leben beherrscht, keine *Kategorie* existieren würde, die uns erlaubt, in Bezug darauf zu denken, zu sprechen und zu handeln. In *diesem* Sinne drücken alle ökonomischen Kategorien – bürgerliche oder marxistische –

bestehende gesellschaftliche Verhältnisse aus. Ich denke aber, aus dem Argument folgt *auch*, dass die Marktverhältnisse nicht immer durch dieselben Denkkategorien repräsentiert sind.

Es gibt keine feste und unveränderbare Beziehung zwischen dem, was der Markt ist, und der Art und Weise, wie er in einem ideologischen oder erklärenden Rahmen konstruiert wird. Wir könnten sogar sagen, dass eine der Absichten des *Kapital* gerade die ist, den Diskurs der bürgerlichen Politischen Ökonomie – den Diskurs, in dem der Markt am geläufigsten und im selbstverständlichsten Sinne verstanden wird – zu verschieben und durch einen anderen zu ersetzen: einen Marktdiskurs, der sich in das marxistische Schema einfügt. Deshalb sind die beiden Zugangsweisen zum Verständnis der Ideologie nicht völlig widersprüchlich, sofern die Stelle nicht allzu buchstäblich genommen wird.

Wie steht es nun mit den ›Verzerrungen‹ der bürgerlichen Politischen Ökonomie als einer Ideologie? Eine Lesart ist, dass sie, da Marx die bürgerliche Politische Ökonomie ›verzerrt‹ nennt, ›falsch‹ sein muss. Diejenigen, die ihr Verhältnis zum ökonomischen Leben ausschließlich in deren Denk- und Erfahrungskategorien leben, haben somit per definitionem ein ›falsches Bewusstsein‹. Hier müssen wir wiederum auf der Hut sein vor zu schnellen Schlussfolgerungen. Zum einen macht Marx einen wichtigen Unterschied zwischen ›vulgären‹ Versionen der Politischen Ökonomie und fortgeschrittenen Versionen wie derjenigen von Ricardo, von der er deutlich sagte, dass sie »wissenschaftlichen Wert« habe. Was kann er aber nun in diesem Kontext mit ›falsch‹ und ›verzerrt‹ meinen?

Er kann nicht meinen, dass der Markt nicht existiere. Der ist in der Tat *allzu wirklich*. In bestimmter Hinsicht ist er gerade das Lebenselixier des Kapitalismus. Ohne ihn hätte der Kapitalismus niemals den Rahmen des Feudalismus gesprengt; und ohne seine unablässige Kontinuität würde die Zirkulation des Kapitals zu einem plötzlichen und katastrophalen Stillstand kommen. Ich denke, diese Worte machen nur Sinn, wenn wir an eine Darstellung des aus einer Wechselbeziehung zahlreicher Momente bestehenden ökonomischen Kreislaufes denken, die vom Standpunkt *eines* einzigen dieser Momente erfolgt.

Wenn wir in unserer Erklärung nur ein Moment hervorheben und nicht das differenzierte Ganze oder »Ensemble« berücksichtigen, dessen Teil es ist, oder wenn wir, um den ganzen Prozess zu erklären, Denkkategorien verwenden, die nur einem dieser Momente zugehören – dann riskieren wir eine »einseitige« Darstellung, wie es Marx (im Anschluss an Hegel) nennen würde.

Einseitige Erklärungen sind immer eine Verzerrung. Nicht im Sinne einer Lüge über das System, aber in dem Sinne, dass eine ›Halb-Wahrheit‹

nicht die ganze Wahrheit von irgendetwas sein kann. Mit solchen Vorstellungen wird man immer nur einen Teil des Ganzen repräsentieren. Man wird damit eine Erklärung produzieren, die nur *teilweise* adäquat – und in diesem Sinne ›falsch‹ – ist. Wenn man ferner nur Marktkategorien und -konzepte verwendet, um den kapitalistischen Kreislauf als Ganzen zu verstehen, dann kann man viele seiner Aspekte buchstäblich nicht sehen. In diesem Sinne verdunkeln und mystifizieren die Kategorien des Markts unser Verständnis des kapitalistischen Prozesses: das heißt, sie befähigen uns nicht dazu, Fragen über sie zu sehen und zu formulieren, denn sie machen andere Aspekte unsichtbar.

Hat die Arbeiterin, die ihr Verhältnis zum Kreislauf der kapitalistischen Produktion ausschließlich in den Kategorien eines ›gerechten Preises‹ oder eines ›gerechten Lohns‹ lebt, ein ›falsches Bewusstsein‹? Ja, wenn wir damit meinen, dass es in ihrer Lage etwas gibt, das sie mit den von ihr verwendeten Kategorien nicht begreifen kann; etwas von dem Prozess als Ganzem, das systematisch verborgen bleibt, weil die verfügbaren Begriffe ihr nur den Zugriff zu einem seiner vielen Momente erlauben. Nein, wenn wir damit meinen, dass sie sich vollkommen darüber täuscht, was im Kapitalismus vor sich geht.

Die Falschheit entsteht daher nicht aus der Tatsache, dass der Markt eine Illusion, ein Trick, eine Taschenspielerei wäre, sondern sie besteht nur im Sinne einer *inadäquaten* Erklärung eines Prozesses. Dabei wird ferner an die Stelle des ganzen ein Teil des Prozesses gesetzt – ein Verfahren, das in der Linguistik als »Metonymie‹ und in der Anthropologie, Psychoanalyse und (in einer speziellen Bedeutung) in Marx' Werk als *Fetischismus* bekannt ist. Die anderen dabei ›verlorengegangenen‹ Momente des Kreislaufs jedoch sind unbewusst, nicht im Freud'schen Sinne als vom Bewusstsein verdrängte, sondern in dem Sinne, dass sie unsichtbar sind bei den gegebenen Begriffen und Kategorien, die wir verwenden.

Dies ist auch hilfreich, um die sonst extrem verwirrende Terminologie im *Kapital* zu erklären, soweit sie das betrifft, was ›an der Oberfläche erscheint‹ (von dem manchmal gesagt wird, es sei ›bloße Erscheinung‹, das heißt nicht wichtig, nicht die wirkliche Sache), und was ›darunter verborgen‹ und in die Struktur eingebettet ist, weil es nicht auf der Oberfläche liegt. Entscheidend ist jedoch, dass – wie das Beispiel Tausch/Produktion deutlich macht – ›Oberfläche‹ und ›Erscheinung‹ nicht falsch oder illusorisch im gewöhnlichen Wortsinn bedeutet. Der Markt ist nicht mehr oder weniger ›wirklich‹ als andere Aspekte, zum Beispiel die Produktion. Die Produktion ist in Marx' Terminologie nur das, womit wir die Kreislaufanalyse beginnen sollten: »der Akt, worin der ganze Prozess sich wieder verläuft« (Grundrisse, 15). Aber die Produktion ist vom Kreislauf nicht unabhängig, denn die gemachten Profite und die auf dem Markt gekaufte Arbeitskraft müssen in die Produktion zurückfließen. ›Wirklich‹ drückt deshalb nur einen gewissen theoretischen Primat aus, den die marxistische Analyse der Produktion einräumt. In jedem anderen Sinn ist der Austausch auf dem Markt ein genauso realer, materieller Vorgang und ein absolut ›wirkliches‹ Erfordernis für das System – wie die anderen Teile auch: alle sind »Momente eines Akts« (Grundrisse, 15).

Auch die Ausdrücke ›Erscheinung‹ und ›Oberfläche‹ selbst stellen ein Problem dar. Erscheinungen können etwas konnotieren, das ›falsch‹ ist, Oberflächenformen scheinen nicht so tief zu gehen wie ›Tiefenstrukturen‹. Diese sprachlichen Konnotationen haben den unglücklichen Effekt, dass sie uns die verschiedenen Momente in der Form mehr/weniger real, mehr/weniger wichtig anordnen lassen. Aber von einem anderen Standpunkt aus ist das, was an der Oberfläche ist, was fortwährend erscheint, gerade dasjenige, was wir immer sehen, dem wir täglich begegnen, was wir ganz selbstverständlich als die offensichtliche und manifeste Form des Prozesses annehmen. Es ist dann nicht überraschend, dass wir spontan das kapitalistische System *denken* im Sinne der Teilstücke, die uns ständig beschäftigen und die so manifest ihre Präsenz bekunden. Was kann die Abpressung von »Mehrarbeit« als ein Begriff ausrichten gegen so handfeste Tatsachen wie die Lohntüte, die Ersparnisse auf der Bank, die Groschen im Automaten, das Geld in der Ladenkasse? Selbst Nassau Senior, der Ökonom aus dem neunzehnten Jahrhundert, konnte die eine Arbeitsstunde, in der die Arbeiter den Mehrwert produzieren statt ihre eigene Subsistenz zu reproduzieren, nicht wirklich als eine solche Tatsache in den Griff bekommen (vgl. MEW 23, 237ff.).

In einer Welt, die vom Geldverkehr durchtränkt und allerorts durch Geld vermittelt ist, ist die Erfahrung des ›Marktes‹ für jeden die unmittelbarste, alltägliche und universelle Erfahrung des ökonomischen Systems. Es ist deshalb nicht überraschend, dass wir den Markt für ganz selbstverständlich nehmen, nicht fragen, was ihn ermöglicht, worauf er gründet oder was er voraussetzt. Es sollte uns nicht verwundern, wenn die Massen der arbeitenden Menschen nicht über die Begriffe verfügen, um an einer anderen Stelle des Prozesses einen Einschnitt zu machen, eine andere Anordnung von Fragen zu entwerfen, und an die Oberfläche zu bringen oder zu enthüllen, was die überwältigende Faktizität des Marktes fortwährend unsichtbar macht. Es ist klar, weshalb wir aus diesen fundamentalen Kategorien, für die wir alltägliche Wörter, Redewendungen und Idiomatische Ausdrücke im praktischen Bewusstsein gefunden haben, das *Modell* anderer sozialer und politischer Verhältnisse generieren. Schließlich gehören auch sie zum selben System und scheinen ganz nach dessen Muster zu funktionieren. Auf diese Weise sehen wir in der ›Wahlfreiheit‹ auf dem Markt das materielle Symbol der abstrakteren Freiheiten, oder im Eigeninteresse und im Konkurrieren um Marktvorteile die ›Repräsentation‹ von etwas Natürlichem, Normalem und Universalem in der menschlichen Natur selbst.

Ich möchte nun versuchen, einige Schlüsse aus der ›Re-Lektüre‹ der Passage von Marx zu ziehen, die ich vor dem Hintergrund der neueren Kritiken und der vorgebrachten neuen Theorien angeboten habe.

Die Analyse wird nicht mehr durch die Unterscheidung zwischen dem ›Wirklichen‹ und dem ›Falschen‹ organisiert. Die verdunkelnden und mystifizierenden Effekte einer Ideologie werden nicht länger als Produkt einer Täuschung oder einer magischen Illusion betrachtet, noch werden sie einfach einem falschen Bewusstsein zugeschrieben, in das unsere armen, umnachteten, theorielosen Proletarier auf ewig eingekerkert wären. Die Verhältnisse, in denen die Leute leben, sind immer die ›wirklichen Verhältnisse‹, und die Kategorien und Begriffe, die sie verwenden, helfen ihnen, diese gedanklich zu erfassen und zu artikulieren. Aber – und damit bewegen wir uns möglicherweise im Gegensatz zu der Emphase dessen, womit ›Materialismus‹ gewöhnlich assoziiert wird – die ökonomischen Verhältnisse können nicht von sich aus eine bestimmte, festgelegte und unveränderliche Art und Weise vorschreiben, um sie begrifflich zu erfassen. Es kann in unterschiedlichen ideologischen Diskursen ausgedrückt werden. Mehr noch, diese Diskurse können das Denkmodell anwenden und auf andere, im strengen Sinn ideologische Bereiche übertragen. Es kann sich ein Diskurs entwickeln – zum Beispiel der neueste Monetarismus –, der den großen Wert der ›Freiheit‹ ableitet aus der Freiheit vom Zwang, die Frauen und Männer an jedem Werktag wieder auf den Arbeitsmarkt wirft. Auch haben wir die Unterscheidung ›wahr‹ und ›falsch‹ verworfen und durch andere, genauere Ausdrücke wie ›partiell‹, ›adäquat‹ oder ›einseitig‹ und ›in seiner differenzierten Totalität‹ ersetzt. Zu sagen, dass ein theoretischer Diskurs uns ein konkretes Verhältnis adäquat im Denken erfassen lässt, bedeutet, dass der Diskurs uns einen vollständigeren Begriff liefert von den verschiedenen Beziehungen, aus denen dieses Verhältnis sich zusammensetzt, und von den vielfältigen Bestimmungen, die dessen Existenzbedingungen bilden. Das bedeutet, dass unser Zugriff konkret und vollständig ist, statt eine dünne, einseitige Abstraktion zu sein. Einseitige Erklärungen, die partielle, den Teil-fürs-Ganze nehmende Erklärungstypen sind, die uns lediglich erlauben, ein Element (den Markt, z. B.) zu abstrahieren und zu erklären, sind *genau auf dieser Grundlage* inadäquat; und nur insofern können sie als ›falsch‹ betrachtet werden. Obgleich der Ausdruck streng genommen irreführend ist, wenn wir dabei etwas wie eine einfache Alles-oder-Nichts-Unterscheidung zwischen dem Wahren und dem Falschen oder zwischen Wissenschaft und Ideologie im Kopf haben. Glücklicher- oder unglücklicherweise passen gesellschaftliche Erklärungen selten exakt in solche Schubfächer.

Wir haben bei unserer ›Re-Lektüre‹ auch versucht, einige sekundäre Aussagen aufzunehmen, die aus neueren Theorien über ›Ideologie‹ stammen, im Bemühen zu sehen, ob und inwiefern sie mit den Marx'schen Formulierungen inkompatibel sind. Wie wir gesehen haben, bezieht sich die Erklärung auf Begriffe, Ideen, Terminologien, Kategorien, vielleicht auch auf Bilder und Symbole (Geld; Lohntüte; Freiheit), die uns erlauben, einen bestimmten Aspekt des gesellschaftlichen Prozesses *im Denken* zu erfassen. Sie versetzen uns in die Lage, uns und anderen vorzustellen, wie das System arbeitet, warum es so funktioniert, wie es funktioniert.

Derselbe Prozess – Produktion und Austausch im Kapitalismus – kann innerhalb unterschiedlicher ideologischer Rahmen mit Hilfe verschiedener ›Repräsentationssysteme‹ ausgedrückt werden. Es gibt den Diskurs über ›den Markt‹, den Diskurs der ›Produktion‹, den Diskurs der ›Kreisläufe‹: jeder produziert eine unterschiedliche Definition des Systems. Jeder verortet uns auch unterschiedlich – als Arbeiter, Kapitalist, Lohnarbeiter, Lohnsklave, Produzent, Konsument usw. Jeder platziert uns als gesellschaftliche Akteure oder als Mitglied einer gesellschaftlichen Gruppe in einem besonderen Verhältnis zu dem Prozess und schreibt uns bestimmte gesellschaftliche Identitäten vor. Mit anderen Worten: die verwendeten ideologischen Kategorien *positionieren uns* in Bezug auf die Darstellung des Prozesses, wie sie im Diskurs geschildert wird. Der Arbeiter/die Arbeiterin, der/die sich als ›Konsument/in‹ auf seine/ihre Existenzbedingungen im kapitalistischen Prozess bezieht – sozusagen durch dieses Tor in das System eintritt –, hat am Prozess durch eine Praxis teil, die sich von der Praxis derer unterscheidet, die als ›Facharbeiter‹ ins System eingeschrieben sind – oder als ›Hausfrau‹ überhaupt nicht darin eingeschrieben sind. Alle diese Einschreibungen haben Effekte, die real sind. Sie produzieren eine materielle Differenz, da unsere Handlungsweise in bestimmten Situationen davon abhängt, wie wir die Situation definieren.

4. ›Stellungskriege‹: Klassen, Sprache und hegemonialer Kampf

Ich glaube, dass eine ähnliche Art der ›Re-Lektüre‹ vorgenommen werden kann bei einem anderen Set von Aussagen über Ideologie, die in den letzten Jahren heftig umstritten waren: nämlich die Klassendeterminiertheit von

Ideen und die direkten Entsprechungen zwischen ›herrschenden Ideen‹ und ›herrschenden Klassen‹. Laclau hat definitiv die Unhaltbarkeit der Aussage gezeigt, dass Klassen als solche die Subjekte fest zugeschriebener Klassenideologien sind (Laclau 1981). Er hat auch die Aussage demontiert, dass bestimmte Ideen und Begriffe ausschließlich zu einer bestimmten Klasse ›gehören‹. Er demonstriert sehr eindrucksvoll, dass keine Gesellschaftsformation diesem Bild der zugeschriebenen Klassenideologien entspricht. Er weist überzeugend nach, warum die Vorstellung, dass besondere Ideen dauerhaft an eine besondere Klasse gebunden sind, dem widerspricht, was wir heute über die tatsächliche Natur der Sprache und des Diskurses wissen. Ideen und Begriffe treten weder in der Sprache noch im Denken in einer solchen vereinzelten, isolierten Weise auf, die Inhalt und Referenz unveränderlich fixiert. Sprache ist im weitesten Sinne der Träger des praktischen, kalkulierenden Denkens und des Bewusstseins, aufgrund der Art und Weise, wie bestimmte Bedeutungen und Gegenstandsbezüge historisch verfestigt wurden. Ihre zwingende Kraft aber beruht auf den ›Logiken‹, die eine Aussage mit einer anderen in einer Kette zusammenhängender Bedeutungen verbinden, dort, wo die sozialen Konnotationen und die historische Bedeutung sich verdichten und zueinander in Resonanz treten. Zudem sind diese Ketten niemals dauerhaft verfestigt, weder in ihren internen Bedeutungssystemen noch in ihren Beziehungen zu den gesellschaftlichen Klassen und Gruppen, zu denen sie ›gehören‹. Andernfalls wäre der Begriff des ideologischen Kampfes und die Bewusstseinsveränderung – zentrale Fragen für die Politik jedes marxistischen Projekts – leerer Schein, der Tanz toter rhetorischer Figuren.

Gerade weil die Sprache, das Medium des Denkens und der ideologischen Berechnung, »mehrfach akzentuiert« ist, wie Vološinov sagt, ist das ideologische Feld immer ein Feld von sich überschneidenden Akzenten und der Überschneidung unterschiedlich orientierter gesellschaftlicher Interessen:

> »Denn auch die verschiedenen Klassen benutzen ein und dieselbe Sprache. Infolgedessen überschneiden sich in jedem ideologischen Zeichen unterschiedlich orientierte Akzente. Das Zeichen wird zur Arena des Klassenkampfes. […] Ein Zeichen, das aus der Spannung des sozialen Kampfes ausgesondert wird und sich sozusagen außerhalb des Klassenkampfes befindet, muss notwendigerweise verkümmern, zur Allegorie degenerieren und zum Objekt nicht eines lebendigen Verständnisses, sondern zur Philologie werden.« (Vološinov 1975, 71f.)

Dieser Ansatz ersetzt die Vorstellung fester ideologischer Bedeutungen und den Klassen zugeschriebener Ideologien durch die Begriffe der ideologischen Kampffelder und die Aufgabe der ideologischen Transformation. Die allgemeine Bewegung in diese Richtung, weg von einer abstrakten, allgemeinen Ideologietheorie, hin zur konkreten Analyse, wie Ideen in bestimmten historischen Situationen »die Menschenmassen [›organisieren‹ und das Terrain] bilden [...] auf dem die Menschen sich bewegen, Bewusstsein von ihrer Stellung erwerben, kämpfen usw.«, gibt dem Werk Gramscis – von dem dieses Zitat stammt (Gramsci 1991ff., Bd. 4, H 7, 876) – seine zukunftsträchtige Bedeutung in der Entwicklung marxistischen Denkens des Ideologischen.

Eine der Konsequenzen dieser Art von theoretischer Revisionsarbeit lag häufig darin, das *Problem* der Klassenstrukturierung der Ideologie und der Art und Weise, in der Ideologie in die gesellschaftlichen Kämpfe eingreift, insgesamt zu beseitigen. Diese Herangehensweise ersetzt häufig die inadäquaten Vorstellungen von den Klassen en bloc zugeschriebenen Ideologien durch eine ebenso unbefriedigende ›diskursive‹ Vorstellung, die das völlig freie Fließen aller ideologischen Elemente und Diskurse beinhaltet. Das Bild von großen, unbeweglichen Klassenbataillonen auf dem Kampffeld, mit dem ihnen zugeschriebenen ideologischen Gepäck und ihren ideologischen Nummernschildern auf dem Rücken, wie es Poulantzas einmal gezeichnet hat (Poulantzas 1974, 204), wird hier ersetzt durch die Unendlichkeit subtiler Variationen, durch welche die Elemente eines Diskurses scheinbar spontan untereinander kombiniert und rekombiniert werden, ohne irgendwelche anderen materiellen Zwänge als die, die durch die diskursiven Operationen selbst geliefert werden.

Nun ist es völlig richtig, dass der Begriff ›Demokratie‹ keine vollständig fixierte Bedeutung hat, die ausschließlich dem Diskurs der bürgerlichen Formen politischer Repräsentation zugeschrieben werden kann. ›Demokratie‹ im Diskurs des ›Freien Westens‹ trägt nicht dieselbe Bedeutung, als wenn wir von ›popular-demokratischem‹ Kampf oder von der Vertiefung des demokratischen Gehalts im politischen Leben sprechen. Wir können nicht zulassen, dass der Ausdruck vollständig vom Diskurs der Rechten entwendet wird. Wir müssen stattdessen ein strategisches Ringen um den Begriff selbst entwickeln. Selbstverständlich ist dies keine rein ›diskursive‹ Operation. Machtvolle Symbole und Slogans dieser Art, die politisch stark aufgeladen sind, pendeln nicht bloß in der Sprache oder in der ideologischen Repräsentation von einer Seite zur anderen. Die Enteignung des Begriffs muss bekämpft werden durch die Entwicklung einer Reihe von Polemiken in der Durchführung besonderer Formen des ideologischen Kampfes: Es geht darum, eine Bedeutung des Begriffs aus dem Bereich des öffentlichen Bewusstseins herauszulösen und sie in die Logik eines anderen politischen Diskurses zu verpflanzen. Gramsci hat gerade gezeigt, dass der ideologische Kampf nicht so vor sich geht, dass die ganze, integrale Denkweise einer Klasse durch ein anderes voll ausgebildetes Ideensystem verdrängt wird:

> »Worauf es ankommt, ist die Kritik, der ein solcher ideologischer Komplex von den ersten Vertretern der neuen Geschichtsepoche unterzogen wird: durch diese Kritik ergibt sich ein Prozess der Unterscheidung und der Veränderung im relativen Gewicht, das die Elemente der alten Ideologien besaßen: was zweitrangig und untergeordnet oder auch beiläufig war, wird als hauptsächlich aufgenommen, wird zum Kern eines neuen ideologischen und doktrinalen Komplexes. Der alte Kollektivwille zerfällt in seine widersprüchlichen Elemente, weil die untergeordneten dieser Elemente sich gesellschaftlich entwickeln usw.« (Gramsci 1991ff., Bd. 5, H 8, 1051)

Kurz: Diese Konzeption des ideologischen Kampfes ist die eines ›Stellungskrieges‹. Sie bedeutet auch, die verschiedenen ›Demokratie‹-Konzepte innerhalb einer ganzen Kette assoziierter Ideen zu artikulieren. Und das heißt, diesen Prozess der ideologischen De-Konstruktion und Re-Konstruktion mit einer Reihe organisierter politischer Positionen und mit einer bestimmten Anordnung sozialer Kräfte zu artikulieren. Ideologien werden nicht deshalb als eine materielle Kraft wirksam, weil sie den Bedürfnissen voll ausgebildeter gesellschaftlicher Klassen entspringen. Aber auch das Gegenteil ist wahr – obgleich es das Verhältnis zwischen Ideen und gesellschaftlichen Kräften umgekehrt anordnet: Keine ideologische Konzeption kann jemals materiell wirksam werden, sofern und solange sie nicht artikuliert *werden kann* mit dem Feld der politischen und gesellschaftlichen Kräfte und den Kämpfen zwischen den verschiedenen Kräften.

Es ist sicherlich nicht notwendigerweise eine Form des Vulgärmaterialismus, wenn wir sagen, dass Ideen – auch wenn wir sie nicht in bestimmten festen Kombinationen der Klassenlage zuschreiben können – tatsächlich aus den materiellen Bedingungen entstehen, in denen die gesellschaftlichen Gruppen und Klassen existieren, und diese *widerspiegeln können*. In diesem Sinne – das heißt historisch – kann es wohl bestimmte *tendenzielle Ausrichtungen* geben, zum Beispiel zwischen denen, die zu den Prozessen der modernen kapitalistischen Entwicklung in einem ›Krämerladen‹-Verhältnis stehen, und ihrer Neigung, sich vorzustellen, dass die ganze fortgeschrittene kapitalistische Ökonomie nach Art eines ›Krämerladens‹ begriffen werden kann (vgl. Hall 1982, 118). Ich glaube, dies meinte Marx im *Achtzehnten Brumaire*, als er sagte, es sei nicht unbedingt notwendig, dass die Leute ihr Geld tatsächlich als Mitglieder des Kleinbürgertums verdienen, damit sie kleinbürgerliche Ideen anziehend finden. Nichtsdestoweniger legte er nahe, dass es eine Verwandtschaft oder gleiche Tendenz gibt zwischen der objektiven gesellschaftlichen Lage dieser Klassenfraktionen und den Schranken und Horizonten des Denkens, zu dem sie spontan hingezogen werden (vgl. MEW 8, 142). Das war ein Urteil über die charakteristischen Denkformen, die idealtypisch bestimmten Positionen in der Gesellschaftsstruktur entsprechen, aber bestimmt keine einfache Gleichsetzung zwischen Klassenpositionen und Ideen in der tatsächlichen historischen Realität. Das Entscheidende bei den historischen Tendenzbeziehungen ist, dass nichts unvermeidlich, notwendig oder für immer festgelegt ist. Die tendenziellen Linien der Kräfte definieren lediglich die *Gegebenheit* des historischen Terrains.

Sie zeigen an, wie das Terrain historisch strukturiert worden ist. Es ist also durchaus möglich, dem Begriff der ›Nation‹ eine fortschrittliche Bedeutung und Konnotation zu geben, die »Schaffung einen popularnationalen Kollektivwillens« [anzustreben], wie Gramsci ausführte (Gramsci 1991ff., Bd. 7, 1539). In einer Gesellschaft wie Großbritannien aber ist der Begriff der Nation bis heute konsistent artikuliert mit der Rechten. Vorstellungen von ›nationaler Identität‹ und ›nationaler Größe‹ sind eng verbunden mit imperialer Vorherrschaft, gefärbt mit rassistischen Konnotationen und untermauert durch eine vierhundertjährige Kolonisationsgeschichte, Weltmarktbeherrschung und weltweite Schicksalsmacht über indigene Völker. Es ist deshalb äußerst schwierig, der Vorstellung von ›Britannien‹ eine gesellschaftlich radikale oder demokratische Referenz zu geben. Diese Assoziationen sind nicht für alle Zeit gegeben. Aber sie sind schwer aufzubrechen, da das ideologische Terrain dieser besonderen Gesellschaftsformation so machtvoll durch ihre Vorgeschichte in dieser Weise strukturiert wurde. Diese historischen Zusammenhänge definieren die Art und Weise, wie das ideologische Terrain einer einzelnen Gesellschaft eingeteilt wurde. Das sind die von Gramsci erwähnten ›Spuren‹: die »verfestigte[n] Schichtungen in der Popularphilosophie« (Gramsci 1991ff., Bd. 6, H 11, 1376)), die keinen Bestand mehr haben, aber die Felder abstecken und definieren, auf denen der ideologische Kampf sich tendenziell abspielt.

Für Gramsci war das vor allem das Terrain dessen, was er den »Alltagsverstand« nannte: eine historische, keine natürliche oder universelle oder spontane Form popularen Denkens, notwendigerweise fragmentarisch, zerstückelt und episodisch. Der Alltagsverstand ist aus sehr widersprüchlichen ideologischen Formen zusammengesetzt: man findet in ihm »Elemente des Höhlenmenschen und Prinzipien der modernsten und fortgeschrittensten Wissenschaft, Vorurteile aller vergangenen, lokal bornierten geschichtlichen Phasen und Intuitionen einer künftigen Philosophie, wie sie einem weltweit vereinigten Menschengeschlecht zu eigen sein wird«

(ebd.). Und Gramsci betonte nun, dass genau auf diesem Terrain der ideologische Kampf am häufigsten stattfindet, weil dieses Netzwerk von präexistierenden Spuren und Elementen des gesunden Menschenverstandes für die Masse des Volkes den Bereich des praktischen Denkens konstituiert. Der »Alltagsverstand« wurde zu einem der Einsätze, um die der ideologische Kampf geführt wird. Und letztlich wird »die Beziehung zwischen ›höherer‹ Philosophie und Alltagsverstand wird von der ›Politik‹ gewährleistet« (Gramsci 1991ff., Bd. 6, H 11, 1382).

Ideen werden letzten Endes nur dann wirksam, wenn sie sich mit einer bestimmten Konstellation gesellschaftlicher Kräfte verbinden. In diesem Sinne ist der ideologische Kampf ein Teil des allgemeinen gesellschaftlichen Kampfes um Herrschaft und Führung – kurz, um Hegemonie. Für die »Hegemonie« in Gramscis Sinne aber ist wesentlich nicht das bloße Hinaufarbeiten einer ganzen Klasse zur Macht, mit ihrer voll ausgebildeten ›Philosophie‹, sondern der *Prozess*, durch den ein historischer Block gesellschaftlicher Kräfte konstruiert und die Überlegenheit dieses Blocks gesichert wird. Wir begreifen also das Verhältnis zwischen ›herrschenden Ideen‹ und ›herrschenden Klassen‹ am besten, wenn wir es im Sinne von Prozessen ›hegemonialer Herrschaft‹ denken.

Gibt man andererseits die Frage oder das Problem der ›Herrschaft‹ – der Hegemonie, Beherrschung und Autorität – auf, weil die Art, in der es ursprünglich gestellt wurde, unbefriedigend ist, würde man das Kind mit dem Bade ausschütten. Die Herrschaft der herrschenden Ideen wird nicht dadurch garantiert, dass sie immer schon mit den herrschenden Klassen gekoppelt sind. Vielmehr ist die wirksame Kopplung herrschender Ideen an den historischen Block, der in einer bestimmten Periode hegemoniale Macht erlangt hat, genau das, was der Prozess des ideologischen Kampfes sicherstellen will. Sie ist das Ziel der Übung – nicht die Aufführung eines schon geschriebenen und abgeschlossenen Drehbuchs.

5. Für eine nicht-ökonomistische Theorie der ökonomischen ›Determination‹

Es dürfte klar sein, dass dieses Argument sehr weitgehende Konsequenzen hat für die Entwicklung der marxistischen Theorie insgesamt, obgleich es hier nur in Verbindung mit dem Ideologieproblem dargelegt wurde. In Frage steht eine bestimmte Konzeption von ›Theorie‹: Theorie als Ausarbeitung einer Reihe von Garantien. Umstritten ist auch eine bestimmte Definition von ›Determination‹. Ausgehend von der Lektüre, die ich oben vorgeschlagen habe, ist klar, dass der ökonomische Aspekt des kapitalistischen Produktionsprozesses wirkliche begrenzende und einschränkende (d.h.

determinierende) Wirkungen auf die Kategorien hat, in denen die Produktionskreisläufe ideologisch *gedacht* werden und umgekehrt. Das Ökonomische liefert das Repertoire an Kategorien, die im Denken verwendet werden. was das ökonomische nicht kann, ist (a) die Inhalte bestimmter Gedanken bestimmter gesellschaftlicher Klassen oder Gruppen zu einer bestimmten Zeit zu liefern, (b) ein für alle Mal festzulegen oder zu garantieren, von welchen Ideen welche Klasse Gebrauch machen wird. Das Determinierende des ökonomischen für das Ideologische kann deshalb nur darin liegen, dass es die Grenzen setzt für die Definition des Operationsfeldes, indem es das ›Rohmaterial‹ des Denkens festlegt. Die materiellen Umstände sind ein Netz von Zwängen, die ›Existenzbedingungen‹ für praktisches und vorausschauendes Denken über die Gesellschaft.

Diese Konzeption der ›Determination‹ unterscheidet sich von der des ›ökonomischen Determinismus‹ im gewöhnlichen Sinn, oder derjenigen, die aus dem Denken der Beziehungen der verschiedenen Praxen in einer Gesellschaftsformation nach dem Muster der expressiven Totalität folgt. Die Beziehungen zwischen diesen verschiedenen Ebenen sind in der Tat *determiniert*, das heißt: sie sind wechselseitig determinierend. Die Struktur der gesellschaftlichen Praxen – das Ensemble – ist jedoch deshalb weder frei fließend noch immateriell. Es ist aber auch keine transitive Struktur, die ausschließlich als Übertragung der Effekte in einer Richtung, von der Basis nach oben, zu verstehen ist. Das ökonomische *kann nicht* eine endgültige Geschlossenheit im Bereich des Ideologischen bewirken, in dem präzisen Sinne, dass ständig ein bestimmtes Resultat garantiert wird. Es kann nicht immer ein bestimmtes Set von Entsprechungen gewährleisten oder bestimmten Klassen bestimmte Denkweisen liefern, die ihrer Stellung innerhalb seines Systems entsprechen. Dies genau deshalb, weil (a) ideologische Kategorien nach ihren eigenen Entwicklungs- und Evolutionsgesetzen entfaltet, generiert und transformiert werden, obwohl sie selbstverständlich *aus* dem gegebenen Material heraus erzeugt werden; und (b) aufgrund der notwendigen ›Offenheit‹ der historischen Entwicklung für die Praxis und den Kampf. wir müssen die reale Unbestimmtheit des Politischen anerkennen – der Ebene, die alle anderen Praxisebenen verdichtet und deren Funktionieren in einem bestimmten Machtsystem gewährleistet.

Diese relative Offenheit oder relative Unbestimmtheit ist auch notwendig für den Marxismus selbst als eine Theorie. Das ›Wissenschaftliche‹ der marxistischen Politiktheorie liegt darin, dass sie die Grenzen politischer Handlungen zu verstehen sucht, die gegeben sind durch das Terrain, auf dem sie operieren. Dieses Terrain wird nicht durch Kräfte definiert, die wir mit naturwissenschaftlicher Exaktheit vorhersagen können, sondern durch die bestehende Balance der gesellschaftlichen Kräfte, durch die spezifische Art der konkreten Konjunktur. Der Marxismus ist ›wissenschaftlich‹, weil er sich selbst als determiniert versteht und weil er eine Praxis zu entwickeln sucht, die theoretisch orientiert ist. Aber er ist nicht ›wissenschaftlich‹ in dem Sinne, dass die politischen Resultate und die Konsequenzen der Führung politischer Kämpfe in den ökonomischen Sternen vorherbestimmt sind.

Ein Verständnis von ›Determination‹ eher im Sinne von Grenzziehungen, der Festlegung von Parametern, der Definierung von Handlungsräumen, der konkreten Existenzbedingungen, der ›Gegebenheit‹ gesellschaftlicher Praxen, als im Sinne der absoluten Vorhersagbarkeit bestimmter Resultate, ist die einzige Grundlage eines ›Marxismus ohne Gewähr‹. Es bildet den *offenen Horizont* marxistischer Theoriebildung – eine Determiniertheit ohne eine von vornherein garantierte Geschlossenheit. Das Paradigma gänzlich abgeschlossener, vollkommen vorhersagbarer Denksysteme ist Religion oder Astrologie, nicht Wissenschaft. Aus dieser Perspektive wäre es vorzuziehen, den ›Materialismus‹ der marxistischen Theorie als ›Determination durch das Ökonomische in *erster* Instanz‹ zu denken, weil der Marxismus sicher zu Recht gegen jeden Idealismus daran festhält, dass keine gesellschaftliche Praxis oder keine Anordnung von Verhältnissen frei von den determinierenden Effekten der konkreten Verhältnisse dahinschwebt, in denen sie angesiedelt ist. Die ›Determination in letzter Instanz‹ war dagegen lange Zeit der Zufluchtsort für den verlorenen Traum oder die Illusion der theoretischen Gewissheit Und das wurde zu einem hohen Preis erkauft, weil Gewissheit Orthodoxie stimuliert, die eingefrorenen Rituale und die Intonation der bereits bezeugten Wahrheit und all die anderen Attribute einer Theorie, die unfähig ist zu frischen Einsichten. Sie repräsentiert das Ende des *Prozesses der Theorie*, der Entwicklung und Verfeinerung neuer Begriffe und Erklärungen, die allein das Zeichen eines lebendigen Denkens ist, das noch etwas von der Wahrheit über neue historische Realitäten aufnehmen und begreifen kann.

Aus dem Englischen von Thomas Weber

Bedeutung, Repräsentation, Ideologie – Althusser und die poststrukturalistischen Debatten

Althusser überzeugte mich davon, und ich bleibe davon überzeugt, dass Marx sich die Gesamtheit aller Beziehungen, die eine Gesellschaft ausmachen – Marxens ›Totalität‹ –, als eine komplexe und nicht eine einfache Struktur vorstellte. Deshalb kann innerhalb dieser Totalität die Beziehung zwischen deren verschiedenen Ebenen – also zwischen dem Ökonomischen, Politischen und Ideologischen (wie es Althusser sieht) – nicht einfach oder unmittelbar sein. Deshalb ist die Auffassung, die verschiedenen Arten sozialer Widersprüche könnten auf den verschiedenen Ebenen der sozialen Praxis anhand eines leitenden Prinzips der sozialen und wirtschaftlichen Organisation (in klassisch marxistischen Begriffen: der Produktionsweise) abgelesen werden, oder die verschiedenen Ebenen einer sozialen Formation könnten als unmittelbare Beziehung zwischen Praxen formuliert werden, weder hilfreich noch entspricht sie der Art und Weise, in der Marx sich die soziale Totalität vorstellte. Natürlich ist eine soziale Formation nicht nur komplex strukturiert, weil alles mit allem zusammenhängt – das ist der traditionelle soziologische, multifaktorielle Ansatz, der keinerlei Prioritäten zulässt. Eine soziale Formation ist eine »Struktur mit Dominante«. Sie hat bestimmte spezifische Tendenzen; sie hat eine bestimmte Form; sie ist eindeutig strukturiert. Deshalb bleibt der Begriff ›Struktur‹ wichtig. Nichtsdestotrotz ist es eine komplexe Struktur, in der sich eine Ebene von Praxen nicht in einfacher Weise auf eine andere reduzieren lässt. Die Reaktion gegen diese beiden Tendenzen hin zum Reduktionismus in der klassischen marxistischen Ideologietheorie ist seit längerem im Gange – tatsächlich haben bereits Marx und Engels diese Art Revisionismus in Gang gesetzt. Aber Althusser war in dieser Hinsicht die Schlüsselfigur der modernen Theorie, der sich deutlich von alten Vorstellungen verabschiedete und eine überzeugende Alternative anbot, die im Rahmen einer marxistischen Fragestellung verbleibt. Das war eine wichtige theoretische Errungenschaft, wie stark wir mittlerweile auch die Begriffe von Althussers Durchbruch kritisieren und abändern mögen. Ich glaube auch, dass Althusser recht hat, wenn er zeigt, dass Marx 1857 in der *Einleitung* zu den *Grundrissen* (Marx 1953), seinem am stärksten methodologischen Text, die soziale Formation in dieser Weise gedacht hat.

Ein weiterer grundsätzlicher Fortschritt Althussers besteht darin, dass er mir ermöglichte, innerhalb und mit der *Differenz* zu leben. Althussers

Bruch mit einer monistischen Konzeption des Marxismus verlangte danach, die Differenz theoretisch aufzuarbeiten – anzuerkennen, dass es verschiedene soziale Widersprüche mit verschiedenen Ursprüngen gibt; dass die Widersprüche, die den historischen Prozess vorantreiben, nicht immer an derselben Stelle erscheinen und nicht immer dieselbe Wirkung erzielen. Wir haben über die Artikulation zwischen verschiedenen Widersprüchen nachzudenken; über die verschiedenen konkreten Umstände und Zeiträume, in denen sie wirksam sind, über die verschiedenen Formen, durch die sie wirken. Ich glaube, Althusser hat recht, wenn er auf die starrköpfig monistischen Gewohnheiten vieler renommierter Marxisten hinweist, die bereit sind, um der Komplexität willen so lange mit der Differenz zu spielen, als sich eine Garantie für die spätere Einheit findet. Aber die bedeutsamen Fortschritte gegenüber dieser verspäteten Teleologie finden sich bereits in der *Einleitung* zu den *Grundrissen* von 1857. Dort sagt Marx zum Beispiel, dass alle Sprachen natürlich einige Gemeinsamkeiten besitzen. Andernfalls wären wir nicht fähig, sie als Teile eines gemeinsamen sozialen Phänomens aufzufassen. Aber wenn wir so etwas sagen, dann haben wir nur auf einer *sehr* allgemeinen Abstraktionsebene etwas über Sprache gesagt: auf der Ebene der Sprache im Allgemeinen. Wir haben unsere Untersuchung erst begonnen. Das bedeutsamere theoretische Problem besteht darin, die Spezifik und die Differenz verschiedener Sprachen zu denken, die zahlreichen Determinierungen bestimmter linguistischer und kultureller Formationen sowie die bestimmten Aspekte, die sie voneinander unterscheiden, konkret zu analysieren. Marxens Einsicht, dass die kritische Analyse vom Abstrakten zum Konkreten voranschreitet, welches das Resultat vieler Determinierungen ist, stellt einen seiner tiefgründigsten und am meisten missachteten erkenntnistheoretischen Vorschläge dar, den sogar Althusser in gewisser Weise falsch interpretiert.[1]

Ich muss allerdings sogleich anfügen, dass mir Althusser erlaubt, ›Differenz‹ in bestimmter Weise zu denken, die sich von den Traditionen unterscheidet, die sich zuweilen auf ihn berufen. Wenn man sich zum Beispiel die Diskurstheorie anschaut – den Poststrukturalismus oder Foucault –[2], dann wird man dort nicht nur die Verschiebung von der Praxis zum Dis-

1 Siehe Hall 1974.

2 Der allgemeine Begriff ›Diskurstheorie‹ bezieht sich auf eine Anzahl zusammenhängender jüngster theoretischer Entwicklungen in Linguistik, Semiotik und Psychoanalyse, die dem ›Bruch‹ der strukturalistischen Theorie in den 1970er Jahren dank Barthes und Althusser folgten. Einige Beispiele in Großbritannien sind jüngste Arbeiten über Film und Diskurs in der Zeitschrift *Screen*, kritische und theoretische Arbeiten, die durch Lacan und Foucault beeinflusst worden sind, sowie der nach-Derrida'sche Dekonstruktivismus. In den USA würden manche dieser Trends unter dem Oberbegriff Postmodernismus figurieren.

kurs feststellen, sondern auch, wie die Betonung der Differenz – der Mehrstimmigkeit der Diskurse, des ständigen Verrutschens der Bedeutung, des endlosen Gleitens des Bedeuteten – mittlerweile *über* den Punkt hinaus vorangetrieben wird, wo sich die notwendige Ungleichheit einer komplexen Einheit theoretisieren lässt, oder sogar die ›Einheit in der Differenz‹ einer komplexen Struktur. Deshalb, glaube ich, muss uns Foucault, jedes Mal, wenn er in Gefahr steht, die Dinge zusammenzubringen (etwa die zahlreichen erkenntnistheoretischen Umbrüche, die er verfolgt, die alle zufällig mit dem Umbruch vom Ancien Régime zur Moderne in Frankreich zusammenfallen), hastig versichern, dass niemals irgendetwas mit irgendetwas anderem zusammenpasst. Die Bedeutung liegt immer auf dem ständigen Verrutschen, weg von jeder vorstellbaren Vereinigung. Ich glaube, man kann Foucaults beredtes Schweigen über den Staat nicht anders verstehen. Natürlich wird er sagen, er wisse, dass der Staat existiere; welcher französische Intellektuelle weiß das nicht? Aber er kann ihn nur als einen abstrakten leeren Raum behaupten – der Staat als Archipel Gulag –, das abwesende/anwesende Andere zum ebenso abstrakten Widerstand. Sein Programm sagt: »Nicht nur der Staat, sondern auch die verstreute Mikrophysik der Macht«, seine Praxis bevorzugt ständig die letztere und ignoriert die Macht des Staates.

Foucault hat recht, wenn er kritisiert, dass sich manche Marxisten den Staat als ein einheitliches Objekt vorstellen, zum Beispiel als den vereinigten Willen des ZKs der herrschenden Klasse, wo sich dieses heutzutage auch gerade versammelt. Aus dieser Vorstellung entspringt das notwendige ›Zusammenspannen‹ von allem und jedem. Ich stimme ihm zu, dass man so nicht mehr über den Staat denken kann. Der Staat ist eine widersprüchliche Formation, der über verschiedene Handlungsweisen verfügt und an zahlreichen Orten wirksam wird; er hat mehrere Zentren und viele Dimensionen. Er hat sehr deutliche und vorherrschende Tendenzen, aber er besitzt keinen eindeutig eingeschriebenen Klassencharakter. Auf der andern Seite bleibt der Staat einer der wichtigsten Orte in einer modernen kapitalistischen Gesellschaft, an dem politische Praxen verschiedenster Art *verdichtet* werden. Die Funktion des Staates besteht teilweise gerade darin, eine Reihe politischer Diskurse und sozialer Praxen, die an verschiedenen Orten die Übersetzung und Umwandlung von Macht leisten, zusammenzubringen und in einer komplexen Struktur zu artikulieren – wobei einige dieser Praxen nur sehr wenig mit der politischen Sphäre im engeren Sinn zu tun haben, sondern sich auf andere Bereiche beziehen, die nichtsdestotrotz mit dem Staat in Verbindung stehen, zum Beispiel das Familienleben, die Zivilgesellschaft, Fragen des Geschlechts/Gender und wirtschaftliche

Beziehungen. Der Staat ist das Beispiel einer Verdichtung, die diesem Ort des Zusammentreffens verschiedener Praxen ermöglicht, in eine systematische Praxis der Regulierung, der Herrschaft und der Norm, der Normalisierung innerhalb der Gesellschaft verwandelt zu werden. Der Staat verdichtet sehr unterschiedliche soziale Praxen und verwandelt sie in funktionierende Macht und Vorherrschaft über spezifische Klassen und andere soziale Gruppen. Um eine solche Vorstellung zu denken, sollte man nicht die Differenz durch ihr Spiegelbild, die Einheit, ersetzen, sondern beide innerhalb eines neuen Konzepts denken – dem der Artikulation.[3] Genau diesen Schritt verweigert Foucault.

Deshalb haben wir Althussers Fortschritt nicht allein durch sein Beharren auf der ›Differenz‹ zu charakterisieren – was der Schlachtruf des Derrida'schen Dekonstruktivismus ist –, sondern durch die Notwendigkeit, Einheit *und* Differenz zu denken, die Differenz *innerhalb* einer komplexen Einheit, ohne dass dies Differenz als solche privilegiert. Falls Derrida recht hat mit der Behauptung, das Bedeutete verrutsche ständig, in ständigem ›Aufschub‹, dann stimmt es auch, dass es ohne eine willkürliche ›Festlegung‹, oder dem, was ich ›Artikulation‹ nenne, keinerlei Bezeichnung oder Bedeutung gäbe. Was ist denn Ideologie anderes als genau diese Festlegung der Bedeutung durch Herstellen einer Kette von Entsprechungen, mittels Auswahl und Kombination? Deshalb möchte ich im Folgenden nicht den proto-Lacan'schen, neo-Foucault'schen, prä-Derrida'schen Text von Althusser, *Ideologie und ideologische Staatsapparate* von 1970, erläutern, sondern, trotz all seiner Fehler, den theoretisch weniger ausgefeilten Band *Für Marx* von 1965, der meines Erachtens schöpferischer und origineller ist, vielleicht weil er vorsichtiger operiert. Insbesondere der Essay *Widerspruch und Überdeterminierung* denkt genau über komplexe Formen der Determinierung nach, ohne sie auf eine einfache Einheit zu reduzieren. (Ich habe seit je *Für Marx* dem ausgearbeiteteren, strukturalistischeren Band *Das*

3 Mit dem Begriff ›Artikulation‹ meine ich eine Verbindung oder eine Verknüpfung, die nicht in allen Fällen notwendig als ein Gesetz oder Faktum des Lebens gegeben ist, aber die bestimmte Existenzbedingungen verlangt, um überhaupt aufzutreten; eine Verknüpfung, die durch bestimmte Prozesse aktiv aufrechterhalten werden muss, die nicht ›ewig‹ ist, sondern ständig erneuert werden muss, die unter bestimmten Umständen verschwinden oder verändert werden kann, was dazu führt, dass die alten Verknüpfungen aufgelöst und neue Verbindungen – Re-Artikulationen – geschmiedet werden. Wichtig ist zudem, dass eine Artikulation zwischen verschiedenen Praxen nicht bedeutet, dass diese identisch werden oder dass sich die eine in die andere auflöst. Jede behält ihre spezifischen Determinierungen und Existenzbedingungen. Doch wenn eine Artikulation gemacht worden ist, können die beiden Praxen zusammen funktionieren, nicht als »unmittelbare Identität« (in der Sprache von Marxens *Einleitung* in die *Grundrisse*, siehe Marx 1953, 14), sondern als »Unterschiede innerhalb einer Einheit« (Marx 1953, 20).

Kapital lesen von 1968 vorgezogen: Eine Vorliebe, die sich nicht nur aus der Abneigung gegen die spinozistische, strukturalistisch-kausale Maschinerie im letzteren Text speist, sondern auch aus meinem Vorurteil gegen die modische intellektuelle Annahme, dass das ›Neuste‹ notwendigerweise das ›Beste‹ sei.) Ich beschäftige mich an dieser Stelle nicht mit der theoretischen Schlüssigkeit von *Für Marx*. Auf das Risiko hin, theoretisch eklektisch zu werden, neige ich dazu, ›recht haben, aber nicht schlüssig sein‹ ›schlüssig, aber falsch zu sein‹ vorzuziehen. Indem es uns ermöglichte, über verschiedene Ebenen und verschiedene Arten der Determinierung nachzudenken, gab uns *Für Marx*, was uns *Das Kapital lesen* nicht gab: Die Fähigkeit, über historische Ereignisse oder bestimmte Texte zu theoretisieren (*Die Deutsche Ideologie*, Marx und Engels, 1970) oder bestimmte ideologische Formationen (Humanismus) als von mehr als einer Struktur determiniert zu sehen (das heißt, den Prozess der Überdeterminierung zu denken). Ich glaube, ›Widerspruch‹ und ›Überdeterminierung sind sehr *reichhaltige* theoretische Konzepte – eine von Althussers glücklicheren ›Anleihen‹ bei Freud und Marx; ich glaube nicht, dass Althusser selber in seiner Anwendung ihren Reichtum ausgeschöpft hat.

Die Artikulation von Differenz und Einheit verlangt nach einem neuen Weg, das marxistische Schlüsselkonzept der Determinierung zu denken. Einige der klassischen Formulierungen zu Basis/Überbau, die die marxistische Ideologietheorie bestimmt haben, repräsentieren Vorstellungen, Determinierung als notwendige Beziehung zwischen einer Ebene der Gesellschaft und einer anderen zu denken. Mit oder ohne unmittelbare Identität werden politische, legale und ideologische Praxen über kürzer oder länger – so setzen diese Vorstellungen voraus – sich dem, was irrtümlich ›das Ökonomische‹ genannt wird, anpassen und in eine notwendige Beziehung zu ihm treten. In der gegenwärtigen Mode des Poststrukturalismus ist mit dem Rückzug von der »notwendigen Beziehung« die normale unaufhaltsame Rutschpartie zum anderen Extrem erfolgt; das heißt die Auslassung in das, was beinahe gleich tönt, aber substantiell komplett verschieden ist – die Behauptung, dass »notwendigerweise keinerlei Beziehung« besteht. Paul Hirst, einer der differenziertesten postmarxistischen Theoretiker, hat diesem schädlichen Verrutschen sein bedeutsames Gewicht und seine Autorität geliehen. »Notwendigerweise keinerlei Beziehung« drückt genau aus, was die Diskurstheorie braucht – dass nichts mit irgendetwas anderem verbunden ist. Selbst wenn die Analyse spezifischer Diskursformationen ständig das Überlappen oder das Gleiten eines Diskurses in den anderen belegt, scheint alles an der polemischen Versicherung des Prinzips zu hängen, dass es, notwendigerweise, keinerlei Beziehung gibt.

Ich akzeptiere diese einfache Umkehrung nicht. Ich glaube, wir haben entdeckt, dass es *keine notwendige Beziehung* gibt, was etwas anderes ist; diese Formulierung stellt eine dritte Position dar. Sie bedeutet, es gibt keine Garantie, dass die Ideologie einer Klasse einfach und ein für alle Mal durch die Position gegeben ist oder der Position entspricht, die diese Klasse in der kapitalistischen Produktionsweise einnimmt. Die Behauptung, dass es diese Garantie nicht gibt, die mit einer teleologischen Betrachtung bricht, bedeutet auch, dass es nicht notwendigerweise *keine* Beziehung gibt. Es gibt keine Garantie, dass Ideologie und Klasse niemals zusammen artikuliert werden können oder eine soziale Kraft bilden, die eine Zeit lang selbstbewusst ›einheitlich im Klassenkampf‹ agiert. Eine theoretische Position, die sich auf der Unabschließbarkeit von Praxen und Kämpfen gründet, muss als ein mögliches Resultat eine Artikulation zulassen, die eine *Wirkung* jenseits ihrer Ursprünge erlaubt. Konkreter ausgedrückt: Ein wirksamer Eingriff bestimmter sozialer Kräfte zum Beispiel während der Ereignisse in Russland 1917, verlangt von uns nicht zu sagen, dass die russische Revolution ein Resultat des ganzen russischen Proletariats war, das geschlossen hinter einer einzigen revolutionären Ideologie stand (was sicher nicht stimmt); auch nicht, dass der entscheidende Charakter des Bündnisses (der ganzen Artikulation) von Arbeitern, Bauern, Soldaten und Intellektuellen, die die soziale Basis des Eingriffs ausmachte, durch seinen zugeschriebenen Platz und seine Position in der russischen Sozialstruktur und den daraus entstandenen notwendigen Formen revolutionären Bewusstseins garantiert wurde. Nichtsdestotrotz fand sie 1917 statt – und, wie Lenin bemerkenswerterweise feststellte, »weil sich dank einer außerordentlich originellen historischen Situation völlig *verschiedene Ströme*, *völlig ungleichartige* Klasseninteressen, *völlig entgegengesetzte* politische und soziale Bestrebungen *vereinigten* und zwar bemerkenswert ›einmütig‹ vereinigten« (Althusser 1968, 64). Althusser erinnert uns in seinem Kommentar dieser Passage in *Für Marx* an folgende Tatsache:

> »Wenn in dieser Situation eine gewaltige Anhäufung von ›Widersprüchen‹ ins Spiel, *in das gleiche Spiel*, gerät, von denen einige radikal heterogen sind, und die weder den gleichen Ursprung, noch die gleiche Bedeutung, noch das gleiche Anwendungs*niveau* und den gleichen Anwendungs*ort* haben und trotzdem zu einer Einheit des Bruchs ›verschmelzen‹, dann ist es nicht mehr möglich, von der schlichten und einfachen Kraft des allgemeinen ›Widerspruchs‹ zu sprechen.« (Althusser 1968, 64)

Das Ziel einer theoriegeleiteten politischen Praxis besteht sicherlich darin, die Artikulation zwischen sozialen oder wirtschaftlichen Kräften und jenen Formen der Politik und Ideologie herbeizuführen, die sie in der Praxis dazu bringen, in progressiver Weise in die Geschichte einzugreifen – eine Artikulation, die genau deswegen durch die Praxis *konstruiert* werden muss, weil sie nicht dadurch garantiert wird, wie diese Kräfte in erster Linie bestimmt sind.

Das lässt das Modell viel unbestimmter, offener und kontingenter als die klassische Position. Es lässt vermuten, dass man die Ideologie einer Klasse (oder eines Teils der Klasse) nicht aus deren ursprünglicher Position innerhalb der sozioökonomischen Beziehungen ›ablesen‹ kann. Aber es weigert sich auch zu sagen, es sei unmöglich, Klassen oder Fraktionen einer Klasse oder andere soziale Bewegungen durch eine sich entwickelnde Praxis sozialer Kämpfe zu einer Artikulation mit jenen Formen der Politik und der Ideologie zu bringen, die ihnen erlauben, als kollektive soziale Agenten historisch wirksam zu werden. Die grundsätzliche theoretische Umkehrung, die durch das Theorem von der »nicht notwendigen Beziehung« erreicht wird, besteht darin, dass die Determinierung vom genetischen Ursprung der Klasse oder anderer sozialer Kräfte innerhalb einer Struktur zu den Wirkungen oder Resultaten einer Praxis verschoben wird. Ich möchte deshalb jene Position von Althusser bekräftigen, wo er meines Erachtens die doppelte Artikulation zwischen ›Struktur‹ und ›Praxis‹ beibehält, und weniger jene volle strukturelle Kausalität von *Das Kapital lesen* oder die einleitenden Kapitel von Nicos Poulantzas *Politische Macht und gesellschaftliche Klassen* von 1968. Mit ›doppelter Artikulation‹ meine ich, dass die Struktur – die gegebenen Existenzbedingungen, die Struktur der Determinierung in jeder Situation –, von einem anderen Gesichtspunkt aus, ebenfalls schlichtweg als das Resultat früherer Praxen verstanden werden kann. Wir können sagen, dass eine Struktur das ist, was frühere strukturierte Praxen als Resultat produziert haben. Diese stellen dann die ›gegebenen Bedingungen‹ dar, den notwendigen Ausgangspunkt für neue Praxen. Keinesfalls sollte ›Praxis‹ als offenkundig intentional behandelt werden: Wir machen die Geschichte, aber auf der Grundlage vorgegebener Bedingungen, die nicht von uns gemacht sind. Praxis ist die Art und Weise, wie eine Struktur aktiv reproduziert wird. Trotzdem brauchen wir beide Begriffe, falls wir die Falle vermeiden wollen, Geschichte als nichts anderes zu verstehen, als das Ergebnis einer selbstgenügsamen strukturalistischen Maschine. Die strukturalistische Dichotomie zwischen ›Struktur‹ und ›Praxis‹ – wie die damit verbundene Dichotomie zwischen ›Synchronie‹ und ›Diachronie‹ – ist analytisch sinnvoll, sollte aber nicht zu einer strikten, sich gegenseitig ausschließenden Unterscheidung fetischisiert werden.

Versuchen wir, die Frage ein wenig weiter zu treiben, nicht bezüglich der Notwendigkeit, sondern bezüglich der Möglichkeit von Artikulationen zwischen sozialen Gruppen, politischen Praxen und ideologischen Formationen, die als Resultat die historischen Brüche oder Verschiebungen schaffen *könnten*, die wir nicht länger in die Strukturen und Gesetze der kapitalistischen Produktionsweise eingeschrieben und durch sie garantiert finden. Damit möchte ich nicht leugnen, dass es Tendenzen gibt, die aus unserer Positionierung innerhalb der sozialen Strukturen entspringen. Wir sollten nicht von der Anerkennung der relativen Autonomie der Praxis (bezüglich ihrer Wirkungen) zur Fetischisierung der PRAXIS rutschen – ein Schritt, den viele poststrukturalistische Maoisten einen kurzen Moment lang machten, bevor sie Anhänger der Neuen Philosophie der modischen französischen Rechten wurden. Strukturen enthalten Tendenzen – Kräfte, Öffnungen und Schließungen, die beschränken, formen, kanalisieren und in diesem Sinne ›determinieren‹. Aber sie können nicht im engeren Sinne einer fixen, absoluten Garantie determinieren. Menschen sind nicht unveränderlich und unauslöschlich mit den Ideen versehen, die sie denken *sollten*; die Politiken, die sie haben *sollten*, sind nicht bereits in ihren sozialen Genen angelegt. Es geht nicht um die Entfaltung eines unvermeidlichen Gesetzes, sondern um die *Verknüpfungen*, die, obwohl sie hergestellt werden können, nicht zwangsläufig sind. Es gibt keine Garantie, dass die Klassen an den ihnen zugewiesenen Stellen erscheinen werden, mit Rückennummern versehen, wie es Poulantzas so anschaulich beschrieb. Durch die Entwicklung von Praxen, die Differenzen in einen kollektiven Willen artikulieren, oder durch die Schaffung von Diskursen, die eine Reihe verschiedener Konnotationen verdichten, *können* die zersplitterten Bedingungen der Praxis verschiedener sozialer Gruppen tatsächlich zusammengebracht werden, auf eine Weise, die diese sozialen Kräfte nicht nur als ›Klasse an sich‹ konstituieren, positioniert durch irgendwelche andere Beziehungen, die sie nicht kontrollieren können, sondern sie *zudem* befähigt, als historische Kraft zu wirken, als ›Klasse für sich‹, fähig, neue kollektive Projekte aufzubauen.

Dies scheinen mir die Fortschritte, die Althussers Werk ermöglicht hat. Ich betrachte diese Umkehrung grundlegender Konzepte als viel wertvoller denn andere Aspekte seines Werks, die zur Zeit des Erscheinens Althussers Anhänger so befeuerten: Zum Beispiel die Frage, ob implizite strukturalistische Spuren in Marxens Denken in einen ausgereiften Strukturalismus verwandelt werden könnten, und zwar durch die geschickte Anwendung der strukturalistischen Kombinatorik von Lévi-Strauss – das Thema von *Das Kapital lesen*[4]; oder der eindeutig idealistische Versuch, eine so genannte autonome ›theoretische Praxis ‹ herauszuschälen; oder die katastrophale

4 Dieses Thema wird ausgeführt in Hall 1985.

Vereinigung eines Historizismus mit dem ›Historischen‹, was bei seinen Epigonen zu einer Flut antihistorischer theoretischer Spekulationen führte; oder sogar das unglückliche Unterfangen, an die Stelle von Hegel Spinoza als Geist in die marxistische Maschine zu setzen. Der grundsätzliche Mangel in E. P. Thompsons Anti-Althusser-Polemik, *Das Elend der Theorie* von 1978, besteht nicht in der Aufzählung dieser und anderer grundsätzlicher Fehler von Althussers Projekt – was Thompson beileibe nicht als erster getan hat –, sondern in der Unfähigkeit, *zur gleichen Zeit* die wirklichen Fortschritte zu erkennen, die Althussers Werk trotz allem ermöglichte. Das führte zu einer undialektischen Einschätzung von Althusser und im Übrigen von Theoriearbeit insgesamt. Deshalb die Notwendigkeit, hier nochmals ganz einfach festzuhalten, was Althusser bei allen Schwächen erreichte, als Standard, hinter den wir nicht zurückfallen dürfen. Nach *Widerspruch und Überdeterminierung* kann die Debatte über soziale Formationen und Determinismus im Marxismus nicht mehr die gleiche sein wie zuvor. Bereits dies bedeutet eine ›gewaltige theoretische Revolution‹.

Ideologie

Wenden wir uns nun der spezifischen Frage der Ideologie zu. Althussers Kritik der Ideologie folgt in manchem der Linie seiner Kritik an grundsätzlichen Positionen in der marxistischen Tradition, wie ich sie oben dargestellt habe. Das heißt, er wendet sich auch in der Ideologietheorie gegen einen Klassenreduktionismus, gegen die Auffassung, dass die ideologische Position einer Klasse automatisch ihrer Position in der Produktion entspricht. Althusser kritisiert hier eine wichtige Einsicht, die man aus Marx/Engels *Die deutsche Ideologie* bezogen hat, dem Grundtext der klassischen Ideologietheorie des Marxismus: Dass herrschende Ideen immer mit der Position der herrschenden Klasse übereinstimmen; dass die herrschende Klasse als Ganzes ein eigenes Bewusstsein hat, das sich in einer bestimmten Ideologie festmachen lässt. Die Schwierigkeit dieser These besteht darin, dass wir nicht verstehen können, warum die verschiedenen herrschenden Klassen in bestimmten historischen Situationen dank unterschiedlicher Ideologien vorangeschritten sind, oder warum sie zu bestimmten Zeiten die eine Ideologie und zu andern Zeiten eine andere benützen. Wir können so auch nicht verstehen, warum es interne Kämpfe gibt, und zwar innerhalb *aller* wichtigen politischen Formationen, über die angemessenen ›Ideen‹, mit denen die Interessen der herrschenden Klasse gesichert werden können. Ebenso wenig, warum in vielen verschiedenen historischen Gesellschaften die beherrschten Klassen zu einem beträchtlichen Grad ›herrschende

Ideen‹ benützt haben, um ihre Interessen zu definieren und zu verstehen. Wenn wir dies alles als *die* herrschende Ideologie bezeichnen, die sich problemlos reproduziert und die vorangeschritten ist, seit sich der freie Markt erstmals zeigte, dann forcieren wir nur unerwünschterweise die Ansicht, es bestehe eine empirische Identität zwischen Klasse und Ideologie, was konkrete historische Analysen widerlegen.

Das zweite Ziel von Althussers Kritik ist der Begriff des ›falschen Bewusstseins‹, der ihm gemäß voraussetzt, dass es pro Klasse nur eine einzige wahre Ideologie gibt, und dann das Nicht-Erscheinen dieser Ideologie damit erklärt, es existiere eine Trennwand zwischen den Subjekten und den realen Beziehungen, in denen sie stecken, eine Trennwand, die sie daran hindert, die Ideen zu erkennen, die sie haben sollten. Dieser Begriff des ›falschen Bewusstseins‹ gründet, wie Althusser richtig bemerkt, auf einer empiristischen Auffassung von Wissen. Sie setzt voraus, dass soziale Beziehungen wahrnehmenden, denkenden Subjekten ihr eigenes, eindeutiges Wissen vermitteln; dass eine einsichtige Beziehung zwischen den Situationen, in denen sich die Subjekte befinden, und der Art und Weise besteht, in der sich Subjekte dieser Situationen bewusst werden. Folglich muss wahres Wissen einer Art Maskierung unterzogen werden, deren Ursprung schwierig zu identifizieren ist, aber die die Menschen daran hindert, ›die Wirklichkeit zu erkennen‹. Gemäß dieser Auffassung befinden sich immer nur andere Menschen, nicht wir selbst, im falschen Bewusstsein, werden nur die Anderen von der herrschenden Ideologie verhext und sind die Gelackmeierten der Geschichte.

Althussers dritter Kritikpunkt entwickelt sich aus seiner Vorstellung von Theorie. Er beharrt darauf, dass Wissen als Resultat einer bestimmten Praxis entsteht. Wissen, und zwar sowohl ideologisches wie wissenschaftliches, ist das Produkt einer Praxis. Es ist nicht etwa die Widerspiegelung der Wirklichkeit in einem Diskurs, einer Sprache. Soziale Beziehungen müssen in ›Sprechen und Sprache repräsentiert werden‹, um eine Bedeutung zu bekommen. Bedeutung entsteht als Resultat einer ideologischen oder theoretischen Arbeit. Sie ist nicht einfach das Resultat einer empiristischen Erkenntnistheorie.

Deshalb will Althusser die Spezifik ideologischer Praxen und ihren Unterschied zu anderen sozialen Praxen denken. Er will auch die ›komplexe Einheit‹ denken, die die Ebene ideologischer Praxen mit anderen Instanzen einer sozialen Formation artikuliert. Deshalb begann er, indem er die traditionellen, vorgefundenen Konzepte der Ideologie kritisierte, einige Alternativen anzubieten. Schauen wir uns kurz an, was diese Alternativen laut Althusser sind.

Ideologische Staatsapparate

Die eine, mit der jedermann vertraut ist, wird im Essay über *Ideologie und ideologische Staatsapparate* angeboten. Einige seiner Vorschläge in diesem Aufsatz haben die folgenden Debatten stark beeinflusst. Zuerst einmal versucht Althusser die Beziehung zwischen Ideologie und anderen sozialen Praxen im Rahmen der Reproduktion zu denken. Welche Funktion hat Ideologie? Die sozialen Beziehungen der Produktion zu reproduzieren. Die sozialen Beziehungen der Produktion sind notwendig für die materielle Existenz jeder sozialen Formation oder jeder Produktionsweise. Aber die Elemente oder die treibenden Kräfte einer Produktionsweise, insbesondere in Bezug auf den kritischen Faktor Arbeit, müssen ihrerseits ständig produziert und reproduziert werden. Althusser argumentiert, dass Arbeit in kapitalistischen Gesellschaften zunehmend nicht mehr innerhalb, sondern außerhalb der sozialen Beziehungen der Produktion reproduziert wird. Natürlich versteht er darunter nicht bloß die biologische oder technische Reproduktion, sondern auch die soziale und kulturelle. Diese wird im Bereich des Überbaus hergestellt: in Institutionen wie der Familie und der Kirche. Dazu braucht es kulturelle Institutionen wie Medien, Gewerkschaften, politische Parteien und andere, die nicht direkt mit der Produktion an sich verbunden sind, sondern die zentrale Funktion haben, Arbeit durch bestimmte Formen der Moral und Kultur zu ›kultivieren‹ – so wie es die moderne kapitalistische Produktionsweise braucht. Schulen, Universitäten, Ausbildungs- und Forschungsstätten reproduzieren die technische Fähigkeit der Arbeit, die eine entwickelte kapitalistische Produktion verlangt. Aber Althusser macht darauf aufmerksam, dass eine technisch fähige, politisch jedoch aufmüpfige Arbeitskraft für das Kapital gar keine Arbeitskraft darstellt. Deshalb besteht die wichtigere Aufgabe darin, jene Arbeitskraft zu kultivieren, die politisch sowie moralisch fähig und willig ist, sich der Disziplin, der Logik, der Kultur und den Zwängen der kapitalistischen Produktionsweise in jedem Stadium zu unterwerfen, den jene erreicht hat. Das heißt Arbeit, die dem herrschenden System auf ewig unterworfen werden kann. Folglich reproduziert Ideologie durch die verschiedenen ideologischen Apparate die sozialen Beziehungen der Produktion in einem weiteren Sinn. Das ist Althussers erste Beschreibung.

Reproduktion in diesem Sinn findet sich selbstverständlich als klassischer Begriff schon bei Marx. Althusser muss nicht weiter als bis zum dritten Band von *Das Kapital* gehen, um ihn zu entdecken; allerdings verwendet er eine ziemlich eingeschränkte Definition. Er bezieht sich nur auf die Reproduktion von Arbeitskraft, während Marx ein viel breiteres Konzept verwendet, das die Reproduktion der sozialen Beziehungen des Besitzes und der Ausbeutung und sogar der Produktionsweise selber einschließt. Das ist ziemlich typisch für Althusser – wenn er sich einen Begriff oder ein Konzept beim Marxismus holt, die weit reichende marxistische Implikationen haben, dann gibt er ihnen einen besonderen, eingeschränkten Dreh, der nur ihm eigen ist. Auf diese Art ›konkretisiert‹ er ständig Marxens strukturalistisches Begriffsset.

Das führt zu einem Problem. Ideologie scheint in Althussers Essay hauptsächlich die der herrschenden Klasse zu sein. Falls es eine Ideologie der beherrschten Klassen gibt, dann scheint sie sich vollkommen den Funktionen und Interessen der herrschenden Klasse innerhalb der kapitalistischen Produktionsweise angepasst zu haben. An dieser Stelle kann man dem Althusser'schen Strukturalismus vorwerfen, was auch schon getan worden ist, ein schleichender marxistischer Funktionalismus zu sein. Ideologie scheint die von ihr verlangte Funktion zu übernehmen (das heißt die Vorherrschaft der herrschenden Ideologie zu reproduzieren), diese Funktion wirkungsvoll auszuüben und zwar immer weiter, ohne auf viel Widerstand zu stoßen – welcher sich dagegen bei Marx immer findet, wenn die Reproduktion diskutiert wird, und genau jenes Moment ist, das seine Analyse in *Das Kapital* von jedem Funktionalismus unterscheidet. Wenn man sich mit dem widersprüchlichen Feld der Ideologie beschäftigt, damit, wie die Ideologie der beherrschten Klassen produziert und reproduziert wird, mit den Ideologien des Widerstands, der Ausschließung, der Abweichung und anderen, dann finden sich in Althussers Essay keinerlei Antworten. Noch findet sich eine Antwort auf das Problem, wie eine Ideologie, die laut Althusser so wirkungsvoll in die soziale Formation eingefügt ist, je ihr Gegenteil oder ihre Widersprüche produziert. Aber eine Auffassung der Reproduktion, die ausschließlich funktional ans Kapital angepasst ist und keinerlei gegenläufige Tendenzen aufweist, auf keinerlei Widersprüche stößt, kann kein Ort von Klassenkämpfen sein und ist Marxens Konzeption der Reproduktion vollkommen fremd.

Der zweite einflussreiche Vorschlag in *Ideologie und ideologische Staatsapparate* ist das Beharren darauf, dass Ideologie eine Praxis sei. Das heißt, sie erscheint in Praxen, die innerhalb der Rituale von bestimmten Apparaten oder sozialen Institutionen und Organisationen angesiedelt sind. Althusser unterscheidet dabei zwischen repressiven Staatsapparaten wie der Polizei und der Armee, sowie ideologischen Staatsapparaten wie Kirchen, Gewerkschaften und Medien, die nicht direkt durch den Staat organisiert werden. Die Betonung auf ›Praxen und Ritualen‹ ist äußerst willkommen, vor allem wenn dies nicht zu eng oder polemisch interpretiert wird. Ideologien sind die

Rahmen des Denkens und der Vorstellungen über die Welt – der ›Ideen‹, mit denen die Menschen sich vorstellen, wie die soziale Welt funktioniert, welches ihr Platz darin ist und was sie tun *sollten*. Aber für eine materialistische oder nichtidealistische Theorie stellt sich die Frage, wie man mit Ideen – die geistige Ereignisse sind und deshalb, wie Marx sagt, nur »in Gedanken, im Kopf« stattfinden (wo sonst?) – auf eine nichtidealistische, nicht vulgärmaterialistische Art umgehen soll. Althussers Betonung ist hilfreich, weil sie uns aus einem philosophischen Dilemma hilft und weil sie meines Erachtens die zusätzliche Tugend hat, richtig zu sein. Er legt das Schwergewicht auf den Ort, wo Ideen erscheinen, wo geistige Ereignisse als soziale Phänomene wahrgenommen oder verwirklicht werden. Dies geschieht natürlich grundsätzlich in der Sprache (hier verstanden als bedeutungsstiftende Praxen, die Zeichen benützen; im semiotischen Bereich, dem Bereich von Bedeutung und Repräsentation). Ebenso bedeutsam geschieht es in den Ritualen und Praxen sozialer Handlungen und sozialen Verhaltens, in die sich Ideologien einschreiben. Sprache und Verhalten sind sozusagen die Mittel zur materiellen Festschreibung von Ideologien, die Modalitäten ihres Funktionierens. Diese Rituale und Praxen geschehen immer an sozialen Orten, die mit sozialen Apparaten verbunden sind. Deshalb müssen wir Sprache und Verhalten analysieren und dekonstruieren, um die Muster des ideologischen Denkens zu entziffern, die ihnen eingeschrieben sind.

Dieser wichtige Fortschritt in unserem Denken über Ideologie wird gelegentlich durch Theoretiker verunklärt, die behaupten, dass Ideologien überhaupt keine ›Ideen‹ seien, sondern Praxen, und dass nur so der materialistische Charakter der Ideologietheorie garantiert sei. Ich stimme damit nicht überein. Ich glaube, diese Vorstellung leidet an einer ›unangebrachten Konkretion‹. Der Materialismus des Marxismus kann sich nicht auf der Behauptung gründen, den geistigen Charakter, ja, die wirklichen Wirkungen geistiger Ereignisse (das heißt des Denkens) abzustreiten; das ist genau der Irrtum des von Marx in den *Thesen über Feuerbach* kritisierten einseitigen oder mechanischen Materialismus. Der Materialismus muss sich auf die materiellen Formen gründen, in dem das Denken erscheint, sowie auf dessen wirkliche, materielle Wirkungen. So habe ich es zumindest von Althussers viel zitierter Behauptung gelernt, dass Ideologie eine materielle Existenz hat, »weil sie in Praxen eingeschrieben ist«. Einiger Schaden ist durch Althussers allzu dramatische und verdichtete Formulierung am Ende seines Arguments angerichtet worden, die da lautet: »Verschwunden ist: der Ausdruck Ideen« (Althusser 1973, 155) Althusser hat viel erreicht, aber meines Erachtens hat er nicht tatsächlich die Existenz von Ideen und Denken zerstört, wie passend und beruhigend das auch immer wäre. Gezeigt hat er nur, dass Ideen eine materielle Existenz haben. Wie er selbst sagt, die »Ideen« eines menschlichen Subjekts sind »seine materiellen Handlungen«, »die sich einfügen in materielle Praktiken [Praxen], welche durch materielle Rituale geregelt werden. Diese Rituale werden ihrerseits bestimmt durch den materiellen ideologischen Apparat« (Althusser 1973, 154): Was etwas anderes ist.

Dennoch bleiben mit Althussers Begrifflichkeit ernsthafte Probleme bestehen. Der Essay über *Ideologie und ideologische Staatsapparate* nimmt wiederum unkritisch an, dass eine Identität zwischen den vielen ›autonomen‹ Teilen der Zivilgesellschaft und dem Staat besteht. Im Gegensatz dazu steht gerade die Artikulation dieses Verhältnisses im Zentrum von Gramscis Begriff der Hegemonie. Gramsci hat genau deshalb Schwierigkeiten, die Grenze zwischen Staat und Zivilgesellschaft genau zu ziehen, weil das weder eine einfache noch unbestrittene Sache ist. Eine schwer wiegende Frage in entwickelten liberalen Demokratien besteht gerade darin, wie Ideologie in den so genannten *privaten* Institutionen der Zivilgesellschaft reproduziert wird, im Theater der Zustimmung, augenscheinlich außerhalb des direkten Einflussbereichs des Staates. Wenn alles mehr oder weniger unter Aufsicht des Staates geschieht, dann wäre es einfach, einzusehen, warum nur die herrschende Ideologie reproduziert wird. Aber die wichtigere, wiewohl schwierigere Frage ist es, warum eine Gesellschaft den zivilen Institutionen mit ihren relativen Freiheiten *erlaubt*, im ideologischen Feld zu spielen, Tag für Tag, ohne Anleitung oder Zwang durch den Staat; und warum dieses ›freie Spiel‹ der Zivilgesellschaft, durch einen sehr komplizierten Prozess der Reproduktion, nichtsdestotrotz ständig die Ideologie als eine »Struktur mit Dominante« wiederherstellt. Das ist viel schwieriger zu erklären, und die Auffassung von »ideologischen Staatsapparaten« beantwortet die Frage vorzeitig. Wiederum ist es eine weitgehend ›funktionalistische‹ Lösung, die eine notwendig funktionale Beziehung zwischen den Erfordernissen der Produktionsweise und dem Funktionieren der Ideologie voraussetzt.

Schließlich ist es in demokratischen Gesellschaften keine Illusion der Freiheit, zu sagen, dass wir nicht angemessen erklären können, warum die Medien so einseitig berichten, als ob sie vom Staat genau instruiert würden, was sie drucken oder auf den Bildschirm bringen sollen. Warum tendiert eine so große Zahl von Journalisten, die sich nur auf ihre ›Freiheit‹ berufen, auf eigenes Risiko zu publizieren, dahin, ganz spontan und ohne Zwang immer wieder eine Weltauffassung zu reproduzieren, die sich innerhalb derselben ideologischen Kategorien bewegt? Warum verwenden sie immer wieder ein so eingeschränktes Repertoire innerhalb des ideologischen Feldes? Selbst Journalisten, die sich als Störenfriede verstehen, scheinen oft von einer Ideologie imprägniert zu sein, zu der sie sich nicht bewusst bekennen und die sie stattdessen ›schreibt‹.

Dieser Aspekt der Ideologie im liberalen Kapitalismus muss am dringlichsten erklärt werden. Deshalb nützt es nichts, wenn Leute sagen, »natürlich leben wir in einer freien Gesellschaft, die Medien sind frei«, darauf zu antworten, »nein, sie agieren nur unter Zwang des Staates«. Wenn sie es doch nur täten! Wir müssten dann nur die vier oder fünf Aufsichtsbeamten durch Leute von uns ersetzen. Tatsächlich aber kann die ideologische Reproduktion ebenso wenig durch die persönlichen Vorlieben von Individuen oder durch offenen Zwang (soziale Kontrolle) erklärt werden, wie die ökonomische Reproduktion durch direkte Gewalt erklärt werden kann. Beide Erklärungen – und sie sind analog – haben dort zu beginnen, wo *Das Kapital* beginnt: Indem man analysiert, wie die ›spontane Freiheit‹ der Kreisläufe wirklich wirkt. Das ist ein Problem, das die Begrifflichkeit der Ideologischen Staatsapparate voreilig beantwortet. Althusser weigert sich, zwischen Staat und Zivilgesellschaft zu unterscheiden – mit denselben Gründen, wie sie Poulantzas später fälschlicherweise anführte, dass die Unterscheidung nur ein Effekt der ›bürgerlichen Ideologie‹ sei. Seine Begrifflichkeit unterschätzt das, was Gramsci die immense Komplexität der Gesellschaft in modernen sozialen Formationen nennt – »die Schützengräben und Befestigungen der Zivilgesellschaft«. Althusser versucht nicht einmal ansatzweise zu erfassen, wie komplex die Prozesse sind, mit denen der Kapitalismus die Zivilgesellschaft organisieren muss, die sich nicht direkt unter seiner unmittelbaren Kontrolle befindet. Das sind wichtige Probleme im ideologischen und kulturellen Feld, doch das Konzept der ideologischen Staatsapparate ermutigt uns, ihnen auszuweichen.

Der dritte von Althussers Vorschlägen ist seine Versicherung, dass Ideologie nur mittels der Kategorie des ›Subjekts‹ existiert. Das ist eine lange und komplizierte Geschichte, die ich hier nur teilweise nacherzählen kann. Ich habe an anderer Stelle ausgeführt[5], dass *Das Kapital lesen* in seiner Argumentation Lévi-Strauss und andern nichtmarxistischen Strukturalisten ähnelt. Wie Lévi-Strauss spricht auch Althusser von sozialen Beziehungen als einem Prozess ohne Subjekt. Und wenn Althusser darauf beharrt, dass Klassen nur »Träger und Unterstützer« von sozioökonomischen Beziehungen sind, dann gebraucht er, wie Lévi-Strauss, eine von de Saussure übernommene Konzeption der Sprache, die auf den Bereich der Praxis im Allgemeinen angewandt wird, um die klassische westliche Erkenntnistheorie mit ihrem herkömmlichen Agent/Subjekt zu ersetzen. Althussers Position

5 Siehe Hall 1985.

gleicht hier der Auffassung, dass Sprache uns ›spricht‹, so wie der Mythos den Schöpfer des Mythos ›spricht‹. Das verabschiedet das Problem der subjektiven Identifikation und wie Individuen oder Gruppen zum Träger der Emanzipation werden. Doch wenn Althusser seine Ideologietheorie entwickelt, entfernt er sich von der Vorstellung, dass Ideologie einfach ein Prozess ohne Subjekt sei. Er scheint die Kritik zu berücksichtigen, dass dieser Bereich des Subjekts und der Subjektivität nicht einfach als leerer Raum gelassen werden kann. Die ›Dezentrierung des Subjekts‹, eines der Hauptanliegen des Strukturalismus, lässt das Problem der Subjektion und der Subjektivierung der Ideologie ungelöst. Es gibt immer noch Prozesse subjektivierender Effekte, die erklärt werden müssen. Wie finden konkrete Individuen innerhalb einer bestimmten Ideologie ihren Platz, wenn wir keinen Begriff des Subjekts oder der Subjektivität haben? Auf der anderen Seite müssen wir dieses Problem anders als die empiristische Tradition denken. Wir stehen am Beginn einer sehr langen Entwicklung, die mit dem Essay über *Ideologie und ideologische Staatsapparate* beginnt, mit Althussers Behauptung, dass jede Ideologie durch die Kategorie des Subjekts funktioniert und dass das Subjekt nur in der und für die Ideologie existiert.

Dieses ›Subjekt‹ sollte nicht mit wirklichen historischen Individuen verwechselt werden. Vielmehr ist es die Kategorie, die Position, wo das Subjekt – das Ich ideologischer Aussagen – sich konstituiert. Ideologische Diskurse konstituieren uns ihrerseits als Subjekte für Diskurse. Althusser erklärt, wie das funktioniert, indem er sich von Lacan das Konzept der ›Anrufung‹ borgt. Danach werden wir angerufen oder vorgeladen durch die Ideologien, die uns als ihre ›Autoren‹, als ihr grundsätzliches Subjekt rekrutieren. Wir werden durch die unbewussten Prozesse der Ideologie konstituiert, an jenem Ort der Wiedererkennung oder der Festlegung zwischen uns selbst und der bedeutungstragenden Kette, ohne die keinerlei Zuweisung einer ideologischen Bedeutung möglich wäre. Genau von dieser Wende im Argument entwickelt sich der Weg in die Psychoanalyse und den Post-Strukturalismus, und letztlich aus dem Marxismus heraus.

Der Essay über *Ideologie und ideologische Staatsapparate* ist zugleich sehr wichtig und bedauerlich. Das hängt mit seiner zweiteiligen Struktur zusammen. Der erste Teil handelt von der Ideologie und der Reproduktion der sozialen Beziehungen der Produktion. Der zweite Teil handelt von der Konstituierung des Subjekts und der Art, wie Ideologien uns im Bereich des Imaginären anrufen. Indem diese beiden Aspekte getrennt behandelt werden, vollzieht sich eine fatale Spaltung. Was ursprünglich als ein kritisches Element einer grundsätzlichen Ideologietheorie gedacht war – die Theorie des Subjekts –, hat metonymisch die ganze Theorie ersetzt. Die unglaublich verfeinerten Theoretisierungen, die sich daraus entwickelt haben, haben sich alle mit der zweiten Frage beschäftigt: Wie konstituieren sich Subjekte in Bezug zu verschiedenen Diskursen? Welche Rolle spielen unbewusste Prozesse in der Schaffung dieser Positionierungen? Dies sind die Fragen der Diskurstheorie und der durch die Linguistik beeinflussten Psychoanalyse. Oder man untersucht die Bedingungen der Artikulation in einer bestimmten Diskursformation. Das ist die Thematik von Foucault. Oder man kann die unbewussten Prozesse untersuchen, durch die Subjekte und Subjektivität als solche konstituiert werden. Das ist die Thematik von Lacan. Über den zweiten Teil von *Ideologie und ideologische Staatsapparate* ist deshalb ziemlich viel theoretisiert worden. Aber zum ersten Teil – nichts! Finito! Die Untersuchung hat mit Althussers ungenügenden Formulierungen über die Reproduktion der sozialen Beziehungen der Produktion geendet. Die zwei Seiten des schwierigen Problems der Ideologie sind in diesem Essay voneinander getrennt und seither verschiedenen Polen zugewiesen worden. Die Frage der Reproduktion ist dem marxistischen (männlichen) Pol zugewiesen worden, die der Subjektivität dem psychoanalytischen (feministischen) Pol. Seither haben sich die beiden nie mehr getroffen. Der zweite Pol wird als Frage über das ›Innenleben‹ der Menschen aufgefasst, über Psychoanalyse, Subjektivität und Sexualität und ›über‹ all das. Auf diese Weise und an diesem Ort ist zunehmend der Bezug zum Feminismus theoretisiert worden. Der erste Pol handelt ›über‹ soziale Beziehungen, Produktion und die harten Fakten des Produktionssystems, und ›darüber‹ sprechen der Marxismus und die reduktionistischen Klassendiskurse. Diese Zweiteilung des theoretischen Projekts hat verheerende Folgen für die ungleiche Entwicklung der Ideologieproblematik gehabt, ganz abgesehen von ihren schädlichen politischen Konsequenzen.

Ideologie in Für Marx

Statt einem dieser beiden Wege zu folgen, möchte ich mich einen Augenblick von der Sackgasse abwenden und mir ein paar alternative Ausgangspunkte bei Althusser anschauen, von denen aus meines Erachtens immer noch Fortschritte erzielt werden können. Lange bevor er bei der angeblich fortgeschrittenen Position von *Ideologie und ideologische Staatsapparate* angelangt war, formulierte Althusser in einem kurzen Abschnitt von *Für Marx* (Althusser 1968, 182–187) ein paar einfache Sachen zur Ideologie, die man mit Gewinn wiederholen und darüber nachdenken sollte. Dort definierte er Ideologie als Systeme der Repräsentation, bestehend aus Konzepten, Ideen, Mythen oder Bildern, in denen Männer (und von mir hinzugefügte Frauen) ihre imaginären Beziehungen zu ihren wirklichen Existenzbedingungen leben. Es lohnt sich, diese Aussage Stück für Stück zu überprüfen.

Die Bezeichnung der Ideologie als »Systeme der Repräsentation« anerkennt ihren grundsätzlich diskursiven und semiotischen Charakter. Systeme der Repräsentation sind Systeme von Bedeutungen, durch die wir uns und andern die Welt darstellen. Damit wird anerkannt, dass ideologisches Wissen das Resultat spezifischer Praxen ist – Praxen, die mit der Herstellung von Bedeutung beschäftigt sind. Aber da es keine sozialen Praxen gibt, die jenseits des Bereichs der Bedeutung (der Semiotik) stattfinden, stellt sich die Frage, ob *alle* Praxen einfach Diskurse seien?

Hier müssen wir sehr vorsichtig vorgehen. Wir befinden uns in der Gegenwart eines anderen unterdrückten Begriffs oder einer ausgeschlossenen Mitte. Althusser erinnert uns daran, dass Ideen nicht einfach im luftleeren Raum herumtreiben. Wir wissen, dass sie da sind, weil sie sich in sozialen Praxen materialisieren und diese anleiten. In diesem Sinne existiert das Soziale niemals außerhalb des Semiotischen. Jede soziale Praxis konstituiert sich im Zusammenspiel von Bedeutung und Repräsentation und kann ihrerseits repräsentiert werden. Mit andern Worten: Es gibt keinerlei soziale Praxis außerhalb der Ideologie. Obwohl alle sozialen Praxen diskursiv sind, heißt das aber nicht, dass sie nur diskursiv sind. Ich weiß, was sich damit verknüpft, Prozesse, die wir gemeinhin als Ideen fassen, mit dem Begriff Praxen zu belegen; ›Praxen‹ tönen konkret. Sie geschehen an speziellen Orten und in speziellen Apparaten – wie Schulzimmern, Kirchen, Vorlesungssälen, Fabriken, Schulen und Familien. Und diese Konkretion erlaubt uns, zu behaupten, sie seien ›materiell‹. Aber man muss zwischen verschiedenen Praxen unterscheiden. Zum Beispiel gibt es die folgende Differenz. Falls man am kapitalistischen Arbeitsprozess beteiligt ist, dann gebraucht man Arbeitskraft, die zu einem bestimmten Preis gekauft wurde, zusammen mit gewissen Produktionsmitteln, um Rohmaterialien in ein bestimmtes Produkt, eine Ware zu verwandeln. Das ist die Definition einer Praxis – der Praxis der Arbeit. Steht sie *außerhalb* von Bedeutung und Diskurs? Sicher nicht. Wie könnte eine große Anzahl von Leuten entweder diese Praxis lernen oder ihre Arbeitskraft arbeitsteilig mit anderen verbinden, Tag für Tag, wenn sich die Arbeit nicht im Bereich von Repräsentation und Bedeutung befände? Ist diese Transformationspraxis also nichts anderes als ein Diskurs? Sicher nicht. Weil alle Praxen sich *innerhalb* der Ideologie befinden oder diese sich ihnen eingeschrieben hat, heißt das nicht, dass alle Praxen *nur* Ideologie sind. Die Praxen, die hauptsächlich ideologische Repräsentation produzieren, besitzen eine Spezifik. Sie unterscheiden sich von jenen Praxen, die, sinnvoll, nachvollziehbar, andere Waren produzieren. Die Menschen, die in den Medien arbeiten, produzieren, reproduzieren und verändern das Feld der ideologischen Repräsentation selber. Sie stehen in einem andern Verhältnis zur Ideologie als solcher, als jene, die materielle Waren produzieren und reproduzieren – obwohl diesen ebenfalls Ideologie eingeschrieben ist. Roland Barthes hat schon vor langer Zeit erkannt, dass alle Dinge auch Bedeutung tragen. Die zweiteren Formen der Praxis operieren innerhalb der Ideologie, aber sie sind nicht ideologisch, was die Spezifik ihres Gegenstands betrifft.

Ich möchte die Vorstellung betonen, dass Ideologien Systeme der Repräsentation sind, die sich in Praxen materialisieren, aber ich möchte die ›Praxis‹ nicht fetischisieren. Zu oft ist auf dieser Ebene der Theoriebildung die soziale Praxis mit sozialen Diskursen identifiziert worden. Während die Betonung auf dem Diskurs richtig ist, weil sie auf die Wichtigkeit von Bedeutung und Repräsentation hinweist, ist die Vorstellung bis zu ihrem Gegenteil vorangetrieben worden, wonach alle Praxen nichts als Ideologien seien. Aber das ist eine schlichte Umkehrung.

Man sollte beachten, dass Althusser von »Systemen« und nicht von »einem System« spricht. Es ist bedeutsam, dass die Systeme der Repräsentation nicht allein sind. In jeder sozialen Formation gibt es eine Vielzahl von ihnen. Sie existieren in der Mehrzahl. Ideologien arbeiten nicht vermittels einzelner Ideen; sie arbeiten in diskursiven Ketten, in Trauben, in semantischen Feldern, in diskursiven Formationen. Wenn man ein ideologisches Feld betritt und eine beliebige knotenförmige Repräsentation oder Idee herausgreift, löst man sofort eine ganze Kette von Konnotationen und Assoziationen aus. Ideologische Repräsentationen konnotieren sich – rufen sich gegenseitig hervor. Deshalb ist in jeder sozialen Formation eine Vielzahl unterschiedlicher ideologischer Systeme oder Logiken verfügbar. Die Vorstellung *einer* herrschenden Ideologie und *der* untergeordneten Ideologie stellt das komplexe Zusammenspiel zwischen verschiedenen ideologischen Diskursen und Formationen in jeder entwickelten modernen Gesellschaft nur unzulänglich dar. Auch bildet sich das Gebiet der Ideologie nicht als ein Feld sich gegenseitig ausschließender und intern selbstgenügsamer diskursiver Ketten. Sie bestreiten sich gegenseitig, bedienen sich oft aus einem gemeinsamen, geteilten Reservoir an Konzepten, die sie innerhalb verschiedener Systeme der Differenz und der Äquivalenz neu formulieren und umartikulieren.

Wenden wir uns nun dem nächsten Teil von Althussers Definition zu – dass Männer und Frauen durch diese Systeme der Repräsentation *leben*. Althusser setzt ›leben‹ in Anführungszeichen, weil er damit nicht das blinde biologische oder genetische Leben meint, sondern das Leben, das innerhalb der Kultur Bedeutung und Repräsentation erlebt. Es ist nicht möglich, Ideologie zu beenden und einfach das Wirkliche zu leben. Wir brauchen immer Systeme, durch die wir repräsentieren, was das Wirkliche für uns und andere ist. Der zweite bedeutsame Punkt bezüglich des ›leben‹ besteht darin, dass wir es breit verstehen müssen. Mit ›leben‹ meint Althusser, dass Männer und Frauen eine Vielzahl von Systemen der Repräsentation gebrauchen, um ihre Existenzbedingungen zu erfahren, zu interpretieren und ihnen einen Sinn zu geben. Folglich kann Ideologie dieselben so genannten objektiven Bedingungen der wirklichen Welt unterschiedlich fassen. Es gibt keine »notwendige Beziehung« zwischen den Bedingungen einer sozialen Beziehung oder Praxis und der Zahl von verschiedenen Arten, mit denen sie repräsentiert werden kann. Einige Neo-Kantianer der Diskurstheorie haben behauptet, weil wir eine soziale Beziehung nur »innerhalb der Ideologie« wahrnehmen oder erkennen könnten, würde diese Beziehung nicht unabhängig von der Maschinerie der Repräsentation existieren. Doch das stimmt nicht, wie schon Marx in seiner *Einleitung* von 1857 klargemacht hat, die allerdings auch von Althusser missverstanden worden ist.

Vielleicht die subversivste Implikation des Begriffs ›leben‹ besteht darin, dass er auf den Bereich der Erfahrung verweist. Durch die und in den Systemen der Repräsentation der Kultur ›erfahren‹ wir die Welt: Erfahrung ist das Produkt der Codes unserer Verständnisfähigkeit, unserer Interpretationsraster. Folglich gibt es keine Erfahrung *außerhalb* der Kategorien von Repräsentation oder Ideologie. Die Vorstellung, dass unsere Köpfe voller falscher Ideen stecken, die allerdings aufgelöst werden können, wenn wir uns ›dem Wirklichen‹ in einem Akt absoluter Authentisierung öffnen, ist wohl die ideologischste aller Konzeptionen. Dies ist genau der Moment des ›Wiedererkennens‹, wenn die Tatsache, dass Bedeutung auf dem Eingriff von Systemen der Repräsentation beruht, verschwindet und wir uns in der naturalistischen Haltung sicher fühlen. Dies ist ein Moment extremer ideologischer Schließung. Dann stehen wir am stärksten im Bann der hochideologischen Struktur des ›Common Sense‹ [des Alltagsverstands], der Herrschaft des ›für sicher Gewussten‹. Wenn wir die Einsicht in die Tatsache verlieren, dass Sinn durch unsere Systeme der Repräsentation produziert wird, fallen wir nicht in die wirkliche Natur, sondern in die naturalistische Illusion: dem Höhe- oder Tiefpunkt der Ideologie. Wenn wir die Ideologie der Erfahrung, die Illusion der authentischen Wahrheit gegenüberstellen, dann erkennen wir nicht, dass es keine Möglichkeit gibt, die ›wirklichen Beziehungen‹ einer bestimmten Gesellschaft außerhalb ihrer kulturellen und ideologischen Kategorien zu erfahren. Das heißt nicht, dass jedes Wissen nur Resultat unseres Willens zur Macht ist; es mag ideologische Kategorien geben, die uns angemesseneres oder tieferes Wissen über bestimmte Beziehungen ermöglichen als andere.

Weil es keine eindeutige Beziehung gibt zwischen den Bedingungen der von uns gelebten sozialen Existenz und der Art, wie wir sie erfahren, ist es für Althusser notwendig, diese Beziehungen ›imaginäre‹ zu nennen. Das heißt, sie dürfen unter keinen Umständen mit dem Wirklichen verwechselt werden. Erst später in Althussers Werk ist dieser Bereich das ›Imaginäre‹ im Sinne Lacans geworden.[6] Womöglich dachte er bereits im früheren Essay an Lacan, aber es kümmert ihn noch nicht, ob Wissen und Erfahrung nur durch den spezifischen psychoanalytischen Prozess möglich seien, den Lacan vorgeschlagen hat. Ideologie wird bloß als imaginär beschrieben, um sie von der Auffassung zu unterscheiden, dass ›wirkliche Beziehungen‹ unzweideutig ihre eigenen Bedeutungen erklären.

Zum Schluss möchte ich noch Althussers Formulierung »die wirklichen Existenzbedingungen« betrachten – ein Skandal innerhalb der gegenwärtigen Kulturtheorie, weil sich Althusser damit zur Auffassung bekennt, dass soziale Beziehungen tatsächlich außerhalb ihrer ideologischen Repräsentationen oder Erfahrungen bestehen. Soziale Beziehungen existieren. Wir werden in sie hineingeboren. Sie bestehen unabhängig von unserem Willen. Sie sind wirklich in ihrer Struktur und Tendenz. Wir können keine soziale Praxis entwickeln, ohne uns diese Bedingungen auf die eine oder andere Weise zu repräsentieren; aber die Repräsentation erschöpft ihre Wirkung nicht. Soziale Beziehungen existieren, unabhängig vom Geist und vom Denken. Dennoch können sie nur im Denken, im Kopf vorgestellt werden. So hat es Marx in der *Einleitung* zu den *Grundrissen* von 1857 formuliert. Es ist wichtig, dass Althusser den objektiven Charakter wirklicher Beziehungen bestätigt, die Produktionsweisen in sozialen Formationen herstellen, obwohl sein späteres Werk die Rechtfertigung für eine ganz andere Theoriebildung lieferte. Althusser befindet sich hier näher bei einer ›realistischen‹ philosophischen Position als später in seinen kantianischen und spinozistischen Phasen.

Nun möchte ich über die spezielle Definition hinausgehen, die ich erläutert habe, um zwei oder drei grundsätzlichere Dinge zu diskutieren, die damit verknüpft sind. Althusser sagt, dass diese Systeme der Repräsentation grundsätzlich auf unbewussten Strukturen gründen. Im früheren Essay scheint er wiederum die unbewusste Natur der Ideologie in ähnlicher Weise zu denken, wie Lévi-Strauss den Code eines Mythos als unbewusst definierte – in Hinsicht auf dessen Regeln und Kategorien. Wir sind uns der

6 Bei Lacan signalisiert das »Imaginäre« eine Beziehung der Fülle zum Bild. Es steht dem ›Wirklichen‹ und dem ›Symbolischen‹ gegenüber.

Regeln und der Klassifikationssysteme einer Ideologie nicht bewusst, wenn wir eine ideologische Aussage machen. Dennoch sind sie, wie die Regeln einer Sprache, rationaler Untersuchung und Analyse durch die Mittel der Unterbrechung und Dekonstruktion zugänglich, die einen Diskurs auf seine Fundamente hin öffnen und uns erlauben, die Kategorien anzuschauen, die ihn erschaffen. Wir kennen die Worte zum Lied »Rule Britannia«, aber wir sind uns der Tiefenstruktur ›nicht bewusst‹ – der Vorstellungen der Nation, der großen Stücke und Teile imperialistischer Geschichte, der Annahmen globaler Vorherrschaft und Überlegenheit, dem notwendigen Anderen der Unterwerfung anderer Leute – die tief in ihren einfachen feierlichen Widerhall eingelassen sind. Diese Ketten von Konnotationen sind nicht beliebig offen und können auf einer bewussten Ebene nicht leicht verändert und umformuliert werden. Folgt daraus, dass sie das Produkt spezifischer unbewusster Prozesse und Mechanismen im psychoanalytischen Sinn sind?

Dies führt uns zur Frage zurück, wie sich Subjekte in der Ideologie selbst erkennen: Wie ist die Beziehung zwischen einzelnen Subjekten und den Positionierungen eines bestimmten ideologischen Diskurses konstruiert? Es scheint möglich, dass einige der grundlegenden Positionierungen der Subjekte in der Sprache, wie auch einige grundsätzliche Positionen im ideologischen Feld, durch unbewusste Prozesse im psychoanalytischen Sinn während der frühen Phase des Heranwachsens konstituiert werden. Diese Prozesse hätten dann einen tiefgreifenden, richtungsweisenden Einfluss auf die Art, wie wir uns im späteren Leben in ideologischen Diskursen situieren. Es ist klar, dass solche Prozesse während der frühen Kindheit *wirken* und die Herausbildung von Beziehungen mit andern und der Außenwelt ermöglichen. Sie sind, unter anderem, unlösbar mit der Natur und der Entwicklung der sexuellen Identität verbunden. Auf der anderen Seite ist es keineswegs schlüssig belegt, dass *allein* diese Positionierungen den Mechanismus konstituieren, mit dem sich die Individuen selbst in der Ideologie verorten. Wir werden nicht ausschließlich in jenem Moment und vollkommen an den Ort unserer Beziehung zum komplexen Feld der historisch bedingten ideologischen Diskurse gezwungen, wenn wir den »Übergang von der biologischen Existenz zur menschlichen Existenz« (Althusser 1970, 23) betreten. Wir bleiben offen, zu verschiedenen Zeiten unserer Existenz auf verschiedene Arten positioniert und platziert zu werden.

Einige vertreten die Meinung, dass diese späteren Positionierungen nur die ursprünglichen Positionen wiederholen, die in der Lösung des Ödipus-Komplexes hergestellt werden. Genauer wäre es jedoch zu sagen, dass Subjekte in Bezug zum ideologischen Feld nicht ausschließlich durch die Lösung unbewusster Prozesse während der Kindheit positioniert werden. Sie werden auch durch die diskursiven Formationen bestimmter sozialer Formationen positioniert. Sie werden gegenüber einer Reihe unterschiedlicher sozialer Orte verschieden platziert. Meines Erachtens ist es falsch anzunehmen, dass der Prozess, der dem Individuum *überhaupt* erlaubt, zu sprechen oder sich zu artikulieren – durch die Sprache an sich –, derselbe ist wie der Prozess, der dem Individuum erlaubt, sich als ein spezifisches geschlechtsbestimmtes, ethnisch bestimmtes, sozial bestimmtes Individuum in einer Vielzahl von spezifischen Systemen der Repräsentation in der Gesellschaft zu artikulieren. Die universellen Mechanismen der Anrufung mögen die notwendigen grundsätzlichen Bedingungen für die Sprache bereitstellen, aber es ist reine Spekulation und Behauptung, dass sie die ausreichenden konkreten Bedingungen für die Artikulation historisch spezifischer und unterschiedener Ideologien darstellen. Die Diskurstheorie beharrt einseitig darauf, die Nacherzählung der Subjektivität in Begriffen von Lacans unbewussten Prozessen sei *die* ganze Ideologietheorie. Sicherlich, eine Ideologietheorie muss, was frühere marxistische Theorien nicht taten, eine Theorie der Subjekte und der Subjektivität entwickeln. Sie muss die Anerkennung des Selbst im ideologischen Diskurs berücksichtigen, auch das, was Subjekte sich im Diskurs zu erkennen erlauben und dies spontan als Autor auszusprechen. Aber das ist nicht dasselbe wie das Freud'sche, von Lacan unter linguistischem Gesichtspunkt neu gelesenem Schema zu nehmen und es als angemessene Ideologietheorie der sozialen Formationen auszugeben.

Althusser schien im frühen Text *Freud und Lacan*[7] die notwendigerweise vorläufige und spekulative Natur von Lacans Vorschlägen zu erkennen. Er wiederholte die Abfolge von ›Identitäten‹ – auf denen Lacans Argument aufbaut –, den Übergang von der biologischen zur menschlichen Existenz, die parallel dem Gesetz der Ordnung verläuft, die dasselbe ist wie das Gesetz der Kultur, das »Kulturgebot«, das »in seinem formalen Wesen mit der Ordnung der Sprache verschmolzen ist.« (Althusser 1970, 23) Aber dann greift er die rein *formale* Natur dieser Entsprechungen in einer Fußnote auf:

> »Formal: Denn das Kulturgebot, dessen erste Form und Zugangsweise die Sprache ist, erschöpft sich nicht in der Sprache: es hat die realen Verwandtschaftsstrukturen und die bestimmten ideologischen Formationen zum Inhalt, in denen die Personen, eingelassen in diese Strukturen, ihre Funktion leben. Es genügt nicht zu wissen, dass die okzidentale Familie patriarchalisch und exogam ist (Verwandtschaftsstruktur), darüber hinaus muss man die ideologischen Formationen durchleuchten, die Vaterschaft, Mutterschaft[, Ehe] und Kindheit bestimmen. […] Diese spezifischen Ideologiebildungen bedürfen noch ausgiebiger Erforschung. Dies ist eine Aufgabe des historischen Materialismus.« (Althusser 1970, 35f.)

7 Erstmals veröffentlicht 1964/65, korrigiert 1969, siehe Althusser 1970.

Aber in späteren Formulierungen (und noch mehr in der von Lacan ausgelösten Flut, die gefolgt ist) ist diese Vorsicht in einem wahren Sturm der Bekräftigung aus dem Fenster geweht worden. In der bekannten Rutschpartie ist aus der Formulierung »das Unbewusste ist wie eine Sprache strukturiert« die Behauptung geworden: »das Unbewusste ist dasselbe wie der Eintritt in Sprache, Kultur, Sexualität, Ideologie und so weiter.«

Ich habe versucht, zu einer viel produktiveren und einfacheren Art, über Ideologie zu denken, zurückzugehen, die ich ebenfalls in Althussers Werk finde, allerdings nicht in den modischen späten Texten. Obwohl unser konzeptioneller Apparat extrem verfeinert und ›fortgeschritten‹ ist, so stehen wir, was das wirkliche Verstehen, was grundlegende Untersuchungen und Fortschritt hin zum Wissen in einer echt ›offenen‹, das heißt wissenschaftlichen Weise betrifft, doch erst am Beginn eines langen und schwierigen Wegs. Auf diesem Langen Marsch kommt *Für Marx* früher als die phantastischen Höhenflüge, in die sich der Essay über *Ideologie und ideologische Staatsapparate* zum Teil verliert. Deshalb sollten die frühen Texte aber nicht am Wegrand zurückgelassen werden. *Widerspruch und Überdeterminierung* enthält eine reichere Auffassung von Determinierung als *Das Kapital lesen*, obwohl sie theoretisch nicht so stringent ist. *Für Marx* enthält eine reichere Auffassung der Ideologie als *Ideologie und ideologische Staatsapparate*, obwohl sie nicht so umfassend ist.

Ein ideologisches Feld lesen

Ich möchte ein knappes persönliches Beispiel dafür geben, wie einige der Althusser'schen Auffassungen zur Ideologie uns erlauben, über spezifische ideologische Formationen zu denken. Ich möchte über jenen bestimmten Komplex von Diskursen nachdenken, der die Ideologien von Identität, Ort, Ethnizität und soziale Formation rund um den Begriff ›Schwarz‹ betrifft. Solch ein Begriff »funktioniert wie eine Sprache«. Tatsächlich. Tatsächlich funktioniert er wie Sprach*en*, da die Formationen, in denen ich den Begriff ansiedle, und zwar basierend auf meinen eigenen Erfahrungen in der Karibik und in Großbritannien, nicht genau der amerikanischen Situation entsprechen. Nur auf der ›chaotischen‹ Ebene der Sprache als solcher sind sie gleich. Tatsächlich finden wir jedoch Verschiedenheiten, Besonderheiten innerhalb verschiedener, wiewohl verwandter, Geschichten.

Zu verschiedenen Zeiten in meinen dreißig Jahren in England bin ich als ›coloured‹, ›Westinder‹, ›Neger‹, ›Schwarz‹, ›Einwanderer‹ angesprochen oder angerufen worden. Zuweilen auf der Straße, zuweilen an Straßenecken, zuweilen beleidigend, zuweilen freundlich, zuweilen zweideutig.

(Ein Schwarzer Freund von mir wurde von seiner politischen Organisation wegen ›Rassismus« gemaßregelt, weil er sich, um die Weiße Nachbarschaft aufzuschrecken, in der wir beide als Studenten lebten, spätabends vor mein Fenster stellte und sehr laut »Neger« rief, um meine Aufmerksamkeit zu wecken!) Alle schreiben mich einem ›Platz‹ in einer bedeutungstragenden Kette ein, die Identität über die Kategorien von Hautfarbe, Ethnie und Race konstruiert.

In Jamaika, wo ich meine Kindheit und Jugend verbrachte, wurde ich ständig als ›coloured‹ angerufen. Dieser Begriff wurde so mit anderen Begriffen in den Syntaxen von Race und Ethnizität artikuliert, dass er die Bedeutung bekam: ›nicht Schwarz‹. Die ›Schwarzen‹ waren die übrigen – die große Mehrheit der Leute, das gewöhnliche Volk. ›Coloured‹ zu sein hieß, zu den ›vermischten‹ Reihen der Braunen Mittelschicht zu gehören, ein wenig über den anderen – zumindest in den Ansprüchen, wenn auch nicht in Wirklichkeit. Meine Familie legte großen Wert auf diese fein abgestimmten klassifikatorischen Unterschiede und beharrte auf dem Begriff, da er viel in Bezug auf die Unterschiede von Klasse, Status, Race und Hautfarbe bedeutete. Tatsächlich klammerten sie sich durch dick und dünn daran, wie an die letzte ideologische Verteidigungslinie. Sie können sich vorstellen, wie peinlich berührt sie waren, als sie entdeckten, dass ich in England von den Einheimischen genau deshalb als ›coloured‹ angerufen wurde, weil ich für diese doch in allen Belangen ›Schwarz‹ *war*. Kurzum, derselbe Begriff hatte sehr verschiedene Konnotationen, weil er in verschiedenen »Systemen von Differenzen und Äquivalenzen« operierte. Die Position innerhalb der verschiedenen bedeutungstragenden Ketten ›bedeutet‹, nicht die wörtliche, fixierte Beziehung zwischen einem isolierten Begriff und einigen designierten Positionen im Farbspektrum.

Das karibische System wurde durch das fein abgestufte Klassifikationssystem der kolonialen Diskurse über Race organisiert, angeordnet auf einer ansteigenden Skala bis zum höchsten Wert ›Weiß‹ – letzterer ständig außer Reichweite, der unmögliche, ›abwesende‹ Begriff, dessen Abwesenheit/Anwesenheit die ganze Kette strukturierte. Im heftigen Kampf um einen Platz und eine Position, der abhängige Gesellschaften charakterisiert, hatte jeder Grad auf der Skala eine große Bedeutung. Im Gegensatz dazu war das englische System um eine einfachere binäre Dichotomie herum organisiert, die der kolonisierenden Ordnung angepasst war: ›Weiß/nicht-Weiß‹. Bedeutung ist keine durchsichtige Spiegelung der Welt in der Sprache, sondern erwächst aus den Differenzen zwischen Begriffen und Kategorien, den Bezugssystemen, die die Welt klassifizieren und auf diese Weise erlauben, dass sie vom sozialen Denken, vom Common Sense [Alltagsverstand] angeeignet wird.

Bin ich als ein konkretes, lebendes Individuum tatsächlich irgendeine dieser Anrufungen? Kann mich irgendeine davon ausschöpfen? Tatsächlich ›bin‹ ich nicht die eine oder andere dieser Arten, mich zu repräsentieren, obwohl ich zu verschiedenen Zeiten jede von ihnen gewesen bin und zu einem gewissen Grad einige von ihnen immer noch bin. Aber es gibt kein essentielles, einheitliches ›Ich‹ – nur das fragmentierte, widersprüchliche Subjekt, das ich werde. Viel später begegnete mir ›coloured‹ erneut, diesmal von der anderen Seite her. Zur selben Zeit, als mein Sohn das Farbspektrum lernte, versuchte ich ihm beizubringen, er sei ›Schwarz‹, doch er sagte mir ständig, er sei ›Braun‹. Natürlich war er *beides*.

Gewiss, ich stamme aus der Karibik – obwohl ich als Erwachsener immer in England gelebt habe. Tatsächlich ist die Beziehung zwischen ›Westinder‹ und ›Einwanderer‹ für mich sehr komplex. In den 1950er Jahren bedeuteten die beiden Begriffe dasselbe. Nun ist der Begriff ›Westinder‹ sehr romantisch. Er verbindet sich mit Reggae, Cuba libre, Sonnenbrillen, Mangos und dem ganzen tropischen Fruchtsalat in Dosen, der von den Kokospalmen fällt. Das ist ein idealisiertes ›Ich‹. (Ich wünschte mir, ich würde mich häufiger so fühlen.) ›Einwanderer‹ kenne ich ebenfalls gut. Darin steckt gar nichts Romantisches. Damit wird man so eindeutig platziert, als ob man *in Wirklichkeit woandershin* gehörte. »Und wann gehst du heim?« Man ist Teil von Margaret Thatchers »fremdem Keil«. In Tat und Wahrheit habe ich die Art, wie mich dieser Begriff positioniert, erst relativ spät begriffen – und die ›Anrufung‹ erfolgte bei jener Gelegenheit aus einer unerwarteten Richtung. Bei einem kurzen Aufenthalt in der Heimat sagte meine Mutter zu mir: »Hoffentlich halten sie dich drüben nicht für einen dieser Einwanderer«. Welch ein Schock des Wiedererkennens. Ich wurde auch bei vielen Gelegenheiten durch jenen anderen, abwesenden, unausgesprochenen Begriff ›angesprochen‹, jenem, der nie da ist, der ›amerikanische‹, nicht einmal durch ein großes ›N‹ gewürdigte. Das ›Schweigen‹ um diesen Begriff war vermutlich das beredtste von allen. Positiv besetzte Begriffe ›bedeuten‹ wegen ihrer Position in Bezug zum Abwesenden, Unbesetzten, Unausgesprochenen, Unsagbaren. Bedeutung entsteht aus Beziehungen innerhalb eines ideologischen Systems von Anwesenheiten und Abwesenheiten. »Fort, da.«

Althusser sagt in einer umstrittenen Stelle im Essay über *Ideologie und ideologische Staatsapparate*, dass wir »immer-schon« Subjekte sind. Tatsächlich bestreiten Hirst und andere das. Falls wir »immer-schon« Subjekte wären, müssten wir mit der Struktur des Wiedererkennens und den Mitteln geboren werden, uns selbst mit einer bereits geformten Sprache zu positionieren. Dagegen gebraucht Lacan, auf den sich Althusser und andere berufen, Freud und de Saussure, um zu zeigen, wie diese Struktur des Wiedererkennens geformt wird (durch die Spiegelphase und die Lösung des Ödipus-Komplexes, und so weiter). Aber lassen wir diesen Einwand einmal beiseite, denn in dem, was Althusser sagt, steckt eine tiefere Wahrheit über die Ideologie. Wir erleben Ideologie, als ob sie frei und spontan in uns entstehe, als ob wir ihre freien Subjekte wären, ›für uns selbst arbeitend‹. Tatsächlich aber werden wir gesprochen und wird für uns gesprochen, durch die ideologischen Diskurse, die uns bereits bei der Geburt erwarten, in die wir geboren werden und unseren Platz finden. Das Neugeborene, das laut Althussers Lesart von Lacan die Mittel erwerben muss, innerhalb des Kulturgebots platziert zu werden, wird bereits erwartet, benannt, im Voraus positioniert durch »die Formen der familiären Ideologie, sei sie nun väterlich, mütterlich, die der Ehepartner oder brüderlich« (Althusser 1973, 162).

Diese Beobachtung erinnert mich an eine frühe Erfahrung. Die Geschichte ist in meiner Familie öfters erzählt worden – zu großem Gelächter, obwohl ich den Witz nie begriff, ein Teil unserer Familienfolklore. Als meine Mutter mich aus dem Spital nach Hause brachte, blickte meine Schwester in die Wiege und sagte: »Woher hast du dieses Coolie-Baby gekriegt? « ›Coolies‹ sind in Jamaika Ostinder, Abkömmlinge der Facharbeiter, die nach der Abschaffung der Sklaverei ins Land gebracht wurden, um die Sklaven in den Plantagen zu ersetzen. ›Coolie‹ steht, falls das möglich ist, im Race-Diskurs noch eine Stufe tiefer als ›Schwarz‹. Meine Schwester hat damit ausgedrückt, dass ich, wie es selbst in den besten Mixed-Race-Familien häufig vorkommt, ziemlich viel dunkler rausgekommen war als der Durchschnitt meiner Familie. Ich weiß gar nicht mehr, ob die Geschichte wirklich passiert ist, oder ob meine Familie sie erfunden hat, oder ob womöglich sogar ich sie erfunden und seither vergessen habe, wann und warum. Aber ich fühlte mich, damals wie heute, durch sie an meinen ›Platz‹ beordert. Von diesem Augenblick an war mein Platz innerhalb dieses Systems der Repräsentation fragwürdig. Dies mag helfen zu erklären, warum und wie ich schließlich zu jenem wurde, zu dem ich gleich von Beginn an ernannt worden war: Der ›Coolie‹ meiner Familie, derjenige, der nicht dazugehörte, der Außenseiter, derjenige, der draußen auf der Straße mit den falschen Leuten herumlungerte und mit all diesen komischen Ideen aufwuchs. Der Andere.

Welcher *Widerspruch* erzeugt ein ideologisches Feld dieser Art? ›Der grundsätzliche Widerspruch zwischen Kapital und Arbeit‹? Diese Bedeutungskette wurde zweifellos in einem historisch speziellen Moment begonnen – dem Moment der Sklaverei. Sie ist nicht ewig oder universal. Auf diese Weise wurde Sinn gemacht aus der Verpflanzung der versklavten

Völker der westafrikanischen Königtümer in die sozialen Beziehungen der Zwangsarbeit in der Neuen Welt. Lassen wir kurz die vieldiskutierte Frage beiseite, ob die Produktionsweise in Sklavenhaltergesellschaften ›kapitalistisch‹ oder ›präkapitalistisch‹ oder eine Artikulation von beidem innerhalb des globalen Marktes war. In den frühen Entwicklungsstadien überschnitten sich aus praktischen Gründen das rassisierte und das Klassensystem. Sie waren ›Systeme der Äquivalenz‹. Rassisierte und ethnische Kategorien bilden auch heute noch die Formen, in denen die Strukturen von Herrschaft und Ausbeutung ›gelebt‹ werden. In diesem Sinn haben solche Diskurse die Funktion, »die sozialen Beziehungen der Produktion zu reproduzieren«. Dennoch stimmen die beiden Systeme in den heutigen karibischen Gesellschaften *nicht* vollkommen überein. Auf der höchsten Stufe der Leiter gibt es auch ›Schwarze‹, einige davon Ausbeuter anderer Schwarzer Arbeitskraft, einige entschiedene Freunde des afroamerikanischen Pädagogen Booker Washington. Die Welt ist nicht reinlich in soziale/natürliche Kategorien geschieden, so wenig wie ideologische Kategorien notwendig ihre eigenen ›angemessenen‹ Bewusstseinsformen produzieren. Wir müssen deshalb sagen, dass es eine komplizierte Reihe von Artikulationen zwischen den beiden Diskurssystemen gibt. Die Beziehung der Äquivalenzen zwischen ihnen ist nicht starr, sondern hat sich historisch verändert. Und sie ist auch nicht durch eine einzige Ursache ›determiniert‹, sondern das Resultat einer ›Überdeterminierung‹.

Diese Diskurse konstruieren die jamaikanische Gesellschaft deshalb als ein Feld sozialer Unterschiede, die um die Kategorien von Race, Hautfarbe und Ethnie organisiert sind. Ideologie hat hier die Funktion, eine Bevölkerung spezifischen Klassifikationen zuzuweisen, die auf diesen Kategorien aufbauen. In der Artikulation der Diskurse um Klasse und Race-Hautfarbe-Ethnie (und den Verschiebungen zwischen ihnen, die dies ermöglicht) wird der Letztere als der dominierende Diskurs gesetzt, seine Kategorien schaffen die vorherrschenden Bewusstseinsformen und das Gebiet, auf dem sich Männer und Frauen »bewegen, Bewusstsein von ihrer Stellung erwerben, kämpfen usw.« (Gramsci 1991ff., Bd. 4, H 7, 876), die Systeme der Repräsentation, durch welche die Menschen »das imaginäre Verhältnis zu ihren wirklichen Lebensbedingungen leben« (Althusser 1973, 147). Diese Analyse ist keine akademische, nur wertvoll wegen ihrer theoretischen und analytischen Unterscheidungen. Die Überdeterminierung von Klasse und Race hat weit reichende Konsequenzen – einige davon sehr widersprüchliche – für die *Politik* in Jamaika und für jamaikanische Schwarze überall.

Es ist also möglich, das Feld sozialer Beziehungen in Jamaika und in Großbritannien in Begriffen eines interdiskursiven Feldes zu untersuchen, das von mindestens drei verschiedenen Widersprüchen (Race, Klasse, Geschlecht) geschaffen wird, von denen jeder eine unterschiedliche Geschichte und eine unterschiedliche Operationsweise hat, und jeder die Welt in verschiedener Weise aufteilt und klassifiziert. Dazu wäre es notwendig, in jeder spezifischen sozialen Formation die Weise zu analysieren, in der Klasse, Race und Geschlecht miteinander artikuliert sind, damit besondere verdichtete soziale Positionen entstehen. Wir könnten sagen, dass soziale Positionen hier einer ›doppelten Artikulation‹ unterliegen. Sie sind definitionsgemäß überdeterminiert. Die Überschneidungen oder die Einheit (die Fusion) zwischen ihnen anzuschauen, das heißt die Weise, in der sie aufeinander verweisen oder sich gegenseitig aufrufen, indem sie Unterschiede im ideologischen Feld artikulieren, macht die *spezifischen Effekte* jeder Struktur nicht zunichte. Wir können uns politische Situationen vorstellen, in denen Bündnisse auf sehr verschiedene Weise hergestellt werden, und zwar abhängig davon, welche der verschiedenen Artikulationen zu einer bestimmten Zeit gerade dominierten.

Denken wir also über den Begriff ›Schwarz‹ innerhalb eines bestimmten semantischen Feldes oder einer ideologischen Formation und nicht als einzelnen Begriff nach: innerhalb seiner Kette von Konnotationen. Ich gebe nur zwei Beispiele. Das erste ist die Kette ›Schwarz, faul, boshaft, schlau‹ und so weiter, die aus einer Identifikation von ›Schwarz‹ zu einem bestimmten historischen Zeitpunkt entstand: der Sklaverei. Obwohl der Unterschied ›Schwarz/Weiß‹, der durch die Kette artikuliert wird, nicht einfach durch den Widerspruch von Kapital und Arbeit entsteht, sind die sozialen Beziehungen, die jenen spezifischen historischen Augenblick charakterisierten, sein Bezug in dieser spezifischen Diskursformation. Im Fall Westindiens ist ›Schwarz‹, mit seinen konnotativen Echos, eine Weise, zu repräsentieren, wie Völker mit spezifischem ethnischem Charakter zuerst in die sozialen Beziehungen der Produktion eingefügt wurden. Aber natürlich ist diese Kette von Konnotationen nicht die einzige. Eine vollkommen unterschiedliche Kette wird innerhalb der mächtigen religiösen Diskurse geschaffen, die die Karibik so geprägt haben: Die Verknüpfung von Licht mit Gott und dem Heiligen Geist, und von Dunkel und ›Schwärze‹ mit der Hölle, dem Teufel, der Sünde und Verdammnis. Als ich ein Kind war und von einer meiner Großmütter in die Kirche mitgenommen wurde, dachte ich, dass die Anrufung des Schwarzen Pfarrers an den Allmächtigen, »Herr, erleuchte uns in unserer Finsternis«, eine ganz spezielle Bitte um ein wenig persönliche göttliche Hilfe darstelle.

Ideologischer Kampf

Es ist wichtig, das semantische Feld zu betrachten, innerhalb dessen eine bestimmte ideologische Kette Bedeutung erlangt. Marx erinnert uns daran, dass die Ideen der Vergangenheit wie Alpträume auf den Lebenden lasten. Für jedes semantische Feld ist der Augenblick einer historischen Formation bedeutsam. Die semantischen Zonen formen sich in ganz bestimmten historischen Perioden: zum Beispiel die Bildung des bürgerlichen Individualismus im 17. und 18. Jahrhundert in England. Sie hinterlassen die Spuren ihrer Verbindungen, lange nachdem die sozialen Beziehungen, mit denen sie verknüpft waren, verschwunden sind. Diese Spuren können später reaktiviert werden, selbst wenn sich die Diskurse als geschlossene oder organische Ideologien zersetzt haben. Der Common Sense [Alltagsverstand] enthält, was Gramsci die Spuren einer Ideologie »ohne Inventar« nannte [»eine chaotische Ansammlung disparater Auffassungen«, Gramsci 1991ff., Bd. 6, H 11, 1396]. Betrachten wir zum Beispiel die Spuren religiösen Denkens in einer Welt, die sich für säkularisiert hält und die deshalb ›das Heilige‹ in säkulare Ideen einbaut. Obwohl die Logik einer religiösen Interpretation von Begriffen aufgebrochen worden ist, hinterlässt das religiöse Repertoire seine Spuren in der Geschichte, kann in zahlreichen neuen historischen Kontexten gebraucht werden, um angeblich ›modernere‹ Ideen zu verstärken und zu unterstützen.

In diesem Kontext können wir die Möglichkeit eines ideologischen Kampfes lokalisieren. Eine bestimmte ideologische Kette wird ein Ort des Kampfes, nicht nur, wenn Menschen versuchen, sie durch ein alternatives Set von Begriffen zu ersetzen, aufzubrechen oder zu bestreiten, sondern auch wenn sie das ideologische Feld unterbrechen und dessen Bedeutung zu wechseln versuchen, indem sie seine Verbindungen verändern oder reartikulieren, etwa aus einem Negativum ein Positivum machen. Oft besteht der ideologische Kampf im Versuch, ein neues Set von Bedeutungen für einen bestehenden Begriff oder eine Kategorie zu gewinnen, sie von ihrem Platz in der Bedeutungsstruktur zu desartikulieren. Ein Beispiel. Eben weil der Begriff ›Schwarz‹ die Konnotationen des Verächtlichen, des Enteigneten, des Unaufgeklärten, des Unzivilisierten, des Kulturlosen, des Intriganten, des Unfähigen auslöst, kann er bestritten, verändert und mit einem positiven ideologischen Wert versehen werden. ›Schwarz‹ ist nicht der alleinige Besitz einer bestimmten sozialen Gruppe oder eines einzigen Diskurses. Um die Terminologie von Ernesto Laclau und Chantal Mouffe zu verwenden, hat der Begriff, trotz seiner mächtigen Resonanz, keine notwendige ›Klassen-Zugehörigkeit‹. In der Vergangenheit ist er tief in die Diskurse rassisierter Unterschiede und Schändungen eingeschrieben. Lange schien er an einen Platz in den Diskursen und Praxen sozialer und wirtschaftlicher Ausbeutung gefesselt. In jener Periode der jamaikanischen Geschichte, in der die nationale Bourgeoisie im Kampf um formale politische Unabhängigkeit von den Kolonialmächten gemeinsame Sache mit den Massen machen wollte – ein Kampf, aus dem die lokale Bourgeoisie und nicht die Massen als führende soziale Kraft hervorging –, war ›Schwarz‹ eine Art Tarnung. In der Kulturrevolution, die Jamaika in den 1960er und 1970er Jahren heimsuchte, als die Menschen erstmals ihre afrikanische, Schwarze Tradition der Sklaverei akzeptierten und sich der Angelpunkt oder das Zentrum der Gesellschaft ›zu den Wurzeln‹ verschob, zum Leben und den gemeinsamen Erfahrungen der Schwarzen, städtischen Unterschichten, die die kulturelle Essenz des ›Jamaikanischseins‹ repräsentierten (im Augenblick der politischen Radikalisierung, der Mobilisierung der Massen, der Solidarität mit Schwarzen Befreiungskämpfen andernorts, der soul brothers und des Soul sowie von Reggae, Bob Marley und der Rastafarians) – damals wurde ›Schwarz‹ als sein Gegenteil konstituiert. Es wurde zum Ort für die Schaffung der ›Einheit‹, der positiven Anerkennung der ›Schwarzen Erfahrung‹: Der Augenblick der Konstituierung eines *neuen* kollektiven Subjekts – der ›kämpfenden Schwarzen Massen‹. Diese Verwandlung in der Bedeutung, Position und Referenz von ›Schwarz‹ folgte nicht und drückte auch nicht die Schwarze kulturelle Revolution in Jamaika dieser Periode aus. Sie war eine der Weisen, in denen diese neuen Subjekte *konstituiert* wurden. Die Menschen – die konkreten Individuen – waren immer dort gewesen. Aber als kämpfende Subjekte einer neuen Epoche der Geschichte erschienen sie zum ersten Mal. Ideologie, durch eine alte Kategorie, war grundlegend für ihre widerständige Formierung.

Das Wort als solches hat also keine spezifischen Klassenkonnotationen, obwohl es eine lange und nicht einfach zu demontierende Geschichte hat. Während soziale Bewegungen Kämpfe um ein bestimmtes Programm herum entwickeln, beginnen Bedeutungen, die auf ewig an ihrem Platz fixiert schienen, ihre Verankerungen zu verlieren. Kurzum, die Bedeutung des Konzepts hat sich als Resultat des *Kampfes* um die Ketten von Konnotationen und die sozialen Praxen, die Rassismus durch die negative Konstruktion der ›Schwarzen‹ möglich machten, zu verändern begonnen. Indem der Kern der negativen Definition betreten wurde, hat die Bewegung der Schwarzen versucht, das Feuer des Begriffs zu erhaschen. Weil ›Schwarz‹ einst alles bedeutete, was am wenigsten zu respektieren war, kann es nun als ›schön‹ gefeiert werden, als Grundlage unserer positiven sozialen Identität, die Respekt zwischen uns selber verlangt und schafft. ›Schwarz‹

existiert also ideologisch nur in Beziehung zum Streit um diese Ketten von Bedeutung und zu den sozialen Kräften, die in diesen Streit verwickelt sind.

Ich hätte jedes zentrale Konzept, jede Kategorie oder jedes Bild nehmen können, um die sich Gruppen organisiert und mobilisiert haben, um die sich aufstrebende soziale Praxen entwickelt haben. Aber ich wollte einen Begriff nehmen, der eine tiefgehende Resonanz für eine ganze Gesellschaft hat, einer, um den sich die ganze Richtung von sozialen Kämpfen und politischen Bewegungen während unseres eigenen Lebens verändert hat. Diesen Begriff in nichtreduktionistischer Weise im ideologischen Feld zu denken, eröffnet das Feld für mehr als bloß einen idealistischen Austausch über ›gute‹ oder ›schlechte‹ Bedeutungen; oder für einen Kampf, der nur im Diskurs stattfindet; oder einen, der ständig und für immer durch die Art fixiert ist, in dem bestimmte unbewusste Prozesse in der Kindheit gelöst werden. Das Feld des Ideologischen hat seine eigenen Mechanismen; es ist ein ›relativ autonomes‹ Feld der Setzung, Regulierung und sozialen Auseinandersetzung. Es ist nicht frei oder unabhängig von Determinierungen. Aber es ist nicht auf die einfache Determinierung durch eine der anderen Ebenen sozialer Formationen *reduzierbar*, in denen der Unterschied zwischen Schwarz und Weiß politisch bedeutsam geworden ist und durch welche die ganze ›Unbewusstheit‹ der Race artikuliert worden ist. Dieser Prozess hat wirkliche Folgen und Wirkungen für die Art, wie sich die ganze soziale Formation ideologisch reproduziert. Die Wirkung des Kampfes um ›Schwarz‹, falls er stark genug wird, besteht darin, dass er die Gesellschaft darin hindert, sich weiterhin funktional in *jener* alten Weise zu reproduzieren. Die soziale Reproduktion als solche wird zum umstrittenen Vorgang.

Im Gegensatz zu Althussers Betonung in seiner Argumentation hat Ideologie also nicht nur die Funktion, »die sozialen Beziehungen der Produktion zu reproduzieren«. Ideologie setzt auch dem *Grenzen*, wie eine Gesellschaft mit Dominante sich einfach, reibungslos und funktional wirksam reproduzieren kann. Die Auffassung, dass Ideologien uns immer-schon eingeschrieben sind, erlaubt uns nicht, angemessen über die Veränderungen in den Akzentuierungen von Sprache und Ideologie zu denken, Veränderungen, die ein steter, endloser Prozess sind – was Vološinov die »Multiakzentuierungen des ideologischen Zeichens« oder den »Klassenkampf in der Sprache« nannte.

Aus dem Englischen von Stefan Howald

Kodieren/Dekodieren[1]

Die Massenkommunikationsforschung hat den Kommunikationsprozess traditionellerweise als Kreislauf oder Schleife konzeptualisiert. Aufgrund seiner Linearität – Sender/Nachricht/Empfänger – seiner Ausrichtung auf die Ebene des Nachrichtenaustauschs und des Fehlens seiner strukturellen Verbindung der unterschiedlichen Momente als einer komplexen Beziehungsstruktur ist dieses Modell häufig kritisiert worden. Doch ist es denkbar und auch sinnvoll, diesen Prozess als eine Struktur aufzufassen, die durch die Artikulation miteinander verbundener aber eigenständiger Momente produziert und aufrechterhalten wird: Produktion, Zirkulation, Distribution/Konsum, Reproduktion. Dies hieße, den Prozess als ›komplexe, dominante Struktur‹ zu verstehen, die durch die Artikulation miteinander verbundener Praktiken entsteht, von denen jede in ihrer Unverwechselbarkeit erhalten bleibt und ihre spezifische Modalität, ihre eigenen Existenzformen und -bedingungen hat. Dieser zweite Ansatz, der dem entspricht, welcher das Skelett der Güterproduktion bildet, das Marx in den Grundrissen und im Kapital entwirft, verfügt außerdem über den Vorteil, klarer herauszuarbeiten, wie ein kontinuierlicher Kreislauf – Produktion-Distribution-Produktion – durch einen Austausch zwischen Formen[2] aufrechterhalten werden kann. Außerdem hebt er die Spezifität der Formen hervor, in denen das Produkt dieses Prozesses zu jedem Zeitpunkt ›erscheint‹ und somit auch, was die diskursive ›Produktion‹ von anderen Produktionsarten in unserer Gesellschaft in den modernen Mediensystemen unterscheidet.

Der ›Gegenstand‹ dieser Praktiken sind Bedeutungen und Nachrichten in Gestalt besonderer Zeichenträger, die wie jede Kommunikations- oder Sprachform mittels Code-Operationen im Rahmen der syntagmatischen Kette eines Diskurses organisiert sind. Die Apparate, Produktionsverhältnisse und -praktiken treten so in einem bestimmten Moment (dem Moment der ›Produktion/Zirkulation‹) in Form von symbolischen Trägern auf, die gemäß dem Regelwerk der ›Sprache‹ gebildet werden. In dieser diskursiven Form findet die Zirkulation des ›Produktes‹ statt. Mithin erfordert der Prozess am Produktionsende seine materiellen Instrumente – seine ›Mittel‹ – ebenso wie seine eigenen gesellschaftlichen (Produktions-)Beziehungen – die Organisa-

1 Wir danken dem Verlag zu Klampen, der uns diesen Beitrag für die Veröffentlichung zur Verfügung gestellt hat (siehe Drucknachweis im Anhang des vorl. Bandes).

2 Zu einer Begriffserklärung und einem Kommentar der methodologischen Implikationen von Marx' Argument, vgl. Hall 1974.

tion und Kombination von Praktiken innerhalb der Medienapparate. Doch es handelt sich um die diskursive Form, in der die Zirkulation des Produktes stattfindet, ebenso wie dessen Distribution an verschiedene Öffentlichkeiten. Sobald dies geschehen ist, muss der Diskurs übersetzt, in gesellschaftliche Praktiken umgewandelt werden, wenn der Kreis vollständig und effektiv geschlossen werden soll. Wenn es keine ›Bedeutung‹ gibt, kann es keine ›Aufnahme‹ geben. Wenn sich die Bedeutung nicht in der Praxis artikuliert, zeigt sie keine Wirkung. Das Besondere an diesem Ansatz besteht darin, dass, während jeder einzelne Moment in der Verbindung für den Kreislauf als Ganzes notwendig ist, keiner dieser Momente den darauffolgenden, mit dem er verbunden wird, vollständig gewährleisten kann. Da jeder einzelne dieser Momente seine eigene Moda-lität und seine spezifischen Existenzbedingungen hat, kann jeder von ihnen eine eigene Bruchstelle oder Störung des Austauschs konstituieren, von dessen Kontinuität wiederum das Fließen effektiver Produktion (d.h. Reproduktion) abhängt.

Wenn wir unsere Forschung »nicht nur entlang von Inhaltsanalysen ausrichten« (Halloran 1973) und sie dadurch beschränken wollen, gilt es zu berücksichtigen, dass die diskursive Form der Nachricht (aus der Perspektive der Zirkulation her betrachtet) eine privilegierte Position im kommunikativen Austausch einnimmt und dass die Momente des ›Kodierens‹ und ›Dekodierens‹, obwohl nur ›relativ autonom‹ in Relation zum kommunikativen Prozess als einem Ganzen, determinierte Momente sind.

Ein ›nacktes‹ historisches Ereignis etwa kann als solches nicht von einem Fernsehnachrichtensender übertragen werden. Ereignisse können lediglich im Rahmen der audio-visuellen Konventionen des televisuellen Diskurses bezeichnet werden. In dem Moment, in dem ein Ereignis unter dem Vorzeichen des Diskurses steht, ist es sämtlichen komplexen formalen ›Regeln‹, vermöge deren Sprache bezeichnet und Bedeutung erzeugt wird, unterworfen. Um es paradox auszudrücken: Zuerst muss das Ereignis zu einer Geschichte werden, bevor es zum kommunikativen Ereignis werden kann. In diesem Augenblick dominieren die formalen Begleitregeln des Diskurses, ohne natürlich das so bezeichnete Ereignis in den Schatten zu stellen, oder die gesellschaftlichen Verhältnisse unter denen die Regeln greifen, bzw. die sozialen und politischen Folgen des Ereignisses, das auf diese Art und Weise benannt worden ist, außer Acht zu lassen. Die ›Nachrichtenform‹ ist die notwendige ›Erscheinungsform‹ des Ereignisses in dessen Umwandlung von der Quelle zum Empfänger. Somit ist die Transponierung in die und aus der ›Nachrichtenform‹ (bzw. der Modus des symbolischen Austausches) kein nebensächlicher ›Moment‹, den wir je nach Gefallen berücksichtigen oder ignorieren können. Die ›Nachrichtenform‹ ist ein determinierender Moment; obwohl es auf einer anderen Ebene nur aus den Oberflächenbewegungen des Kommunikationssystems besteht und es in einem weiteren Stadium erfordert, in die gesellschaftlichen Beziehungen des gesamten Kommunikationsprozesses integriert zu werden, von dem es selbst nur einen Teil bildet.

Von dieser allgemeinen Perspektive ausgehend, können wir den Kommunikationsprozess des Fernsehens wie folgt charakterisieren. Die institutionellen Strukturen des Rundfunks mit ihren Produktionspraktiken und Sendeanstalten, ihren Beziehungen und technischen Infrastrukturen sind notwendig, um ein Programm zu produzieren. Um bei der Analogie Kapital zu bleiben, stellt dies den ›Arbeitsprozess‹ in diskursiver Form dar. Hier konstruiert die Produktion die Nachricht. In gewissem Sinne beginnt der Kreislauf an diesem Punkt. Selbstverständlich vollzieht sich der Produktionsprozess nicht ohne seinen ›diskursiven‹ Aspekt – auch er wird durchgängig von Bedeutungen und Vorstellungen gerahmt: vom angewandten Wissen aus den Produktionsroutinen, von historisch bestimmten technischen Fertigkeiten, professionellen Ideologien, von institutionellem Wissen, Definitionen und Annahmen, von den Einschätzungen des Publikums etc., die den Aufbau des Programms strukturell mitbestimmen. Dennoch bilden die Produktionsstrukturen des Fernsehens kein geschlossenes System, obwohl der televisuelle Diskurs in ihnen seinen Ursprung hat. Sie entwerfen Themen und deren Behandlung, Agenda, Ereignisse, Personal, Vorstellungen vom Publikum, bringen ›Einschätzungen der Situation‹ aus anderen Quellen und diskursiven Formationen innerhalb der breiteren sozio-kulturellen und politischen Struktur, von der sie selbst ein differenzierter Bestandteil sind. Philip Elliott hat diesen Punkt in seiner Auseinandersetzung mit der Frage, wie das Publikum sowohl ›Quelle‹ als auch ›Empfänger‹ der Fernsehnachricht sein kann, eher traditionell bearbeitet. Damit sind – um es mit Marx auszudrücken – Zirkulation und Rezeption tatsächlich ›Momente‹ des Produktionsprozesses im Fernsehen und werden mittels einer Vielzahl verzerrter und strukturierter ›Feedbacks‹ in den Produktionsprozess selbst eingebaut. Der Konsum, bzw. die Rezeption der Fernsehnachricht ist mithin also selbst ein ›Moment‹ des Produktionsprozesses im weiteren Sinne, obwohl Letzterer das vorherrschende Element darstellt, weil er der ›Ausgangspunkt für die Realisation‹ der Nachricht ist. Folglich sind Produktion und Rezeption der Fernsehnachricht nicht identische, sondern miteinander verbundene Aspekte: Sie sind unterscheidbare Momente innerhalb jener Totalität, die durch die gesellschaftlichen Beziehungen des umfassenden kommunikativen Prozesses insgesamt gebildet wird.

An einem bestimmten Punkt jedoch müssen die Sendestrukturen kodierte Nachrichten in Form eines sinntragenden Diskurses hervorbringen. Die Produktionsverhältnisse müssen dem diskursiven Regelwerk der Sprache unterstellt werden, damit ihr Produkt ›realisiert‹ werden kann. Dies wiederum initiiert ein weiteres unterscheidbares Moment, in dem die formalen Regeln von Diskurs und Sprache dominieren. Bevor diese Nachricht also einen ›Effekt‹ (wie auch immer definiert) haben kann, ein ›Bedürfnis‹ befriedigen oder einen ›Nutzen‹ bringen kann, muss sie zunächst als ein sinntragender Diskurs angenommen und entsprechend dekodiert werden. Es ist diese Reihe von dekodierten Bedeutungen, die ›eine Wirkung haben‹, die beeinflussen, unterhalten, instruieren oder überzeugen, und das mit äußerst komplexen, die Wahrnehmung und das Verhalten betreffenden kognitiven, emotionalen oder ideologischen Konsequenzen. In einem ›determinierten‹ Moment bedient sich die Struktur eines Codes und bringt eine ›Nachricht‹ hervor: In einem anderen determinierten Moment hält die ›Nachricht‹, vermittels ihrer Dekodierung, Einzug in die Struktur gesellschaftlicher Praktiken. Spätestens an diesem Punkt wird deutlich, dass dieser Wiedereintritt in die Rezeptions- und Nutzungspraktiken der Zuschauer sich nicht auf der Basis bloßer Verhaltensbeschreibungen erklären lässt. Die typischen Prozesse, die in er positivistischen Forschung an isolierten Elementen festgemacht werden – Wirkungen, Nutzen, ›Gratifikationen‹ – werden selbst wiederum von Verständnisstrukturen vorgegeben, die von den jeweiligen sozialen und ökonomischen Verhältnissen mitproduziert werden, und deren ›Realisation‹ am Rezeptionsende der Kette die entsprechende Form verleihen. Darüber hinaus ermöglichen sie es den im Diskurs ausgewiesenen Bedeutungen in die Praxis oder ins Bewusstsein übergeleitet zu werden (um gesellschaftlichen Gebrauchswert bzw. politische Wirksamkeit zu erlangen).

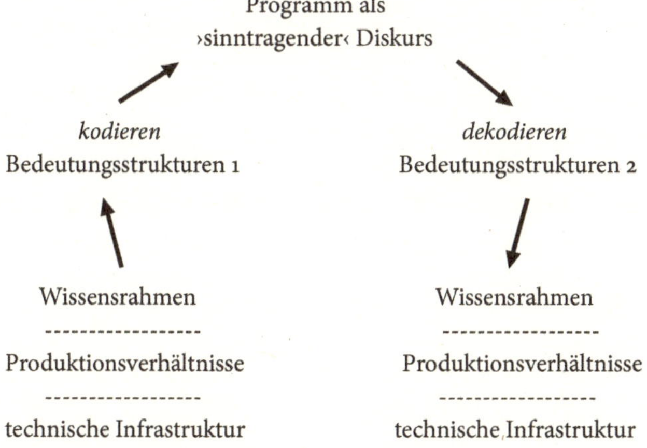

Natürlich mag das, was wir im Diagramm Bedeutungsstrukturen 1 und Bedeutungsstrukturen 2 genannt haben, nicht das Gleiche sein. Sie bilden keine ›unmittelbare Identität‹. Die Codes der Kodierungs- und Dekodierungsprozesse müssen nicht vollkommen symmetrisch sein. Die Grade der Symmetrie – d. h., die Grade des ›Verstehens‹ und ›Missverstehens‹ im kommunikativen Austausch – hängen wiederum von den Graden der Symmetrie/Asymmetrie (Äquivalenzverhältnisse) ab, die zwischen den Positionen der ›Personifizierungen‹ Kodierender-Produzent und Dekodierender-Empfänger etabliert werden. Doch dies wiederum hängt von den Graden der Identität/Nicht-Identität zwischen den Codes ab, die vollständig oder fehlerhaft das übertragen, unterbrechen oder systematisch verzerren, was ›gesendet‹ worden ist. Die Passgenauigkeit zwischen den Codes hängt in erheblichem Maße mit den strukturellen Unterschieden im Verhältnis und der Position zwischen Rundfunkbetreibern und Publikum zusammen. Doch hat es auch etwas mit der Asymmetrie zwischen den Codes auf der Sender- sowie der Empfängerseite im Augenblick der Transformation in die diskursive Form zu tun. Was als ›Verzerrungen‹ und ›Missverständnisse‹ bezeichnet wird, erwächst aus genau dieser fehlenden Äquivalenz zwischen den beiden Seiten des kommunikativen Austausches. Noch einmal: Das macht die ›relative Autonomie‹, aber auch das ›Determiniertsein‹ der Nachricht bei ihrem Ein- und Austritt in den diskursiven Momenten aus.

Die Anwendung dieses rudimentären Paradigmas hat bereits unser Verständnis der alten Vorstellung vom Fernseh-›Inhalt‹ von Grund auf verändert. Wir fangen gerade erst an zu begreifen, wie es unser Verständnis von der Rezeption sowie die Auffassung des ›Lesens‹ und des bloßen Reagierens verändern könnte. Anfänge und Endpunkte sind in der Kommunikationsforschung schon häufig verkündet worden, deshalb sollten wir vorsichtig sein. Doch scheint es Grund zu der Annahme zu geben, dass sich vielleicht eine neue und spannende Phase in der Rezeptionsforschung anbahnt. An jedem Ende der Kommunikationskette verspricht die Anwendung des semiotischen Paradigmas, den zähen Behaviorismus aufzulösen, der der Massenkommunikationsforschung so beharrlich anhängt, insbesondere bei der Analyse des Inhalts. Obwohl wir wissen, dass das Fernsehprogramm keine Verhaltensprogrammierung darstellt, etwa dem leichten Schlag auf die Kniescheibe vergleichbar, scheint es der traditionellen Forschung fast unmöglich zu sein, den Kommunikationsprozess so zu erfassen, ohne in die eine oder andere Spielart des Behaviorismus zu verfallen. Spätestens seit Gerbners Untersuchungen wissen wir, dass Repräsentationen von Gewalt auf dem Fernsehbildschirm ›nicht Gewalt selbst sind, sondern Nachrichten über Gewalt‹ (Gerbner et al. 1970): Doch haben wir daran festgehalten, das

Thema Gewalt so zu untersuchen, als ob wir unfähig seien, diese epistemologische Unterscheidung zu begreifen.

Das televisuelle Zeichen ist komplex. Es besteht aus der Kombination zweier Diskurs-Typen, dem visuellen und dem auditiven. Darüber hinaus ist es Peirces Terminologie zufolge ein ikonisches Zeichen, weil ›es einige der Eigenschaften der Sache, die es repräsentiert, besitzt‹. (Peirce 1931–58) Dieser Punkt hat zu erheblichen Verwirrungen geführt und den Anlass zu heftigen Kontroversen bei der Analyse visueller Sprache geschaffen. Da der visuelle Diskurs eine dreidimensionale Welt auf eine zweidimensionale Ebene überträgt, kann er selbstverständlich nicht der Referent oder das Konzept sein, das er bezeichnet. Der Hund im Film kann bellen, aber er kann nicht beißen! Wirklichkeit existiert außerhalb von Sprache, doch wird sie kontinuierlich durch Sprache vermittelt: Und was wir wissen und aussprechen können, muss im Rahmen und mittels von Diskursen produziert werden. Diskursives ›Wissen‹ ist nicht das Produkt der unmittelbaren Erscheinung des ›Realen‹ in der Sprache sondern das der Artikulation von Sprache zu realen Verhältnissen und Bedingungen. Somit gibt es keinen Diskurs ohne das Funktionieren eines Codes. Mithin sind auch ikonische Zeichen kodierte Zeichen – selbst wenn die Codes hier anderes funktionieren als die anderer Zeichen. In der Sprache gibt es keinen Nullpunkt. Naturalismus und ›Realismus‹- die scheinbar getreue Abbildung eines Gegenstandes oder Konzepts, das repräsentiert wird – sind das Ergebnis bzw. der Effekt, einer spezifischen Äußerung der Sprache zu etwas ›Wirklichem‹. Sie sind das Ergebnis einer diskursiven Praxis.

Natürlich können bestimmte Codes in einer bestimmten Sprache, Gemeinschaft oder Kultur so weit verbreitet sein und in einem so jungen Alter erlernt werden, dass sie nicht als konstruiert erscheinen mögen – sondern als ›naturgegeben‹. In diesem Sinne erscheinen einfache visuelle Zeichen, als hätten sie eine ›Quasi-Universalität‹ erworben: Obwohl alles darauf hinweist, dass selbst augenscheinlich ›natürliche‹ visuelle Codes kulturspezifisch sind. Dies bedeutet jedoch nicht, dass keine Codes dazwischengeschaltet sind, sondern vielmehr, dass die Codes gründlich naturalisiert worden sind. Das Wirken naturalisierter Codes offenbart nicht die Transparenz und ›Natürlichkeit‹ der Sprache, sondern die Tiefe, den Gewöhnungsgrad und die Quasi-Universalität der angewandten Codes. Sie garantieren offensichtlich eine ›natürliche‹ Wahrnehmung. Dies hat den (ideologischen) Effekt, dass die tatsächlichen Kodierungspraktiken im Verborgenen bleiben. Doch sollten wir uns von Äußerlichkeiten nicht täuschen lassen. Naturalisierte Codes zeigen den Grad der Gewöhnung auf, der aus einer grundlegenden Ausrichtung und Reziprozität heraus entsteht – eine erreichte Äquivalenz – zwischen einer kodierenden und dekodierenden Seite eines Austausches von Bedeutungen. Die Wirkweisen der Codes auf der Dekodierungsseite werden häufig den Status naturalisierter Perzeptionen annehmen. Dies führt etwa zu der Annahme, dass das visuelle Zeichen für ›Kuh‹ tatsächlich das Tier Kuh ist (anstatt es bloß zu repräsentieren). Doch wenn wir an die visuelle Darstellung einer Kuh in einem Handbuch über Tierhaltung denken – und darüber hinaus noch an das linguistische Zeichen ›Kuh‹ – wird deutlich, dass beide, in verschiedener Hinsicht, bezüglich der Konzeption eines arbiträren Zeichen – sei es visuell oder verbal – mit dem Konzept eines Referenten ist kein Produkt der Natur sondern eines der Konvention; und der Konventionalismus von Diskursen wiederum erfordert die Intervention und Unterstützung von Codes. Folglich argumentierte bereits Eco, dass ikonische Zeichen ›wie Objekte der realen Welt aussehen, weil sie die Bedingungen (d.h. die Codes) der Wahrnehmung im Betrachter reproduzieren‹.[3] Diese ›Wahrnehmungsbedingungen‹ allerdings sind das Ergebnis komplex kodierter, wenngleich nahezu unbewusster Operationen – den Dekodierungen. Dies gilt gleichermaßen für die fotografische oder televisuelle Abbildung wie auch für jedes andere Zeichen. Ikonische Zeichen sind jedoch in besonderer Weise dafür prädestiniert als natürlich ›gelesen‹ zu werden, da zum einen visuelle Wahrnehmungscodes weit verbreitet sind, zum anderen dieser Zeichentyp weniger willkürlich ist als ein linguistisches Zeichen: Das linguistische Zeichen für ›Kuh‹ besitzt keine der Eigenschaften der Sache, die es darstellt, wohingegen das visuelle Zeichen wenigstens den Anschein hat, einige dieser Eigenschaften zu besitzen.

Dies kann uns dabei behilflich sein, eine Verwirrung im Rahmen der zeitgenössischen linguistischen Theorie zu beseitigen und die Verwendung einiger wesentlicher Termini in diesem Artikel präzise zu definieren. In der Linguistik wird häufig zwischen den Ausdrücken ›Denotation‹ und ›Konnotation‹ unterschieden. Der Begriff ›Denotation‹ wird weitgehend mit der wörtlichen Bedeutung eines Zeichens gleichgesetzt, weil diese wörtliche Bedeutung nahezu universell wiedererkannt wird, besonders wenn ein visueller Diskurs angewendet wird; ›Denotation‹ wird oft mit der wörtlichen Transkription von ›Wirklichkeit‹ in Sprache verwechselt – und somit mit einem ›natürlichen Zeichen‹, das ohne die Interventionen eines Codes entstanden ist. ›Konnotation‹ wird dann benutzt, um sich einfach auf weniger festgelegte und deshalb konventionalisiertere veränderbare und assoziative Bedeutungen zu beziehen, die von Fall zu Fall deutlich variieren und folglich von der Intervention von Codes abhängig sein müssen.

3 Umberto Eco, »Articulation of the cinematic code«, in: *Cinematics*, no. 1.

Wir gebrauchen die Unterscheidung – Denotation/Konnotation – nicht in dieser Weise. Von unserem Standpunkt aus betrachtet ist die Unterscheidung einzig und allein eine analytische. Im Rahmen einer Analyse kann es äußerst sinnvoll sein, sich einer Daumenregel zu bedienen, die es erlaubt, zwischen jenen Aspekten eines Zeichens, die in jeder Sprachgemeinschaft zu jedem Zeitpunkt als ihre ›wörtliche‹ Bedeutung (Denotation) wahrgenommen werden und den eher assoziativen Bedeutungen für das Zeichen zu unterscheiden, die es selbst erzeugen kann (Konnotation). Doch dürfen Unterscheidungen auf der analytischen Ebene keinesfalls mit Unterscheidungen in der wirklichen Welt verwechselt werden. Es wird nur sehr wenige Fälle geben, in denen im Diskurs organisierte Zeichen lediglich ihre ›wörtliche‹ Bedeutung (d. h. ihre nahezu universell konsensualisierte) Bedeutung bezeichnen. Im Rahmen eines tatsächlichen Diskurses werden die meisten Zeichen ihre denotativen und konnotativen Aspekte miteinander vereinen (wie oben definiert). Allerdings stellt sich hier die berechtigte Frage, warum dann überhaupt diese Unterscheidung aufrechterhalten wird. Es geht dabei weitestgehend um den analytischen Nutzen. Wir halten an dieser Unterscheidung fest, weil Zeichen scheinbar ihren vollen ideologischen Wert auf der Ebene ihrer ›assoziativen‹ Bedeutungen (d. h. auf der konnotativen Ebene) erwerben – denn hier werden ›Bedeutungen‹ nicht in der natürlichen Wahrnehmung festgelegt (d. h. sie sind nicht vollkommen naturalisiert worden), und ihr Bedeutungs- und Assoziationsfluss kann umfassender ausgeschöpft und umgewandelt werden.[4] So verändern und transformieren situationsbedingte Ideologien das Zeichen auf der konnotativen Ebene. Auf dieser Ebene lässt sich der aktive Teil von Ideologien im und am Diskurs beobachten: Hier ist das Zeichen offen für neue Akzentuierungen und tritt Vološinov zufolge, vollständig in den Kampf um Bedeutungen ein – den Klassenkampf in der Sprache. (Vološinov 1975) Dies heißt jedoch nicht, dass die denotative oder ›wörtliche‹ Bedeutung außerhalb von Ideologie steht. Tatsächlich könnte man sagen, dass ihr ideologischer Wert aufs genaueste festgelegt ist – weil er so vollkommen universal und ›natürlich‹ geworden ist. Die Ausdrücke ›Denotation‹ und ›Konnotation‹ sind somit eher sinnvolle analytische Werkzeuge um in bestimmten Kontexten Unterschiede herausarbeiten zu können, und zwar nicht zwischen dem Vorhandensein bzw. Fehlen von Ideologie in der Sprache, sondern vielmehr zwischen den diversen Ebenen, auf denen sich Ideologien und Diskurse überschneiden.[5]

4 Vgl. dazu das Argument in Hall 1972b.

5 Für eine vergleichbare Klärung, vgl. Marina Camargo Heck, »Ideological dimensions of media messages«, in: Hall et al. 1980, 122–127.

Die konnotative Ebene des visuellen Zeichens, von seiner kontextuellen Referenz und Positionierung in verschiedenen diskursiven Bedeutungs- und Assoziationsfeldern, bezeichnet den Punkt, an dem sich bereits kodierte Zeichen mit den tiefen semantischen Codes einer Kultur kreuzen und zusätzliche, aktivere ideologische Dimensionen annehmen. An dieser Stelle ließe sich ein Beispiel aus der Werbung anführen. Auch hier gibt es keine ›rein denotative‹ und schon gar keine ›natürliche‹ Repräsentation. Jedes visuelle Zeichen in der Werbung konnotiert eine Eigenschaft, eine Situation, einen Wert oder eine Schlussfolgerung, die, abhängig von der konnotierenden Stellung, als Implikation oder implizierter Sinn gegenwärtig ist. In dem Beispiel, das Barthes gibt, bezeichnet der Pullover immer ein ›wärmendes Kleidungsstück‹ (Denotation) und somit die Aktivität bzw. den Wert des ›Warmhaltens‹. Doch auf seiner eher konnotativen Ebene bezeichnet es möglicherweise auch ›das Herannahen des Winters‹ oder ›einen kalten Tag‹. Und in den spezialisierteren Subkodierungen der Modewelt kann der Pullover zudem eine modische Variante der Haute Couture konnotieren oder aber einen legeren Kleidungsstil. Doch vor dem richtigen visuellen Hintergrund und durch den romantischen Subcode in Szene gesetzt, mag er einen ›ausgedehnten Herbstspaziergang in den Wäldern‹ (Barthes 1979) suggerieren. Codes dieser Ordnung gehen Beziehungen für das Zeichen mit dem weiteren Universum der Ideologien in einer Gesellschaft ein. Diese Codes stellen die Mittel dar, vermöge deren Macht und Ideologie in bestimmten Diskursen zum Tragen gebracht werden. Sie führen die Zeichen auf die ›Landkarten der Bedeutungen‹ zurück, in die jede Kultur eingeordnet wird; und solchen ›Landkarten der sozialen Wirklichkeit‹ ist die gesamte Bandbreite sozialer Bedeutungen, Praktiken und Bräuche, von Herrschaft und Interesse ›einbeschrieben‹. Wie Barthes bereits anmerkte, stehen die konnotativen Ebenen der Signifikanten in enger Kommunikation mit der Kultur, dem Wissen und der Geschichte, und durch sie erhält die Umwelt Einzug in das linguistische und semantische System. Sie sind, wenn man so will, Bruchstücke der Ideologie. (Barthes 1979)

Die so genannte denotative Ebene des televisuellen Zeichens wird von bestimmten, äußerst komplexen (jedoch eingeschränkten oder ›geschlossenen‹) Codes fixiert. Seine konnotative Ebene hingegen, obwohl auch begrenzt, ist offeneren, aktiveren Umwandlungsprozessen unterworfen, die seine polysemen Werte ausschöpfen. Jedes dieser bereits so konstituierten Zeichen lässt sich potenziell in mehr als eine konnotative Konfiguration transformieren. Polysemie darf jedoch keinesfalls mit Pluralismus verwechselt werden. Konnotative Codes sind untereinander nicht gleichrangig. Jede Gesellschaft bzw. Kultur neigt mit variierenden Graden der

Geschlossenheit dazu, ihre jeweiligen Klassifizierungen der gesellschaftlichen, kulturellen und politischen Welt durchzusetzen. Diese bilden eine dominante kulturelle Ordnung, die allerdings weder einhellig akzeptiert noch unumstritten ist. Diese Frage nach der ›Struktur des dominanten Diskurses‹ stellt den entscheidenden Punkt dar. Die unterschiedlichen Bereiche des gesellschaftlichen Lebens erscheinen als in diskursive Gebiete aufgeteilt, als hierarchisch in dominierende oder bevorzugte Bedeutungen organisiert. Neue, problematische oder irritierende Ereignisse, die unsere Erwartungen durchbrechen und unseren ›Common-Sense‹-Konstruktionen, unserem allgemeinen Selbstverständnis sozialer Strukturen zuwiderlaufen, müssen ihren diskursiven Bereichen erst zugeordnet werden, bevor sie ›einleuchten‹. Die gebräuchlichste Art und Weise ihrer Verortung besteht darin, das Neue dem einen oder anderen Gebiet der bereits existierenden ›Landkarten problematischer gesellschaftlicher Wirklichkeit‹ zuzuordnen. Wir sprechen von dominant, nicht ›determiniert‹, weil es immer möglich ist, ein Ereignis mittels mehr als einer »Markierung« zu ordnen, zu klassifizieren, zuzuschreiben und zu dekodieren. Aber wir sprechen von ›dominant‹, weil es ein Muster ›bevorzugter Lesarten‹ gibt; und diesen ist die institutionelle, politische und ideologische Ordnung einbeschrieben, und sie sind selbst schon institutionalisiert worden.[6] Die Bereiche der ›bevorzugten Bedeutungen‹ bergen die gesamte soziale Ordnung in Form von Bedeutungen, Praktiken und Überzeugungen in sich: Das Alltagswissen über gesellschaftliche Strukturen, darüber, ›wie die Dinge für alle praktischen Belange innerhalb dieser Kultur‹ funktionieren, die Rangordnung von Macht und Interesse sowie die Strukturen der Legitimation, der Einschränkungen und Sanktionen. Um ein ›Missverständnis‹ auf der konnotativen Ebene aufklären zu können, müssen wir uns daher mittels des Codes auf die Ordnung des gesellschaftlichen Lebens beziehen, auf die ökonomische und politische Macht und auf die Ideologie. Da diese Markierungen darüber hinaus ›dominanzstrukturiert‹, jedoch nicht geschlossen sind, besteht der kommunikative Prozess nicht aus der problemlosen Zuordnung jedes visuellen Punktes zu seiner gegebenen Position innerhalb eines abgesprochenen Codes, sondern aus performativen Regeln – Regeln der Kompetenz und des Gebrauchs, der angewandten Logiken – die aktiv einen semantischen Bereich vor einem anderen durchzusetzen oder zu bevorzugen suchen und Punkte in ihren entsprechenden Bedeutungsrahmen einzubeziehen oder aus ihm herauszunehmen und umzuordnen. In der formalen Semiologie ist diese Praxis des

6 Für eine weiterführende Abhandlung ›bevorzugter Lesarten‹, vgl. Alan O'Shea, »Preferred reading« (unveröffentl. Ms., CCCS, University of Birmingham).

interpretativen Vorgehens allzu oft vernachlässigt worden, obwohl gerade dies die realen Beziehungen der Sendepraktiken im Fern-sehen konstituiert.

Wenn von dominanten Bedeutungen die Rede ist, so handelt es sich nicht etwa um einen einseitigen Prozess, der über die Art und Weise bestimmt, in der sämtliche Ereignisse bezeichnet werden. Vielmehr besteht er aus der ›Arbeit‹, die erforderlich ist, um die Dekodierung des Ereignisses im Rahmen der dominanten Definitionen, gemäß deren es konnotativ bezeichnet worden ist, durchzusetzen, plausibel erscheinen zu lassen und zu legitimieren. Terni merkt dazu an:

> »Mit dem Wort lesen meinen wir nicht nur die Fähigkeit, eine gewisse Anzahl von Zeichen zu identifizieren und dekodieren zu können, sondern auch die subjektive Fähigkeit, sie in schöpferische Beziehung zwischen sich und anderen Zeichen zu setzen: eine Fähigkeit, die an sich eine Bedingung für ein vollständiges Bewusstwerden der eigenen Umwelt ist. « (Terni 1973)

Hier stellt sich für uns ein gewisses Unbehagen angesichts des Ausdrucks ›subjektive Fähigkeit‹ ein – als sei der Referent eines Fernsehbeitrags ein objektiver Fakt und die interpretative Ebene eine individualisierte und private Angelegenheit. Das genaue Gegenteil scheint der Fall zu sein. Die televisuelle Praxis übernimmt die ›objektive‹ (d.h. systemische) Verantwortung genau für die Beziehungen, die ungleiche Zeichen in jedem diskursiven Moment miteinander eingehen, und arrangiert somit fortwährend neu, steckt ab und schreibt vor, wie diese Elemente im Sinne des ›Bewusstwerdens der eigenen Umwelt‹ angeordnet werden.

Dies bringt uns zur Problematik der Missverständnisse. Fernsehproduzenten merken, dass ihre Nachricht ›nicht rüberkommt‹, sind in der Regel dann bemüht, die Unebenheiten in der Kommunikationskette zu glätten, um so die ›Effektivität‹ ihrer Kommunikation zu gewährleisten. Ein Großteil der Forschung mit dem Anspruch der Objektivität verschreibt sich diesem administrativen Ziel, indem sie untersucht, wie viel das Publikum von einer Nachricht erinnert, um anhand der daraus gewonnenen Informationen den Grad der Verständlichkeit zu erhöhen. Zweifellos gibt es Missverständnisse auf der wörtlichen Ebene. Der Fernsehzuschauer kennt die verwendeten Termini nicht, kann der komplexen Logik der Argumentation oder des Kommentars nicht folgen, ist mit der Sprache nicht vertraut, empfindet die Ideen als fremd oder zu schwierig oder fühlt sich von der Darlegung ausgetrickst. Wesentlich häufiger allerdings müssen sich die Sendeanstalten damit auseinandersetzen, dass das Publikum die Nachricht nicht so auffasst, wie sie es beabsichtigten. Was sie im Grunde damit meinen, ist, dass die Fernsehzuschauer nicht innerhalb des ›dominanten‹ oder ›bevorzugten‹ Codes agieren. Ihr Ideal ist eine

›vollkommen transparente Kommunikation‹. Doch stattdessen sehen sie sich einer ›systematisch zerstörten Kommunikation‹ gegenüber.[7]

In den vergangenen Jahren sind derartige Diskrepanzen für gewöhnlich mit Bezug auf die ›selektive Wahrnehmung‹ erklärt worden. Dies ist das Hintertürchen, durch das ein rückständiger Pluralismus den Zwängen eines hochgradig strukturierten, asymmetrischen und nichtäquivalenten Prozesses auszuweichen sucht. Natürlich wird es immer persönliche, individuelle und abweichende Lesarten geben. Doch ist die ›selektive Wahrnehmung‹ fast nie so selektiv, willkürlich oder privatisiert, wie es der Begriff suggeriert. Die Schemata weisen, über individuelle Abweichungen hinweg, entscheidende Ballungen auf. Jeder neue Ansatz zur Untersuchung des Rezeptionsverhaltens von Zuschauern wird deshalb mit einer Kritik der Theorie der selektiven Wahrnehmung beginnen müssen.

Da es, wie bereits dargelegt, keine zwangsläufige Korrespondenz zwischen Kodieren und Dekodieren gibt, kann ersteres zwar eine ›bevorzugte‹ Lesart anstreben, den Dekodierungsprozess jedoch nicht vorschreiben oder gewährleisten, denn dieser unterliegt eigenen Bedingungen. Vorausgesetzt, dass beide Prozesse nicht völlig atypisch sind, bewirkt der Kodierungsvorgang, dass einige der Grenzen und Parameter, in deren Rahmen die Dekodierung abläuft, bereits (vor-)konstruiert werden. Wenn es keine Beschränkungen gäbe, könnten die Zuschauer alles, was sie wollten, in die Nachricht hineinlesen. Ohne Zweifel gibt es auch komplette Missverständnisse dieser Art. Doch im Großen und Ganzen muss wenigstens ein gewisser Grad an Reziprozität zwischen kodierenden und dekodierenden Elementen vorhanden sein, denn sonst könnte von einem effektiven kommunikativen Austausch nicht die Rede sein. Diese ›Korrespondenz‹ ist allerdings nicht von vornherein gegeben, sondern wird konstruiert. Sie ist nicht ›natürlich‹, sondern das Ergebnis einer Artikulation zwischen zwei verschiedenen Elementen. Und der Kodierungsvorgang kann nicht festlegen, welche Dekodierungen zur Anwendung kommen. Ansonsten bildete Kommunikation einen perfekt geschlossenen Kreis und jede Nachricht wäre ein Moment ›vollkommen transparenter Kommunikation‹. Stattdessen ist von variierenden Arten der Kombination von Kodierungs- und Dekodierungsvorgängen auszugehen. Um dies näher auszuführen, soll hier eine hypothetische Analyse einiger möglicher Positionen auf der dekodierenden Ebene angeboten werden, um der Tatsache, dass es ›keine notwendige Korrespondenz‹ gibt, Nachdruck zu verleihen.[8]

7 Der Ausdruck geht auf Jürgen Habermas zurück, in: Dretzel 1979. Hier wird er in einem anderen Sinne gebraucht.

8 Für eine soziologische Formulierung, die vergleichbar mit den hier beschriebenen Positionen ist, vgl. Parkin 1971.

Es lassen sich drei hypothetische Positionen bestimmen, von denen ausgehend die Dekodierungen eines televisuellen Diskurses konstruiert werden können. Diese müssen empirisch nachgewiesen und elaboriert werden. Doch die Behauptung, dass sich Dekodierungen nicht zwangsläufig aus den Kodierungen ergeben müssen, dass sie nicht identisch sind, festigt die Annahme, dass ›keine notwendige Korrespondenz‹ vorliegt. Darüber hinaus trägt sie dazu bei, die allgemein übliche Vorstellung von ›Missverständnis‹ im Sinne einer Theorie der ›systematisch zerstörten Kommunikation‹ zu dekonstruieren.

Die erste hypothetische Position ist der dominant-hegemoniale Ansatz. Wenn Zuschauer die konnotierte Bedeutung der Fernsehnachrichten oder einer tagespolitischen Sendung voll und ganz übernimmt und die Nachricht im Sinne des Referenzcodes, in dessen Rahmen sie kodiert wurde, dekodiert, kann gesagt werden, dass der Zuschauer innerhalb des dominanten Codes agiert. Dies wäre der idealtypische Fall der ›vollkommen transparenten Kommunikation‹ – bzw. man ist ihm immerhin so nah wie möglich gekommen. Innerhalb dieser Konstellation lassen sich die Positionen, die durch die Anwendung des professionellen Codes entstehen, unterscheiden. Das ist die Position (durch die Anwendung dessen entstanden, was als identifizierbarer ›Metacode‹ bezeichnet werden könnte), die die Sendeanstalten gleichfalls einnehmen, wenn sie eine Nachricht kodieren, die bereits in hegemonialer Weise bezeichnet worden ist. Der professionelle Code erweist sich dahingehend als ›relativ unabhängig‹ vom dominanten Code, als dass er Kriterien und Transformationsprozesse ganz eigener Machart anwendet, insbesondere technisch-praktische. Allerdings operiert der professionelle Code innerhalb der ›Hegemonie‹ des dominanten Codes. Er dient sogar dazu, die dominanten Definitionen eben dadurch zu reproduzieren, dass er deren hegemoniale Eigenschaft ausklammert und stattdessen mittels ersetzender professioneller Kodierungen operiert, die solch scheinbar neutraltechnische Belange wie visuelle Qualität, Nachrichten- und Präsentationswert, Bildschirmtauglichkeit etc. in den Vordergrund rücken. Die hegemonialen Interpretationen der Nordirlandpolitik oder des chilenischen Staatsstreiches etwa werden prinzipiell von politischen oder militärischen Eliten vorgegeben: die entscheidende Auswahl der Präsentationsmöglichkeiten und -formate, die Selektion des Personals, die Auswahl der Bilder, die Inszenierung von Debatten – all dies wird mit Hilfe des professionellen Codes festgelegt und miteinander in Beziehung gesetzt. Wie Rundfunkmitarbeiter sowohl mit ›relativ autonomen‹, eigenständigen Codes arbeiten, gleichermaßen aber auch in der Lage sind (nicht gänzlich widerspruchsfrei), die hegemoniale Bedeutung von Ereignissen zu reproduzieren, ist ein äußerst komplexer

Gegenstand, auf den wir an dieser Stelle nicht weiter eingehen können. Es soll genügen, darauf hinzuweisen, dass der Berufsstand mit den bestimmenden Eliten nicht nur aufgrund der institutionellen Stellung der Sender selbst als einem ›ideologischen Apparat‹[9] verbunden sind, sondern auch durch die Struktur des Zugriffs. Man kann sogar so weit gehen zu behaupten, dass die professionellen Codes ganz besonders dazu beitragen, hegemoniale Definitionen zu reproduzieren, gerade weil sie ihre Operationen nicht offen entlang einer dominanten Linie ausrichten: Somit findet die ideologische Reproduktion hier eher versehentlich, unbewusst, gewissermaßen ›hinter dem Rücken der Leute‹ statt.[10] Konflikte, Widersprüche oder sogar Missverständnisse entstehen regelmäßig zwischen den dominanten und den professionellen Bezeichnungen und ihren bezeichneten Instanzen.

Der zweite Ansatz, den wir hier betrachten wollen, ist der des ausgehandelten Codes oder der ausgehandelten Position. Die Mehrheit des Publikums hat wahrscheinlich ein angemessenes Verständnis dafür, was dominant festgelegt und professionell bezeichnet wurde. Die dominanten Definitionen allerdings sind eben deshalb hegemonial, weil sie Definitionen von Situationen und Ereignissen widerspiegeln, die wiederum selbst beherrschend sind (global). Dominante Definitionen verbinden Ereignisse, implizit oder explizit, mit großartigen Totalisierungen, mit den syntagmatischen ›Blicken-auf-die-Welt‹. Sie betrachten Probleme »im großen Rahmen«. Sie setzen Ereignisse mit dem ›nationalen Interesse‹ oder mit der Geopolitik in Beziehung, selbst wenn sie dabei mit gekürzten, invertierten oder mystifizierenden Formen der Darstellung arbeiten. Die Definition der hegemonialen Perspektive besteht zum einen darin, dass sie im Rahmen ihrer Terminologie den mentalen Horizont, das Universum möglicher Bedeutungen eines gesamten Sektors von Beziehungen in einer Gesellschaft oder Kultur festlegt und zum anderen den Stempel der Legitimität trägt – sie scheint deckungsgleich mit allem, was als ›natürlich‹, ›unvermeidlich‹ bzw. ›unselbstverständlich‹ für das soziale Gefüge aufgefasst wird, gleichgeschaltet zu sein. Das Dekodieren im Rahmen der ausgehandelten Version birgt eine Mischung aus adaptiven und oppositionellen Elementen: Es erkennt die Legitimität der hegemonialen Definitionen an, um die ausschlaggebenden Bezeichnungen vorzunehmen (abstrakt), während es auf einer begrenzteren, situationsbedingten Ebene (situiert) seine eigenen Grundregeln aufstellt – es operiert mit den Ausnahmen zur Regel. Es bringt die privilegierte Stellung mit den dominanten Definitionen des Ereignisses in Einklang, während es sich gleichzeitig

9 Vgl. Louis Althusser 1977.

10 Diese Argumente wurden in zwei Vorträgen ausgearbeitet, vgl. Hall 1972b, 1976.

das Recht einer eher ausgehandelten Anwendung gemäß der ›lokalen Bedingungen‹ seiner eher korporativen Positionen vorbehält. Die ausgehandelte Version der dominanten Ideologie ist somit von Widersprüchen durchzogen, obwohl diese wiederum nur gelegentlich sichtbar gemacht werden können. Ausgehandelte Codes funktionieren auf der Basis besonderer bzw. situierter Logiken: Und diese Logiken wiederum werden durch ihr unterschiedliches und ungleiches Verhältnis zu den Diskursen und zu Logiken der Macht aufrechterhalten. Ein einfaches Beispiel für einen auf Aushandlung beruhenden Code ließe sich anhand der Reaktion eines Arbeiters auf das Konzept eines Gesetzes illustrieren, das das Streikrecht bzw. den Verhandlungsspielraum bei drohenden Lohnstopps einschränkt. Auf der Ebene der Wirtschaftsdebatte im ›nationalen Interesse‹ kann der Dekodierende die hegemoniale Definition für sich annehmen, indem er darin übereinstimmt, dass ›wir alle den Gürtel enger schnallen müssen, um die Inflation zu bekämpfen‹. Dies allerdings mag wenig oder gar nicht mit seiner Bereitschaft konfligieren, für bessere Löhne und Arbeitsbedingungen zu streiken oder gegen das entsprechende Gesetz im Unternehmen oder in der Gewerkschaft zu opponieren. Es steht zu vermuten, dass der weitaus größte Anteil von ›Missverständnissen‹ aus den Widersprüchen und Trennungen zwischen hegemonial-dominanten Kodierungen und ausgehandelten korporativen Dekodierungen entsteht. Es sind genau diese ›Mesalliancen‹ zwischen beiden Ebenen, die sowohl die tonangebenden Eliten als auch die Medienprofis dazu veranlassen, von ›gescheiterter Kommunikation‹ zu sprechen.

Schließlich ist es einem Zuschauer durchaus möglich, sowohl die von einem Diskurs vorgegebene wörtliche als auch konnotative Flexion zu verstehen, die Nachricht aber dennoch in einer von Grund auf völlig gegensätzlichen Weise zu dekodieren. Er/sie enttotalisiert die Nachricht mittels des bevorzugten Codes, um sie daraufhin innerhalb eines alternativen Bezugsrahmens zu re-totalisieren. Dies trifft etwa im Falle des Zuschauers zu, der eine Debatte über die Notwendigkeit von Lohnkürzungen verfolgt, aber jeden Hinweis auf das ›nationale Interesse‹ als ›Klasseninteresse‹ interpretiert. Er/sie bedient sich eines oppositionellen Codes. Einer der wesentlichsten politischen Momente (sie fallen übrigens aus offensichtlichen Gründen mit den Krisensituationen innerhalb der Sendeanstalten selbst zusammen) wird von dem Punkt markiert, an dem Ereignissen, die normalerweise in ausgehandelter Form bezeichnet und dekodiert werden, eine oppositionelle Lesart zugeschrieben wird. An dieser Stelle haben wir es mit der ›Politik des Bezeichnens‹, dem Kampf im Diskurs zu tun.

Aus dem Englischen von Bettina Suppelt

Reflexionen über das Kodieren/Dekodieren-Modell

Ein Interview mit Stuart Hall[1]

Shut Jhally: *Wir würden gerne ganz allgemein anfangen und über den »Kodieren/Dekodieren«-Text und seinen Entstehungskontext sprechen. Kannst du ein wenig über den theoretischen, politischen und kulturellen Kontext erzählen und dabei erläutern, wie er die Gewichtung und Zielsetzung des Modells beeinflusste?*

Stuart Hall: Nun, ich glaube der Text hat eine Reihe von verschiedenen Kontexten, die man benennen sollte. Der erste ist ein methodischer/theoretischer, weil das Referat auf einem vom Centre for Mass Communications Research an der University of Leicester organisierten Symposium gehalten wurde. Das Centre for Mass Communications Research war ein traditionelles Zentrum, das traditionelle empirische, positivistische Modelle der Inhaltsanalyse, der Rezeptions- und Wirkungsästhetik etc. verwendete. Deshalb hat das Referat, selbst wenn man es gar nicht sofort bemerkt, eine etwas polemische Ausrichtung. Es richtet sich gegen einige dieser Positionen und ist deshalb gegen eine bestimmte Vorstellung von Inhalt als vorgeformter und feststehender Bedeutung ausgerichtet, die dann als Übertragung von Sender zu Empfänger analysiert werden könnte. Es richtet sich gegen die Unilinearität dieses Modells, gegen die Vorstellung einer Bewegung, die nur eine Richtung kennt: Der Sender fabriziert die Botschaft, die Botschaft selbst ist ziemlich eindimensional, und der Empfänger empfängt sie. Ich hoffe, euch fällt auf, dass dieses Modell impliziert, jede Kommunikation sei eine gelungene Kommunikation. Die einzige mögliche Störung wäre, dass der Empfänger nicht in der Lage ist, die Botschaft zu verstehen, die er oder sie verstehen soll. Aber wenn er oder sie intelligent und aufmerksam genug ist, dann gibt es offensichtlich keine Probleme mit der Bedeutung: Die Bedeutung ist vollkommen transparent, sie ist eine Botschaft, die der Empfänger entweder versteht oder nicht. Da der Absender will, dass seine

1 Das Interview wurde im Februar 1989 an der University of Massachusetts aufgezeichnet. Ziel der Diskussion war, Stuart Halls einflussreichen Essay »Kodieren/Dekodieren« (Hall 1999b – engl. 1980) erneut aufzugreifen, um über einige der Probleme nachzudenken, die sich nach wie vor aus der Publikumsforschung [audience research] ergeben. Die Interviewpartner/innen von Stuart Hall (SH) waren Ian Angus (IA), Jon Cruz (JC), James Derian (JD), Shut Jhally (SJ), Justin Lewis (JL) und Cathy Schwichtenberg (CS).

Botschaft ankommt, will er oder sie wissen, was für Blockaden die perfekte Bedeutungstransmission verhindern können.

Mein früher »Kodieren/Dekodieren«-Aufsatz sollte also zu einem Teil mit dieser transparenten Vorstellung von Kommunikation brechen und verdeutlichen: »Die Herstellung der Botschaft ist eine Aktivität, die nicht ganz so transparent abläuft. « Die Botschaft ist eine komplexe Bedeutungsstruktur, die nicht so einfach ist, wie ihr glaubt. Rezeption ist nicht die offene, vollkommen durchsichtige Angelegenheit am anderen Ende der kommunikativen Kette. Und die kommunikative Kette verläuft nicht eingleisig. Das ist der eine Kontext. Der andere ist ein deutlich politischer Kontext: Wenn man den Text liest, bemerkt man, dass er gegen ein sehr deterministisches Verständnis von Kommunikation ausgerichtet ist. Dahinter stand die Vorstellung, dass Bedeutung nicht feststeht, dass es keine alles bestimmende Logik gibt, die es einem erlaubt, die so genannte Botschaft zu entziffern oder den ideologischen Import der Botschaft anhand eines Rasters zu entschlüsseln. Kurz: die Vorstellung, dass Bedeutung mehrschichtig und multireferentiell ist. Diese neuen Modelle werden in dem Referat ins Spiel gebracht. Und darin spiegelt sich natürlich der Beginn des Strukturalismus und der Semiotik und ihres Einfluss auf die Kulturwissenschaft. In einem größeren theoretischen Rahmen spürt man in dem Aufsatz den Einfluss des jungen Barthes – dem Barthes der *Elemente der Semiologie* und *S/Z* – und der Wiederentdeckung der Saussure'schen Sprachkonzeption durch Lévi-Strauss.

All dies hat politische Implikationen, wie ihr euch vorstellen könnt, weil es dabei auch um eine Auseinandersetzung mit dem Marxismus geht. Mein Text setzt sich mit dem Basis-Überbau-Modell auseinander, mit dem Konzept von Ideologie, Sprache und Kultur als sekundär, das diese als nicht konstitutiv für sozioökonomische Prozesse betrachtet, sondern allein als durch sie konstituiert. Mein Text öffnet den Politikbegriff hin zur Kultur. Politische Fragestellungen müssen sich auch mit der Konstruktion und Rekonstruktion von Bedeutung, mit der Art und Weise wie Bedeutung umkämpft und hergestellt wird, befassen. Gegenüber anderen grundlegenden Determinanten sind diese Prozesse nicht sekundär, sondern müssen in ihrer relativen Autonomie oder spezifischen Wirksamkeit verstanden werden. Dieser Part meines Referats ist nicht politisch im engen Sinn; es gibt kein politisches Projekt, das sich aus ihm ergibt. Aber es hat Auswirkungen darauf, wie man über politische Fragen nachdenkt.

Schließlich steht mein Text in einem Verhältnis zur marxistischen Diskussion selbst. Den Gedanken, den ich in der Einleitung von »Kodieren-Dekodieren« skizziere, stammt aus einem anderen Text von mir, der zur selben Zeit entstand, »Notes on the Reading of Marx's, 1857 Introduction« den ich für Marx' reflektiertesten und interessantesten methodischen Text halte (Hall 1974). Ich verstehe diese Überlegungen als eine Kritik an der Überstrukturalisierung des Marxismus bei Althusser. Althusser zitiert ja die »Einleitung zu den ›Grundrissen der Kritik der politischen Ökonomie‹, 1857«. Als ich aber die »Einleitung« wiederlas, entdeckte ich darin zwar einen halben Schritt hin zum strukturalistischen Modell, das Marx nach Althusser gemacht hat, aber eben nur einen halben. Was ich nicht fand, war der Absolutismus, der sich in Althussers *Das Kapital lesen* findet [Althusser und Balibar 1972]. Ich erkenne darin keine theoretische Praxis, die von realen Strukturen und Verhältnissen geschieden wäre. Genauso wenig findet sich darin ein Begriff des Kapitals, der auf einer vollkommen deterministischen Logik basiert und sich aus dem herleitet, was man »Produktionsverhältnisse« nennt. In der »Einleitung« findet sich ein sehr interessantes Modell, das bislang nicht hinreichend verstanden wurde: ein Modell, das von den Produktionskreisläufen ausgeht. Produktion, Konsumption, Verwertung, Reproduktion – der sich ausdehnende Kreislauf. Marx privilegiert natürlich den Moment der Produktion. Aber was man nicht herauslesen kann, ist das, was zur fetischisierten Version des Marxismus wurde: Die Produktion bestimmt alles andere. Wenn man die »Einleitung von 1857« genau liest, wird man feststellen, dass Marx sagt, die Produktion bestimmt die Konsumption ebenso wie die Konsumption die Produktion bestimmt. Er liefert ein Modell, das ich «Artikulation« nennen würde, ein Verständnis von den Kapitalkreisläufen als eine Artikulation von Momenten der Produktion mit Momenten der Konsumption, der Verwertung und der Reproduktion. Er sagt, will man dieses Modell analytisch irgendwo begründen, dann muss man mit der Produktion beginnen.

Justin Lewis: *Viele von uns fanden, dass der Aufsatz einen wichtigen Bruch darstellt, die Beschränkungen der von dir angesprochenen Nutzen- und Belohnungs- (»uses-and-gratifications«) Ansätze und Wirkungsforschung zu überwinden. Wenn man den Aufsatz liest, hat man das Gefühl, dass wir an der Schwelle zu einer neuen Ära stehen, insbesondere wie darin das Publikum und das Dekodieren betrachtet wird. Auch Umberto Ecos [Eco 1972] in seinem rund zehn Jahre zuvor erschienenem Essay, in dem er auf eine andere Weise über die Semiotik des Dekodierens spricht, antizipiert das Heraufdämmern einer neuen Ära – einer Ära, die aber nicht eintritt. Tatsächlich passierte fast nichts. Eine wirkliche Forschung auf dem Gebiet, sieht man als Ausnahme einmal von David Morleys Arbeit [Morley 1980] ab, zeichnete sich nirgendwo ab. Hat dich das enttäuscht?*

Nicht wirklich. Das Kodieren/Dekodieren-Modell war kein großes Modell. Im Blick hatte ich das *Centre for Mass Communications Research*, von dem aus ich quasi in den Wald rief. Ich habe dabei nicht daran gedacht, ein Modell zu entwerfen, das der Forschung über die nächsten fünfundzwanzig Jahre dienen könnte. Ich glaube nicht, dass es die theoretische Strenge, die innere Logik und konzeptuelle Konsistenz dafür besitzt. Wenn es irgendeinen Wert besitzt, heute oder in der Zukunft, dann ist es ein Modell auf Grund dessen, was es anregt. Es schlägt einen bestimmten Zugang vor und stellt neue Fragen. Es umreißt das Terrain. Aber zugleich ist es ein Modell, mit dem man arbeiten sollte, um es weiterzuentwickeln und zu verändern. Morleys Arbeit ist nicht ganz mit dem Kodieren/Dekodieren-Modell identisch: Er verändert es, sobald er seine eigene Praxis reflektiert. Es war ja auch nicht von mir entworfen worden, um als Bezugspunkt für eine empirische Langzeitstudie zu dienen. Erst nachdem ich den Essay geschrieben hatte, musste ich feststellen, dass, wenn man ein altes Modell der Rezeptionsforschung kritisiert und ein neues aufstellt, auch jemand versuchen wird, mit ihm praktisch zu arbeiten. Mit Dave Morley hatten wir dann das Problem: Wie zum Teufel testen wir das Modell mit Menschen aus Fleisch und Blut? Denn wenn man sich das Kodieren/Dekodieren-Modell einmal anschaut, dann fallen einem diese hypothetischen Dekodier-Positionen auf, die ich darin skizziert habe – ich glaube, dass ich mir dabei eine ganze Reihe von Problemen eingehandelt habe. Diese Positionen würde ich als idealtypische oder hypothetisch-deduktive bezeichnen. Es sind noch keine empirischen Positionen. Es sind Dekodier-Positionen, aber keine soziologischen Gruppen. Es ist sehr wahrscheinlich, dass ein Individuum oder eine Gruppe im einen Moment beim Dekodieren auf das, was ich »hegemoniale Codes« nenne zurückgreift, und im nächsten Moment oppositionelle Codes verwendet. Das bedeutet einfach, die Idee zu betonen, dass das Dekodieren nicht homogen ist – dass man auf verschiedene Arten lesen kann und dass es genau darum beim Lesen geht.

James Derian: *Deine Beschreibung des Kontexts der Repräsentationsformen zur Zeit der Abfassung des Essays erinnert auf eine gewisse Weise an Eco und auch an Baudrillards Sichtweise, dass wir durch drei Stufen der Repräsentation gegangen sind: eine völlig realistische oder empirische; eine zweite, die nicht die Realität reflektiert und sich in gute oder schlechte Repräsentationsformen unterscheiden lässt – wie im Marxismus mit seiner Idee eines falschen Bewusstseins; und eine dritte – die Eco in seinen »Travels in Hyperreality« aufgebracht hat und Baudrillard in »Simulations« verwendet –, dass Repräsentation durch die Entstehung von Simulakren ersetzt wurde oder ganz verschwunden ist. Mich interessierte das, weil du an einem Punkt in dem Artikel sagst, dass Realität jenseits der Sprache zwar existiert, aber ständig sprachlich vermittelt wird. Und dann schreibst du: »Der Hund im Film kann bellen, aber nicht beißen.« Ich frage mich angesichts von Simulakren wie Reagan, bei denen das Gebell schlimmer war als der Biss – wo es den Anschein hat, als ob*

Fantasie und Spektakel die Realitäten der Repräsentationen ersetzen –, ob du die Macht der Simulakren unterschätzt.

Ich würde es ein wenig anders formulieren. Ich habe meine Vorstellung von dem geändert, was Repräsentation ist. Ich glaube, das Kodier-Dekodier-Modell basiert auf einer eher unproblematischen Vorstellung, die jenseits und außerhalb des Diskurses existiert. Ich glaube das noch immer, aber ich wäre verflucht, wenn ich euch sagen könnte, wo das sein soll. Und ich glaube, ich weiß, warum ich euch nicht sagen kann, wo das sein soll, denn weil wir das Reale nur durch Sprache vermittelt erkennen können, durch Konzeptualisierungen, warum sollte ich dann zum Teufel sagen können, wo es sich befindet? Denn auch ich könnte das nur durch Sprache. Ich glaube, das ist auf eine seltsame Art und Weise auch das Problem der »Einleitung von 1857«; wenn Marx schreibt, dass reale Strukturen existieren, dann können wir über sie auch nur – wo sonst – in unserem Kopf nachdenken. Und danach sagt er, dass das Denken nur in Bezug auf das Reale artikuliert werden kann; es kann nicht nur eine Reflexion des Realen sein. Ich glaube, im 1857er Manuskript gibt es bereits eine Vorstellung, dass das Reale nur existiert, weil es diskursiv produziert wird. Deshalb glaube ich nicht, dass es in »Kodieren/Dekodieren« eine unproblematisierte Vorstellung des Realen oder Empirischen gibt, aber sie hat einen etwas unproblematisierten Status. Wenn in dem Aufsatz von Repräsentation die Rede ist, dann ist das ein bisschen so, als ob das Reale existiert und dann die Repräsentation das Reale repräsentiert. Von dieser Vorstellung einer unproblematischen Realität, an der die Verzerrungen der Repräsentation abgeglichen werden könnten, habe ich mich längst weit entfernt. Von der verbreiteten Vorstellung eines falschen Bewusstseins fühlte ich mich nie sonderlich angezogen. Ich habe immer geglaubt, dass sie problematische und falsche Seiten hat, einschließlich der Tatsache, dass niemand sich dazu bekennt, ein falsches Bewusstsein zu haben. Es ist immer jemand anders.

JD: *Tja, das ist eines seiner Symptome; wenn du dir seiner nicht bewusst bist, dann bist du sicherlich sein Opfer.*

Ja, natürlich. Absolut. Mit einem falschen Bewusstsein kann man nicht gewinnen. Aber die Frage ist: Was hat es gebracht, das Konzept der Repräsentation dahin zu erweitern, dass sie selbst konstitutiv erscheint – als Effekt einer Praxis, aber nicht als Praxis, der ein Ursprung im Realen zugesprochen werden kann? Wie sehr haben wir den Repräsentationsbegriff verwischt oder in Richtung auf das Simulakrum hin geöffnet? An diesem Punkt scheue ich mich vor der Baudrillard'schen Position in ihrer Konsequenz. Aus zwei Gründen geht mir das so. Die eine ist, dass Baudrillard ein Meister des provokativen Overstatement ist. Ich glaube nicht, dass er wörtlich an irgendetwas glaubt, was er sagt. Aber er positioniert sich immer noch gegen einen unproblematisierten Repräsentationsbegriff und gegen die Vorstellung einer klaren Trennung zwischen den Medien und dem realen Leben, und er sagt, dass ihr Verhältnis noch viel komplexer sei. Ich halte das für eine etwas polemische Position. Aber meine Bedenken haben noch einen weiteren Grund. Dafür würde ich gerne noch einmal die Metapher aufnehmen, die du vorher gebraucht hast. Bei Reagan, das stimmt, war das Gebell sicher schlimmer als der Biss; aber es gab eben auch den Biss – und die restliche Welt weiß das zu nur zu gut. Deshalb kann ich keine theoretische Position unterschreiben, die behauptet, dass wir nur in den Spiegelungen unserer Diskurse leben. Ich glaube einfach nicht, dass es sich dabei um eine Beschreibung der Beschaffenheit der ganzen Welt handelt – ich glaube, dass es sich dabei um eine Beschreibung handelt, wie einige Amerikaner sich heute an Rande ihrer Welt fühlen, aber ich glaube nicht, dass die ganze Welt so ist.

Ian Angus: *Ich würde gerne eine Frage stellen, die damit verwandt ist. Du sprichst über einen Kreislauf, die Zirkulation von Bedeutung, die du »die Artikulation von miteinander verketteten aber unterschiedenen Momenten nennst«. Mir scheint es nun, als läge der Fokus beim Kodieren/Dekodieren-Modell auf den unterschiedenen Momenten. Der Begriff der Artikulation fällt dabei nur drei Mal, glaube ich. In deiner neueren Arbeit verbindest du Artikulation und Verkettung. Ich frage mich nun, ob du im Rückblick so etwas wie eine Spannung siehst zwischen einem semiotischen Modell des Kodieren/Dekodierens, das sich auf die unterschiedlichen Momente bezieht, und einer Tendenz der Artikulation, die aus einem Modell von Totalität herrührt, sich auf die Verbindungen zwischen den Momenten zu konzentrieren. Siehst du dazwischen einen Widerspruch?*

Ehrlich gesagt, nein. Will man über Artikulation sprechen, dann muss man, analytisch gesehen, die unterschiedlichen Momente identifizieren, um über ihr Verhältnis zueinander sprechen zu können. Ich spreche über diese Momente nicht so, als wären sie autark. Es geht immer um das Verhältnis von Produktion und Konsumption. Aber analytisch gesehen muss man wissen, warum sich Produktion und Konsumption unterscheiden, um darüber sprechen zu können, wie sie etwas artikulieren. Diese Differenz muss einem an jedem Punkt bewusst sein. Die Tatsache, dass ich mir Zeit nehme, um über den Moment des Kodierens und den Moment des Dekodierens zu sprechen, ist kein Hindernis, die Verhältnisse zwischen ihnen in den Blick zu nehmen. Kodieren und Dekodieren nenne ich die zwei unterschiedlichen, aber verwandten Praktiken, die das miteinander verbinden, was man analytisch als zwei getrennte Momente identifizieren kann. Was du sagst, beunruhigt mich aber an einem Punkt, weil er womöglich zutrifft. Natürlich versteckt sich in meinem Argument irgendwo auch das Althusser'sche Konzept der komplexen Totalität – das heißt, der Artikulation von Differenzen, und das ist das Saussure'sche Modell: Sprache ist eine Artikulation von Differenzen, und deshalb muss man die Differenzen identifizieren, um zu verstehen, was sie artikuliert. Auch die Ökonomie kann so aufgefasst werden; das ist die Stoßrichtung von *Das Kapital lesen* [Althusser und Balibar 1972]. Das entspricht, glaube ich, der Vorstellung einer komplexen oder überdeterminierten, nicht unterdeterminierten Totalität. Es stimmt, dass das Kodieren/Dekodieren-Modell den Kommunikationskreislauf als komplexe, überdeterminierte Totalität zu entwerfen versucht. Letztlich muss ich aber die Frage an dich zurückgeben, weil ich nicht glaube, dass das semiotische Modell sich so klar oder vollständig der Vorstellung einer komplexen, überdeterminierten Totalität gegenüberstellen lässt. Ich sehe diesen Unterschied nicht, aber vielleicht bin ich dafür einfach zu blind.

IA: *Ich denke, es gibt einen. Schauen wir uns doch einmal an, wie Marx sagt, Produktion ist Konsumption, Konsumption ist Produktion, wenn ich etwas esse, konsumiere ich Arbeitsprodukte und produziere mich als zukünftigen Arbeiter, als Arbeiter von morgen. Das heißt, Konsumption und Produktion sind zwar beides analytische Momente, aber analytisch eigenständige Momente derselben Aktivität, am selben Ort, zur selben Zeit. Deshalb ist der Unterschied sowohl konzeptuell wie analytisch. Wenn man dies auf das Kodieren/Dekodieren-Modell anwendet, dann wäre der Hauptunterschied der, dass das Kodieren in bestimmten Institutionen durch bestimmte Leute passiert; es kann dabei Schwierigkeiten geben, grundsätzlich aber passiert es durch Leute an einem Ort. Und das Dekodieren findet anderswo statt, zu einem anderen Zeitpunkt und durch andere Menschen. Hinsichtlich der Auffassung von Totalität halte ich das für einen wichtigen Unterschied.*

Ich glaube, da bin ich mit dir nicht einer Meinung. Ich widerspreche, weil sich diese Analogie meiner Ansicht nach nicht auf individueller Ebene festmachen lässt, auf der es so scheint, als vollzöge sich alles am selben Ort und zur selben Zeit. Aber wenn man sich den Produktionskreislauf einmal ganz allgemein anschaut, dann findet die Produktion in Taiwan statt, die Konsumption in Manhattan, und die Verzögerung bei der Reinvestition kann über zehn Jahre dauern. Als allgemeiner Rahmen der kapitalistischen Produktions- und Konsumptionsverhältnisse sind diese Momente sehr verschieden. Jeder von ihnen wird durch eigene Bedingungen aufrechterhalten. Man muss die Produktionsbedingungen in Taiwan verstehen. Dann muss man die Beziehungen zwischen dem Investor in Tokio und der Produktion in Taiwan verstehen. Dann muss man die Konsumptionsverhältnisse in einer Massen- und Konsumgesellschaft, im Supermarkt an der Ecke verstehen. Dann muss man verstehen, wie der Profit zu jemandem nach London zurückfließt, der in Tokio bei jemandem investiert, der in Taiwan investiert. Das Modell von Marx fand ich genau deshalb so spannend, weil es ein Raum und Zeit übergreifendes Modell war und sich auf anscheinend unverbundene Praktiken bezog, die zusammenbrechen konnten. Wenn die Produktion in Taiwan aus internen Gründen zusammenbricht, dann lassen sich auch keine Güter herstellen, die im Supermarkt verkauft werden. Ich habe es also eher als Modell des Systems im Ganzen benutzt. Wenn man es vom Individuum her betrachtet, dann entsteht das Problem, dass der einzelne Körper es an einem einzigen Ort festschreibt. Dann scheinen sich Produktion und Konsumption innerhalb derselben Entität abzuspielen. Schaut man es sich aber als ökonomisches oder ideologisches System an, dann müssen sie sich nicht am selben Ort abspielen. Sie sind Teil derselben Praxis in einem wirklich globalen Sinn: Die Summe der Produktion ist mit der Summe der Konsumption verbunden, die wiederum mit der Summe der Reproduktion verbunden ist. Darüber hinaus müssen sie nicht Teil derselben inneren Praxis sein. Das hätte mich zu einer stärkeren Totalitätskonzeption geführt als jener, die sich aus der »Einleitung von 1857« ableiten lässt.

SJ: *Mich interessiert, wie du über die Kritik denkst, die Justin [Lewis 1983] in seinem Artikel über dein Modell formuliert. Eine Lesart des Artikels wäre, darauf hinzuweisen, dass in dem Modell zwei Ebenen der Bedeutung enthalten sind: eine generelle, die mit der sozialen, kulturellen und politischen Welt verbunden ist; und eine zweite, die mit der Praxis des Kodierens zusammenhängt. Diese Lesart behauptet, dass der Kodierprozess nur dazu dient, die breiteren gesellschaftlichen Bedeutungssysteme zu reproduzieren oder nicht zu reproduzieren, statt Teil des primären Konstitutionsprozesses zu sein. Stimmst du dieser Interpretation zu, und falls ja, würdest du sie noch immer unterstützen? Oder hältst du sie für ein Missverständnis der These deines Aufsatzes?*

Nein, ich glaube, dabei handelt es sich um eine korrekte Interpretation. Und ich glaube, dass es zwei Ebenen der Bedeutung gibt, die in dem Aufsatz identifiziert werden, wenn auch nicht so deutlich differenziert, wie es nötig gewesen wäre. Auf einer Ebene spreche ich über den ununterbrochenen Prozess der Bedeutungsproduktion in der kulturellen/politischen Welt, der ständig Bedeutungen hervorbringt und umdeutet – dabei handelt es sich um einen endlosen Prozess. Dann ist da aber der Punkt, an dem ich die Konzepte des Kodierens und Dekodierens verwende, um über die spezifische Praxis der Herstellung von Fernsehprogrammen spreche. Ich springe also von einer analytischen Ebene zur nächsten. Und das Kodieren/Dekodieren-Modell bezieht sich auf den letzteren Punkt.

Die kulturelle/ideologische Basis fasse ich schlicht als etwas auf, das immer existieren wird. In diesem Sinne ist es ein althusserianischer Aufsatz; er behauptet, dass es immer Ideologie geben wird, so wie es auch immer Ökonomie und Politik geben wird. Jene sind die drei Instanzen jeder sozialen Formation. Deshalb werden immer Diskurse in der Gesellschaft vorhanden sein, durch die sich die Menschen die Welt erklären, mit denen sie ihr Bedeutung verleihen. Das hört nie auf. Das ist das Feld der Bedeutungsproduktion. Das ist, was Althusser »Signifikation im Allgemeinen« nennen würde, wie Ideologie im Allgemeinen. Dann aber, innerhalb dieser [Problemstellung], will ich darüber sprechen, was die Produktion eines Fernsehprogramms spezifisch gegenüber dem Schreiben eines Buchs oder Texts, dem Bestrafen oder Aufhängen von jemandem auszeichnet, was ja auch alles diskursive Praktiken sind. Was ist das Besondere an der Tätigkeit, ein Fernsehprogramm herzustellen? Diese beiden Ebenen der Bedeutungsproduktion verwischen sich aber, weil sie von mir nicht so vollständig bestimmt wurden, wie es sich eigentlich gehört hätte.

Das Kodier-Modell stellte einen Versuch dar, auf eine neue Art und Weise über die Medienwissenschaft und ihr Umfeld zu reden. Ganz zu Recht weist ihr darauf hin, dass es in meinem Ansatz eine Vorstellung von Reproduktion gibt, durch die der Kodier-Dekodier-Prozess als ein bestimmter Moment der symbolischen Produktion durch die Medieninstitutionen, die größeren ideologischen Zusammenhänge reproduziert. Ich glaube das zwar nicht und ich glaube auch nicht, dass ich das jemals gedacht habe, aber ich glaube, man kann den Essay ohne Schwierigkeiten so lesen. Das hat folgenden Grund: Der Text verwendet nun mal das Konzept der Reproduktion, und im Englischen lässt sich der Begriff nicht richtig von dem der bloßen Wiederholung abgrenzen. Wenn ich also von »Reproduktion« spreche, dann klingt das so, als würde es nur darum gehen, dass sich die bereits existierende dominante Ideologie irgendwie ins Programm und sein Dekodieren einschleicht. Okay, man mag dann fragen: »Warum verwenden wir dann das Konzept der Reproduktion überhaupt?« Der Grund dafür liegt in der Auseinandersetzung mit einem anderen Diskurs. Dieser andere Diskurs stammt aus der Filmtheorie, von *Screen*, und leitet sich aus jener Position ab, die jede Bedeutung als Produktion verabsolutiert. Darin gibt es keine vorgängigen Bedingungen. Jede Bedeutung erscheint vollständig als Akt der Produktion. Das ist der extreme, Brecht'sche Moment der *Screen*-Theorie. Produktion, Produktion, Produktion. Jeder Sprechakt ist Produktion. Worauf es mir aber ankommt, das ist, dass nicht jeder Sprechakt als Produktion in diesem Sinn zu verstehen ist, weil er auf bereits existierenden Bedeutungen basiert. Wenn man etwas Neues sagt, dann weil man vorhergehende Bedeutungen transformiert. Jeder Akt der Bedeutungserzeugung transformiert den zu diesem Zeitpunkt gegebenen Stand aller vorherigen Bedeutungen. Jedes Mal wenn ich von ›dem Englischen‹ rede, dann beziehe ich mich auf das gesamte Feld des ›Englischen‹, das vor mir existierte.

JL: *Wenn ich dich richtig verstehe, dann geht es dir darum, dass es nicht eine Welt der Erzeugung von Bedeutung im Allgemeinen gibt, die Zeichen wie Betonblöcke produziert, welche dann von den Medien bearbeitet und reproduziert werden, sondern dass wir es mit zwei Konzepten zu tun haben: die Erzeugung von Bedeutung im Allgemeinen und spezifische Signifikationspraktiken innerhalb der medialen Institutionen.*

Und überall anderswo.

JL: *Erzeugen diese spezifischen Praktiken grundsätzlich Bedeutung auf eine Art und Weise, wie es auch in anderen ideologischen Staatsapparaten geschieht?*
Selbstverständlich. Mit der Medienwissenschaft beschäftige ich mich nur, weil ich zu Medienwissenschaftlern spreche, aber wir könnten auch über jeden literarischen Text oder jedes bürokratische Schriftstück oder jedes Ensemble von Regeln sprechen – über alles, dass etwas bereits Existentes neu kodiert. Wichtig daran ist das »immer schon« – dass etwas bereits da ist, sozusagen. Aus zwei Gründen will ich daran festhalten. Erstens, weil ich von der Idee eines Ursprungsmoments loskommen möchte. Die Frage, wie alles begann, interessiert mich nicht. Vielleicht fing es im Garten Eden an, aber ich weiß es nicht. Danach sind wir aber bereits in die Geschichte und damit auch in den Diskurs eingetreten. Was die Medien aufgreifen, ist also bereits ein diskursives Universum. Der Dekodiermoment kommt nicht von nirgendwo. Ich habe einen Fehler gemacht, als ich das verdammte Diagramm nur mit der oberen Hälfte gemalt habe. Wenn man einen Kreislauf beschreibt, dann sollte man auch einen Kreis malen. Ich müsste zeigen, wie das Dekodieren sich in Praktiken und Diskursen niederschlägt, die ein Reporter wieder aufgreift. Der Reporter bezieht sich auf eine bereits mit Bedeutungen versehene Welt, um selbst neue Bedeutungen zu erzeugen. Es ist wirklich problematisch, wenn ich das so darstelle, als gäbe es einen bestimmten Moment. Man versteht den Kreislauf leicht so, als gäbe es eine Realität, über die jemand spricht und dann kodiert; dann liest es jemand, und dann sind wir wieder in der Realität. Die Realität existiert natürlich aber nicht außerhalb des Diskurses und der Bedeutungsproduktion. Sie ist Praxis und Diskurs wie alles andere auch.

IA: *Die beiden Ebenen der Bedeutungsproduktion sollte man also besser als universell und partikular verstehen statt als fundamentale Aspekte der Realität selbst.*

Als Letzteres auf gar keinen Fall. Es ist einfach eine Unterscheidung zwischen Ideologie im Allgemeinen und spezifischen ideologischen Praktiken oder den ideologischen Konfigurationen unseres Diskurses oder wie du das auch immer nennen würdest.

Cathy Schwichtenberg: *Die Konfusion hat sich aufgeklärt, indem du das Modell noch einmal auf Althusser und das Konzept von Ideologie im Allgemeinen und von einer spezifischen Ideologie bezogen hast. Gibt es einen Grund, warum das nicht in dem ursprünglichen Aufsatz steht?*

Es handelte sich dabei nicht um einen Vortrag, in dem alle Quellen erwähnt werden. Zum Beispiel führe ich die »Einleitung von 1857« und Marx überhaupt nicht an, weil ich mir nicht vollständig in die Karten schauen lassen wollte. Auf einem Kongress zur Massenkommunikationsforschung in Europa hätte man sich kein Gehör verschaffen können, wenn man gesagt hätte: »Dies und jenes basiert auf der Althusser'schen Konzeption einer überdeterminierten, komplexen Totalität.« An diesem Punkt hätten die Leute den Saal verlassen. Ich glaube, Letzteres war ausschlaggebend, vielleicht auch beides. Ich lese Althusser und hinterfrage ihn, weil mein eigenes Denken sehr von ihm beeinflusst ist, aber ich war nie ein doktrinärer Althusserianer. Wenn ich heute eine definitive Fassung von »Kodieren/Dekodieren« für eine Aufsatzsammlung schreiben würde, dann sollte ich vielleicht in einer Fußnote die Bedeutung der Auseinandersetzung mit der Althusser'schen Problematik in meiner Arbeit stärker deutlich machen.

SJ: *Ich würde gerne eine allgemeine Frage stellen. Was meinst du genau im Text mit den Begriffen »bevorzugten Bedeutungen« und »bevorzugten Lesarten«? Wo findet dieser Prozess des Bevorzugens statt? Im Text? In der weiter gefassten sozialen/politischen Kultur? Was sind die theoretischen und politischen Konsequenzen, das Bevorzugen auf einer Seite des Kreislaufs, auf Seite des Dekodierens, anzusiedeln?*

Die »bevorzugte Lesart« ist ein weiteres Problem in meinem Text. Schuld daran ist das Schlingern zwischen »bevorzugter Bedeutung« und »bevorzugter Lesart«. Denn die bevorzugte Lesart scheint sich auf die Dekodier-Position zu beziehen, die bevorzugte Bedeutung hingegen befindet sich auf der Kodier-Position und nicht auf der Dekodier-Position. Warum? Sie befindet sich dort, weil ich kein Kreislauf-Modell entwerfen wollte, in dem die Macht fehlt. Ich will kein Modell das deterministisch ist, aber auch keines, in dem es keine Determination gibt. Daher glaube ich nicht, dass das Publikum in derselben Machtposition ist wie diejenigen, die für es die Welt abbilden. Der Begriff der bevorzugten Lesart soll einfach benennen, dass wenn man den Apparat kontrolliert, mit dem die Welt ›bedeutet‹ wird, wenn man die Medien kontrolliert, sie besitzt, Texte schreibt – dass das einen determinierenden Einfluss hat. Die Dekodier-Prozesse werden sich innerhalb des Kodier-Universums abspielen. Das eine versucht das andere zu umfassen. Als Moment der Hegemonie würde ich die Transparenz zwischen den Momenten des Kodierens und Dekodierens bezeichnen. Wenn es gelingt, dass jede Bedeutung, die man kommunizieren will, vom Publikum auch auf genau diese Art und Weise verstanden wird, dann befindet man sich in einer hegemonialen Position. Ein Traum der Macht – keine Echozeichen auf dem Fernsehschirm, nur ein völlig passives Publikum. Das Problem ist nun aber, dass ich nicht glaube, dass eine Nachricht nur eine einzige Bedeutung hat. Deshalb suche ich eine Konzeption von Macht und Strukturierung im Moment des Kodierens, die all die anderen möglichen Bedeutungen nicht ausradiert. Was ich damit nur sagen will, ist, dass eine Nachricht der BBC über die Falkland-Inseln nicht völlig offen ist. Wir sollen diese Nachricht auf eine bestimmte Weise verstehen. Das Element der bevorzugten Lesart markiert die Überschneidung von Macht und Diskurs, und zwar außerhalb wie innerhalb der Botschaft. Sie sind nicht nur mächtig, weil sie die Produktionsmittel besitzen; sie wollen die Nachricht auch von innen kontrollieren und Dir einen Fingerzeig geben: »Lies so und so!« Das meine ich mit bevorzugter Lesart. Es ist ein Versuch, das Publikum zu beherrschen, der normalerweise nie ganz gelingt. Warum? Weil sie nicht alle möglichen Lesarten des Texts kontrollieren können. Der Text, den sie selbst kodiert haben, entzieht sich ihrem Zugriff. Man kann ihn immer anders lesen. Eine bevorzugte Lesart ist nie völlig erfolgreich; sie stellt aber einen mit Machtmitteln operierenden Versuch dar, die Lektüre des Publikums einer Hegemonie zu unterwerfen. Das ist alles. Mir geht es nicht darum, dass der Text vollkommen offen wäre und keine Elemente enthielte.

Ich würde dafür gerne einen Text heranziehen, der nicht aus den Medien stammt. Nehmen wir einmal den recht komplizierten Text eines Shakespeare-Stücks. Heute, nach drei- oder vierhundert Jahren wissen wir, dass ein Shakespeare-Stück auf jede erdenkliche Art und Weise inszeniert und verstanden werden kann. Es gibt hunderte von King Lear-Lesarten. Aber Shakespeare wäre mit hundert Lesarten sicher nicht zufrieden. Er will, dass wir Lear auf eine bestimmte Weise verstehen. Er will den Anschein erzeugen, dass man das Stück nicht anders lesen kann; wir müssen Lear als bedrängten Vater sehen. Wenn man sich dafür entscheidet, ihn als dummen alten Mann zu interpretieren, der es nicht erträgt, dass seine Töchter viele Leute nach Hause mitbringen, dann ist das eine sehr seltsame Lesart, eine abweichende Lesart; er will nicht, dass man das Stück so liest. Es gibt also in der Praxis der Bedeutungserzeugung, im Kodieren, nicht nur einen Willen zur Macht, sondern man kann, glaube ich, diese Elemente auch im Text feststellen.

SJ: *Könnte man in diesem Sinne sagen, dass die bevorzugte Lesart die Intention des Produzenten auf der Kodier-Position ist?*

Ich würde das nicht auf die Intention des Produzenten reduzieren, weil auch der Produzent bei der BBC den Einschränkungen seines institutionellen Rahmens unterliegt.

JL: *Du hast gesagt, Fernsehprogramme sind nicht wie die »Bohne«, über die Barthes am Anfang von S/Z spricht, eine Bohne, die auf Grund ihrer äußerlichen Ambiguität letztlich die ganze Welt bezeichnen könnte. Sie enthalten eine bevorzugte Bedeutung, die von Machtstrukturen geformt wurde. Diese Machtstrukturen innerhalb von Medieninstitutionen beziehen sich auf dominante Bedeutungen innerhalb der Gesellschaft. Wie jedoch funktioniert das Konzept einer bevorzugten Bedeutung für Texte, die nicht nur nicht im System der dominanten Bedeutungen operieren, sondern gegen es arbeiten? Fernsehnachrichten, die auf der Textebene eine bevorzugte Lesart besitzen, die einer bevorzugten Bedeutung im dominanten Sinne, in der Gesellschaft, vollkommen entgegenstehen. Wie funktionieren solche Nachrichten in dem Modell? Ich glaube, dass das auch Konsequenzen für die drei möglichen Antworten hat: die dominante, die oppositionelle, die ausgehandelte.*

Ja, was du sagst, stimmt vollkommen. Wenn es Homogenität beim Bevorzugen gibt, dann lässt sich so ein Bevorzugungs-Muster nur über eine lange Zeit feststellen. Im Großen und Ganzen kann man das sagen; misst man den Output über einen längeren Zeitraum, würde man die hegemoniale Nachricht wohl häufiger finden. Aber natürlich produzieren die Medien auch die verschiedensten anderen Sachen. Großbritannien besitzt einen ganzen Sender wie Channel 4, der offiziell ins Leben gerufen wurde, um minoritäre Stimmen zu repräsentieren und die verschiedensten minoritären und oppositionellen Sendungen ausstrahlt. Die Seite des Kodierens ist selbst viel umkämpfter und variabler, als es in dem Modell nahe gelegt wird. Dieses Modell lässt die medialen Institutionen viel homogener in ihrem ideologischen Charakter erscheinen, als sie es tatsächlich sind. Für diese Frage ist das Modell nicht sensibel genug. So wie das Kodier-Modell entworfen wurde, glaube ich, kann es nicht ausreichend darstellen, warum es zu Kämpfen und Widersprüchen kommt – auch in den medialen Institutionen selbst. Es stellt die kommunikativen Institutionen zu eindimensional und deren Artikulation einer dominanten Ideologie zu direkt dar.

JD: *Ich frage mich, ob man noch einen Schritt weiter in die Richtung gehen könnte, dass auch die Bedeutung aufgeschoben ist. Du gründest Interpretation immer auf Differenz; dass sie sich von einer anderen unterscheidet – dass sie sich aufschiebt und immer schon aufgeschoben ist. Ich bin neugierig, ob du das in einen Derrida'schen Interpretationsrahmen stellen würdest?*

Das Bevorzugen kann den Text nicht stillstellen und fixieren, weil Bedeutung endlos aufgeschoben ist (im Derrida'schen Sinn). Das ist die Grundlage meiner Arbeit.

Aber ist der Text nichts als eine Ansammlung offener, semiotisch auf jede Art zu interpretierender Dinge?

Nicht ganz, denn auch die Macht spielt eine Rolle. Jemand muss die Mittel, mit denen die Welt dargestellt wird, kontrollieren. Viele Menschen da draußen, die keinen anderen kognitiven Zugang zur Welt zu haben, sind darauf angewiesen, dass sie ihnen ›bedeutet‹ wird. In diesem Sinn geht das Modell von der Richtigkeit von Derridas Konzeption des Aufschubs der Differenz aus. Das ist die Natur der Textualität, und es fragt einfach: »Wie können wir verhindern, dass das Modell zu nichts als einem endlosen Sprachspiel wird?« Das ist es nicht ganz, weil Macht etwas außerhalb der Sprache braucht. Sie kann nicht nur versuchen, die Bedeutungsmuster zu formen, mit denen die Bevölkerung die Ereignisse interpretiert.

Ideologie verwende ich als Konzept, das die endlose Semiose der Sprache unterbricht. Sprache ist reine Textualität, aber Ideologie will eine ganz bestimmte Bedeutung herstellen. In ihr will ich die Bedeutungskette unterbrechen. Ich will diese bestimmte Bedeutung, nicht irgendeine andere. Politisch trenne ich die beiden dann ein wenig. Und das ist der Punkt, glaube ich, wo die Macht in den Diskurs eindringt, wo sie sich mit Wissen und Macht überschneidet; an diesem Punkt kommt es zu einem Schnitt, einer Unterbrechung, einer Naht, es kommt zur Überdetermination. Die Bedeutung, die durch diesen Einschnitt in die Sprache konstruiert wird, ist nicht endgültig, weil der nächste Satz ihn zurücknimmt und die Semiose wieder öffnet. Er kann sie nicht fixieren, aber Ideologie ist der Versuch, sie zu fixieren.

IA: *Dein Konzept des Bevorzugens ähnelt also eher Derridas Idee des Durchstreichens. Dabei geht es um den Moment, an dem das Spiel der Differenz durchgestrichen wird, damit ein Zentrum konstituiert werden kann, und um dieses Zentrum herum entsteht der Text.*

Absolut, absolut. Es zwingt einen, zum Ende des Satzes zu kommen – das ist meine Metapher. Man muss zum Ende des Satzes kommen, um überhaupt irgendeinen Sinn zu generieren. Dann gibt man sich der Illusion hin, das wäre alles, was man zu sagen hat. Aber irgendjemand anderes sagt dann etwas anderes. Der nächste Satz dekonstruiert es.

IA: *Besteht eine der Aufgaben des Kritikers also darin, den Prozess des Bevorzugens auseinander zu nehmen, das Spiel [der Sprache] zu öffnen, Ideologie als Sprache zu untersuchen?*

Absolut. Das ist der Grund, warum die Kritik am Kodieren/Dekodieren immer eine dekonstruktive Praxis darstellt. Sie öffnet den Text für eine Vielzahl von Bedeutungen, die in der Aktivität des Kodierens nicht festgeschrieben wurden.

JD: *Aber in deinem Artikel über den Thatcherismus gibst du dir große Mühe, dich von einer rein dekonstruktiven Position abzugrenzen. Dort sagst du, Rekonstruktion ist notwendig gegen politische Bewegungen wie den Thatcherismus.*

Ja, ich bin auch kein reiner Dekonstruktivist, insofern ich nicht glaube, dass nur der Moment der Dekonstruktion zählt. In dieser Hinsicht bin ich, glaube ich, Gramscianer – jeder Moment der Dekonstruktion ist auch ein Moment der Rekonstruktion. Die Rekonstruktion ist nicht dauerhafter als was ihr vorherging – aber es kann nicht darum gehen, einen Text auseinanderzunehmen. Ich sage das, weil mein Argument gegen einen bestimmten Kontext gerichtet ist, gegen das, was ich für die komplett entpolitisierte, formalistische Art und Weise halte, wie die Dekonstruktion in den USA adaptiert wurde. Die amerikanische Adaption der Dekonstruktion hat ihr den politischen Biss genommen – hat aus ihr eine Art intellektuellen Spielplatz gemacht. Es zählt keinen Deut, was du mit der Dekonstruktion machst; was zählt ist der Nachweis, wie clever man die Voraussetzungen eines Texts auseinander nehmen kann. Es geht aber auch darum, neue Texte zu produzieren (obwohl diese neuen Texte auch nicht für die Ewigkeit sind). Man kann der Tatsache nicht entkommen, dass man anfängt, eine neue Bedeutungskonfiguration zu entwerfen, wenn man eine alte auseinander nimmt.

SJ: *Können wir als Nächstes nun die drei Dekodierpositionen (bevorzugt, ausgehandelt und oppositionell) und ihre Adäquatheit diskutieren?*

Ich glaube, die Dekodier-Position ist in dem Aufsatz nicht so gut ausformuliert und ausgearbeitet wie die Kodier-Position. Ich wollte der Idee nachgehen, dass es keine feste Bedeutung gibt und dass es deshalb folglich keine festen Lesarten geben kann, die auf einem Set von idealtypischen Positionen basieren. Dabei gibt es eine Position der idealen Transparenz und perfekten Äquivalenz zwischen den beiden Momenten, bei der die Lesart mehr oder weniger perfekt mir den Bedeutungen korrespondiert, die der Text bevorzugt.

Dann gibt es die entgegensetzte Position, eine systematisch oppositionelle Lesart, die vielleicht weiß, was »bevorzugt« wurde, aber ständig aus dem Text das Gegenteil herausliest – die zum Beispiel die Ausübung von *law and order* als Praxis der Unterdrückung oder des Widerstands betrachtet, die dasselbe Bild anschaut, aber die andere Seite sieht.

Wenn man diese beiden Positionen in Politik übersetzen will, entsteht das Problem, dass man in eine sehr deterministische Position zurückfällt. Man hat es dann entweder mit dem falschen Bewusstsein einer völlig transparenten Lesart zu tun oder mit dem perfekten revolutionären Subjekt einer konsequent oppositionellen Lesart. Ich wollte aber etwas dazwischen. Deshalb spreche ich einfach über den ausgehandelten Code. Im Aufsatz erscheint der ausgehandelte Code als eine Position, aber natürlich ist er das nicht. Wenn du dir das ganz ähnliche Modell aus der langen Einleitung zu *Resistance Through Rituals* [Hall und Jefferson 1976] anschaust, dann wirst du feststellen, dass das, was wir »ausgehandelten Raum« nennen, in Bezug auf Subkulturen von einer Anzahl verschiedener Positionen ausgefüllt wird. Die Wahrheit ist also, dass wahrscheinlich die meisten von uns die meiste Zeit über ausgehandelte Lesarten produzieren. Nur bei einem gut organisierten, völlig selbstbewussten revolutionären Subjekt wird man vollständig oppositionelle Lesarten erhalten. Die meisten von uns entsprechen weder vollständig der bevorzugten Lesart des Texts, noch lesen wir völlig gegen den Strich. Wir lavieren vielmehr hin und her. All das soll noch einmal verdeutlichen, dass es sich um idealtypische Positionen handelt. Ich sage einfach: »So ist das Spektrum.« Keine der Dekodier-Positionen war als soziologische Beschreibungen intendiert. Es handelt sich um ein offenes Modell. Zuschauer bewegen sich ganz klar zwischen diesen Positionen; es handelt sich um Positionierungen, nicht um soziologische Gebilde. Festzustellen, welche Lesarten eines bestimmten Textes von einem bestimmten Teil des Publikums gemacht werden, bleibt Aufgabe der empirischen Untersuchung.

JL: *Kann ich dazu eine Bemerkung machen, die sich auf meine Erfahrung mit dem Dekodier-Konzept bezieht? Als ich in dieser Perspektive die drei Reaktionen untersuchte, wie Leute bestimmte Teile von Fernsehnachrichten lesen, stieß ich auf ein Problem, das mit der Annahme zu tun hat, es gäbe bereits eine bevorzugte Bedeutung: eine, die wir dann aushandeln, der wir zustimmen oder die wir ablehnen. Dann habe ich aber bemerkt, dass in den Lesarten Dinge vor sich gehen, die ich nicht vorausgesehen hatte. Nachrichtenelemente, von denen ich gedacht hatte, dass sie ganz klar in bestimmter Hinsicht seien und auf bestimmte Weise bevorzugt würden, wurden von Zuschauern wiederholt so gelesen, als handelten sie von etwas ganz anderem. Dies hängt mit einer Frage zusammen, die David Morley im kritischen Nachwort seiner »Nationwide«-Studie [»Nationwide« = britische Fernsehsendung] stellt. Er fragt: »Wo ist die bevorzugte Lesart verborgen?« Ist sie bereits in den Text eingeschrieben? Entsteht sie in der Lektüre des Texts durch den Analytiker? Oder ist sie in der Lesart des Publikums enthalten? Er ist dabei sehr rätselhaft und lässt die Frage auf neckische Weise offen. Ich frage mich, warum er das getan hat und ob das damit zu tun hat, dass er das Gefühl hatte, es sei die falsche Frage. In anderen Worten: Besteht unsere Aufgabe als Wissenschaftler darin, nicht eine bevorzugte Bedeutung vorauszusetzen, sondern den Text so weit wie möglich zu öffnen, um dann sehen zu können, wie er von Zuschauern wieder geschlossen wird? Das erlaubt uns, empirische Beweise zu verwenden, um jene Momente im Text zu lokalisieren und zu spezifizieren, die die Bedeutung eines Programms determinieren (oder dabei scheitern).*

›Bevorzugen‹ auf der Dekodier-Seite bedeutet etwas anderes als das ›Bevorzugen‹ auf der Kodier-Seite. Ich kann sozusagen deinem ›Bevorzugen‹ den Vorzug nehmen und meinem den Vorzug geben. Ich kann sagen: »Du wolltest, dass ich den Text auf diese Art und Weise lese, aber das mache ich nicht.« Deshalb kann auch das Element des Schließens nicht funktionieren, was nicht heißt, dass es nicht versucht wird. Das Bevorzugen ist deshalb der Versuch der ›Macht‹, die Nachricht an eine Bedeutung zu binden – was ihr aber nie gelingen wird. Aber ich sage und glaube noch immer, dass der Text – wie auch die realen Signifikanten – eine andere Lesart stützt. Er enthält auch, was ich vielleicht als »indikative« Signifikanten bezeichnen würde, die in sein Inneres die Botschaft einprägen, die dann dekodiert werden kann.

JL: *Ja, aber wie finden wir heraus, was diese indikativen Signifikanten sind? Nehmen wir an, dass wir sie als Analytiker irgendwie entdecken können? Oder entdecken wir sie, indem wir uns anschauen, wie das Publikum seine eigenen ›bevorzugten‹ Lesarten konstruiert, und danach wieder zum Text zurückgehen und uns anschauen, wie der Text das Publikum in diese Positionen gezwungen hat, in Auseinandersetzung mit dessen ideologischen Weltanschauungen? Wir können dann sagen, dass es eine bevorzugte Lesart oder ein Set von bevorzugten Lesarten gibt, weil wir erkannt haben, wie der Text tatsächlich bestimmte Bedeutungen bevorzugt.*

Nein, diesen Schritt kann ich nicht mitmachen, weil das nahe legen würde, die Dekodierungen wären zu geschlossen. Ich glaube, beim Dekodieren kann man den Text neu und gegen den Strich lesen. Deshalb glaube ich nicht, dass man die Dekodierungen des Publikums verwenden kann, um zu sagen, was die bevorzugte Bedeutung im Text ist.

JL: *Wie können wir dann die ›bevorzugenden‹ Momente bestimmen?*

Nun, ich glaube, das geht nur mittels einer bestimmten Art von Textinterpretation.

JL: *Die aber bereits eine Dekodierung auf unserer Seite ist.*

Ja, natürlich ist das bereits eine Dekodierung; das habe ich dir ja vorher schon gesagt. Sobald du einen Text wiedergibst, ist das eine Lesart. Ich glaube, dieses Analyserisiko muss man auf sich nehmen, weil ich nicht glaube, dass es in diesem Bereich eine vollkommen objektive, wissenschaftliche Methode geben kann – denn es gibt keine Wissenschaft, die Bedeutung bestimmt. Man muss also den Versuch riskieren, so viel und so neutral wie möglich von dem zu lesen, was die Formierung sein könnte, die der Text konsequenterweise erhalten hat, als er durch eine bestimmte Stelle hindurchgegangen ist. Das ist alles. Das ist, glaube ich, der Teil deiner Darstellung, der recht offen und neutral gehalten sein sollte. Er entspricht einer Art notwendigen Objektivität. Ich glaube nicht an wahre Objektivität, aber es gibt einen Moment in der Forschung, an dem man versucht, seine eigene Lesart so sehr wie möglich zu unterdrücken, um den Text als Untersuchungsobjekt zu rekonstituieren. Dies geht aber nur, glaube ich, indem man sich immer vergegenwärtigt, dass man sich bereits innerhalb von Bedeutung befindet.

JL: *Ich habe immer noch ein analytisches Problem, glaube ich. Trotz der Entwicklung, die die Textinterpretation genommen hat, können zwei in der Textinterpretation gut ausgebildete Leute aus demselben Film kommen und sich lange streiten, worum es in dem Film eigentlich ging. Noch immer machen wir uns Gedanken, wie Texte funktionieren. Würde die Dekodier-Forschung, dies alles einmal vorausgesetzt, nicht subtiler und anspruchsvoller, wenn wir von der Idee einer bevorzugten Bedeutung ausgehen würden, die im Text existiert, aber mit der wir beim Dekodieren dann spielen? Mit anderen Worten: Wir haben Dekodierungen gesammelt, wir haben erkannt, wie diese Idee zu funktionieren scheint, und dann konstruieren wir eine wasserdichte bevorzugte Lesart, statt die bevorzugte Lesart festzumachen, bevor wir überhaupt irgendeine Art von Dekodier-Forschung unternommen haben.*

Nun …

JL: *Denn was machen wir, wenn wir falsch liegen? Was gut sein kann. Wir enden dann bei einer Anzahl von anomalen Dekodierungen.*

Ich glaube, das ist dasselbe Problem, das du mit dem Konzept der bevorzugten Lesart hast. Und ich weiß nicht, wie ich dir anders antworten könnte. Probleme gibt es auf beiden Seiten. Ich glaube, wenn man davon ausgeht, dass es eine ›bevorzugte Lektüre‹ gibt, dann strukturiert man die Dekodierungen bereits vor, die man dann bekäme. Das ist, glaube ich, worüber du dir Sorgen machst. Wenn man keine bevorzugte Lesart hat, dann gibt man sich der Illusion einer Objektivität hin. Ich glaube, dann bist du gezwungen anzunehmen, der Text könnte alles bedeuten. Ich weiß nicht, wie man eine Position zwischen diesen beiden einnehmen kann, weil es anscheinend keinen Raum zwischen ihnen gibt. Aber trotzdem ist mir klar, dass wir das philosophische Problem nicht gelöst haben. Denn wie vorläufig und offen sie auch immer sein mag, es ist eine Lesart. Es ist eine Lesart, bei der man sich selbst unterbricht, kurz bevor man sagt: »Das ist es, was es bedeutet.« Die halbe Strecke auf dem Weg dahin zu sagen: »Das ist es, was es bedeutet«, hat man aber schon zurückgelegt. Wenn du dich damit zufrieden gibst, würde ich es auch gut sein lassen.

Jon Cruz: *Wenn es also Grenzen der Bedeutung gibt, wenn Bedeutung nicht permanent einem Lotteriespiel gleicht, dann scheint mir, dass viele der Fragen, die du in deiner Arbeit aufgegriffen hast, voraussetzen, dass man sich dem analytischen Risiko stellt, zu spezifizieren, was zu einem bestimmten gegebenen Zeitpunkt historisch besonders ist. Meine Frage an das Kodieren/Dekodieren-Modell stellt uns vor das Problem: Entweder wir erkennen die Kluft zwischen der diskursiven Praxis und dem vermeintlichen Realen an, oder: wir verleugnen sie, betreiben Diskursanalyse und schmuggeln Konzepte des Realen ein, wenn wir das Risiko eingehen, zu spezifizieren, was wir für eine angemessene Lektüre halten. Ich spreche hier von der Rolle des Analytikers. Wie würdest du das kommentieren? Es gibt einige Grenzen und Probleme der historischen Spezifität, die den Wissenschaftler zwingen, das Reale zu spezifizieren und zu benennen, selbst wenn es Momente und Bewegungen gibt, die das Reale verleugnen. Wie können wir dieses Problem umschiffen, ohne dass wir uns einfach auf Texte konzentrieren?*

Letztlich glaube ich, drückt sich die Position vor jeder festen oder überprüfbaren Unterscheidung zwischen dem Realen und dem Diskursiven oder zwischen dem Diskursen und dem Extradiskursiven. Ich weiß nicht, wo das Extradiskursive ist. Ich betrachte das Extradiskursive als eine Art Pfand. Es ist eine Art Wette, dass die Welt existiert, was man philosophisch nicht beweisen kann. Ich weiß nicht, wie man das beweisen würde. Was ich ganz sicher weder dem Diskursiven noch dem Extradiskursiven oder Realen zusprechen würde, ist jede elementar definierende Determinierung.

Trotzdem glaube ich, kann ich mir ›Praxis‹ nicht ohne eine Verankerung vorstellen, wobei jede Praxis immer auf einem Fundament als notwendigem, aber nicht hinreichendem Element ruht – ihrer Materialität, ihrer materiellen Einschreibung. Irgendwo. Das bringt mich zu dem, was ich das historisch Reale nennen würde, das nicht mit dem philosophisch Realen identisch ist, sondern eine ganze Menge Bestimmtheit besitzt. Die historischen Strukturen mögen nicht lange andauern, nicht ewig bestehen bleiben oder transzendental sein, aber so lange sie existieren, strukturieren sie ein bestimmtes Feld. Das bedeutet, dass jede Forschung durch sie immer schon an einem bestimmten historischen Moment, in einer bestimmten historischen Konjunktur verortet ist. Die Fragen, die der Wissenschaftler hat, leiten sich nicht aus einer irgendwie objektiven Wissenschaft her, sondern aus einer bestimmten Reihe von Anliegen. Vorstellungen über die politische und historische Konjunktur, in der wir leben, beeinflussen die Forschung. Alle diese Faktoren spielen eine Rolle.

Das ist der gramscianische Zugang. Vermittelt durch Gramsci interessiert mich, was ich Konjunktur nennen würde – die spezifische Artikulation von Momenten, das Besondere und Einzigartige eines bestimmten historischen Moments, die Art und Weise, wie zu jedem bestimmten Zeitpunkt die bestimmte Kräftebalance zwischen verschiedenen sozialen Elementen ein Terrain der Bewegung und Praxis definiert. Diese Konjunktur entsteht nicht als Resultat einer abstrakten Analytik oder wissenschaftlich definierten Realität. In diesem Sinne gibt es keine Geschichtswissenschaft, die die Lesart garantieren kann, es gibt aber eine Art Erkenntnis, dass sie irgendwo historisch verortet ist. Dieses Gespräch wird an einem bestimmten Ort und zu einem bestimmten historischen Zeitpunkt geführt; und die Konjunktur hat bestimmte formende Effekte darauf, wie die Untersuchung ausgeführt werden wird, wie die Fragen gestellt werden und was mit ihr gemacht werden wird. Indem ich mich vom Realen oder Extradiskursiven als eine Art transzendentalen Signifikanten außerhalb des Systems wegbewege, versuche ich es als ein Element der tendenziellen Strukturierung wiedereinzuführen. Es gibt keinen Grund, warum die Tatsache, dass die Engländer den Rest der Welt dreihundert Jahre lang beherrscht haben, bedeuten sollte, dass immer, wenn man nach der englischen Identität strebt, diese als dem Rest der Welt überlegen begriffen wird. Aber es gibt dafür einen verdammten historischen Grund. Und die Tendenz in unserer Kultur wird immer so sein, dass Englischsein genau das bedeutet; wenn man möchte, dass es etwas anderes bedeutet, wenn man will, dass es die Schwarzen Kids in der Foto-Gruppe meint, in der ich mitarbeite, dann ist ziemlich viel ideologische Arbeit von Nöten, um das Wort und das Konzept von der einen tendenziellen Strukturierung zu einer anderen zu verschieben.

So gesehen bleibe ich bestimmten Wurzeln meines eigenen Denkens in der Hermeneutik verpflichtet. Das Versprechen der Semiologie besteht darin, die Hermeneutik so wissenschaftlich wie möglich zu machen, was aber ein unmögliches Vorhaben ist. Was sie nicht liefern kann, ist eine Wissenschaft der Bedeutung, wie der dritte Hauptsatz der Thermodynamik. Aber sie sagt auch, dass man bei einer ordentlichen wissenschaftlichen Arbeit mehr machen muss als nur zu sagen: »Gut, das ist meine Vermutung, und das sind meine Gefühle gegenüber dem Text.« Man muss so weit wie möglich gehen, wenn man beweisen möchte, dass das etwas ist, was auf den Funktionsweisen der Sprache basiert. Man kann darstellen, was nicht rein solipsistisch, internes Resultat subjektiver Vorurteile ist. Die Vorstellung aber, dass das, was man produziert, *die* wissenschaftlich gültige Bedeutung ist – von meiner Interpretation, was Bedeutung ist, kann ich diese Position natürlich nicht teilen. Die Objektivität sozialwissenschaftlicher Untersuchungen besteht nur in Anführungszeichen. Sie ist das Ziel der Theorie, aber sie endet vor der theoretischen Praxis. Alle Forschung wird theoretisiert, aber nicht im Sinne einer Theorie mit einem großen *T*. Es geht um die Aktivität des Theoretisierens, um Denken als Prozess, nicht um den Endpunkt bei der Produktion eines endgültigen theoretischen Modells.

IA: *Stuart, wenn wir uns die Reichweite der Dekodier-Möglichkeiten anschauen, dann habe ich das Gefühl, dass es noch zwei andere Alternativen gibt, die beide aus verschiedenen Gründen unbefriedigend sind. Es gibt einerseits die traditionelle hermeneutische Verfahrensweise, bei der wir zwischen dem anfänglichen Verständnis des Texts und der Interpretation durch einen faktischen Leser unterscheiden. Das ist problematisch, weil ein allen Interpretationen gemeinsamer Bedeutungskern vorausgesetzt wird. Das ist schlechter, alter Essentialismus. Wenn man das ablehnt, hat man das Problem, nicht unterscheiden zu können zwischen einem abweichenden Dekodieren und einem oppositionellen – oder zwischen dem Verständnis eines Texts und oppositionellen Lesarten. In diesem Fall, also wenn jemand glaubt, der Text handle einfach von etwas vollkommen anderem, erscheint das wie eine oppositionelle Praxis. Die Frage ist, wie wir einen Weg zwischen diesen beiden Alternativen finden können; wir müssen die Praxis des Dekodierens auf eine Weise verstehen, die diese beiden Positionen umschifft. Der einzige Weg, den ich sehe, ist, dass wir beginnen, von »Interpretationsgemeinschaften« zu sprechen. Der Nutzen dieser Idee liegt darin, dass Lesarten in einem sozialen und institutionellen Rahmen lokalisiert werden, in einem Kontext, der sich von den Kodier-Institutionen unterscheidet. Ist das eine Untersuchungsmethode, die dir einleuchtet? Und was hältst du vom Begriff der »Interpretationsgemeinschaften«?*

Bislang ist mir die von dir vorgenommene Unterscheidung zwischen Verstehen und Interpretieren noch nicht ganz klar. Ich glaube, du hast wahrscheinlich recht, dass es sich bei den beiden um analytisch unterscheidbare Momente handelt, aber ich halte sie nicht für zwei verschiedene Aktivitäten. Deshalb ist es eine Art Übertreibung, wenn ich davon spreche, die Bedeutung anzuzweifeln – so als ob man nach dem Lesen wüsste, das ist die bevorzugte Bedeutung, und dann sagte: »Mir gefällt das nicht, deshalb werde ich es anders lesen.« Nur wenn ich mein Publikum überzeugen muss, dass es einen Unterschied gibt, spreche ich darüber als zwei separate Momente. Man hat vielleicht eine Ahnung, was der Text einem sagen will; im selben Moment kann man ihn aber schon nicht mehr so verstehen, sondern versteht ihn auf eine andere Art. In der Praxis lassen sich diese Momente analytisch nicht trennen; in meinem Text lassen sie sich analytisch nur trennen, weil es eben ein analytischer Text ist und er wie der Kreislauf funktioniert. Man muss ihnen eine gewisse Spezifität verleihen, um über ihre Artikulation reden zu können, aber in Wirklichkeit existieren sie gar nicht. Sie existieren nur als bereits artikulierte. Das ist natürlich etwas problematisch, weil sich dahinter noch ein anderes Problem verbirgt, nämlich: Gibt es Formen des Verständnisses, die intuitiver sind, die ideologisch nicht so strukturiert und bestimmt sind, Formen des Wissens, die nicht so klar auf die Codes bezogen werden können? Ich bin mir noch nicht sicher, wie ich darüber denke, aber ich glaube, das gibt es. Vielleicht habe ich einige Probleme umgangen, als ich Verstehen und Interpretieren als Teil eines Ganzen aufgefasst habe. Aber in meinem Aufsatz werden sie zweifellos so verwendet.

Was den Punkt angeht, den du ansprichst, nicht ganz in die entgegengesetzte Position zu verfallen, da glaube ich, dass Interpretation einen der besten Versuche darstellt, den idealtypischen Aspekt des Dekodier-Modells in empirische Forschung zu überführen. So sehen die Zuschauer aus: Sie teilen bestimmte Rahmenbedingungen für das Verstehen und Interpretieren. Sie teilen bestimmte Rahmenbedingungen der Lektüre. Es ist nicht das rein subjektive Lesen. Es ist geteilt. Es besitzt einen institutionellen Ausdruck, und das hat damit zu tun, dass man Teil dieser Institution ist. Deine Lesarten entstehen aus der Familie, in der du aufgewachsen bist, den Arbeitsplätzen, den Institutionen, denen du angehörst, aus den anderen Praktiken. Das ist, was ich denke, obwohl ich den Begriff »Interpretationsgemeinschaft« nicht verwende. Das ist auch, was Morleys Untersuchung antreibt – der Versuch, bestimmte Interpretationsgemeinschaften zu identifizieren, die einen bestimmten Dekodier-Rahmen teilen, um sie dann lose miteinander zu kontrastieren. Deshalb ist Morleys Forschung nur der erste Schritt der empirischen Anwendungen, Ausweitung und Entwicklung des Modells. Den Begriff »Interpretationsgemeinschaften« verwenden wir nicht.

Tony Bennett in seiner Arbeit über Bond spricht von »Lektüreformationen« – was eine weitere Art ist, darüber zu reden, dass Interpretationsgemeinschaften dieselben Werkzeuge bei der Textlektüre benutzen und dass es dabei nicht um eine solipsistische, individualisierte Sache geht. Auch das ist, glaube ich, ein sehr interessanter Ansatz. Morleys folgende Arbeit, die sich mit der Familie beschäftigt, stellt einen weiteren Ansatz dar, eine besondere Interpretationsgemeinschaft zu untersuchen, was aufgrund der häuslichen Natur des Fernsehens absolut wichtig ist. Sie besitzt den Vorteil, dass sie sehr zentral in die ganze Dekodier-Aktivität Genderfragen einbringt, die in dem Modell zurückgestellt blieben. Ich glaube also, man kann mit dem Begriff der »Interpretationsgemeinschaft« oder »Lektüreformation« sehr effektiv arbeiten, obwohl es problematisch ist, diese soziologisch identifizieren zu wollen. Trotzdem glaube ich, dass dies eine Möglichkeit darstellt.

CS: *Ich habe eine Frage zu den Interpretationsgemeinschaften. Ein Stück weit wurde der Begriff durch die Rezeptions- und Wirkungsästhetik geprägt, zum Beispiel durch Stanley Fish. Und Frank Lentricchia hat Fish dafür ins Gebet genommen, weil Fishs Interpretationsgemeinschaften nichts anderes sind als Akademiker an der US-amerikanischen Ostküste. Ich frage mich, wie du darauf reagierst, einerseits vor dem Hintergrund der Publikumsforschung wie sie Bennett und Morley betrieben haben, und andererseits vor dem der Rezeptions- und Wirkungs-Ansätze. Widersprechen sie sich?*

Ja, zuerst einmal Fish: Ich glaube, die Kritik ist wahrscheinlich richtig. Jeder hat seine bevorzugte Interpretationsgemeinschaft, in der wir die ganze Zeit leben und die wir mit dem Rest der Welt verwechseln. Das ist ein ständiges Problem im akademischen Leben.

Lesekompetenzen, falls sie existieren, sind wie Sprachkompetenzen, von denen wir alle wissen, dass sie grundsätzlich sozial sind. Es ist sinnlos, eine Sprache nur für sich selbst zu besitzen. Im seinem eigenen Kopf kann man ohne Sprache mit sich sprechen. Im Moment des Spracherwerbs befindet man sich aber in einer sozialen Situation. Ich glaube, Lesen ist eine derartige soziale Aktivität. Dann will man sagen: »Gut, was sind diese Gruppierungen?« Sie sind nicht notwendigerweise durch die soziale Analyse gegeben, weil sie nicht mit Klassen oder Ähnlichem zusammenfallen. Innerhalb jeder Klasse gibt es eine ganze Reihe von ihnen. Wie lassen sie sich auf eine Art und Weise analysieren, die dafür sensibel ist, dass wir versuchen, die Lesarten zu untersuchen? Mit beruflichen oder anderen vorhandenen soziologischen Kategorien lässt sich nichts ausrichten, weil interpretierende Lesarten sich mit mehreren von ihnen überschneiden. Diskurs und Ideologie besitzen spezifisch eigene Strukturen, die nicht einfach mit einer ökonomischen oder sozialen Struktur korrespondieren. Darauf läuft der Begriff der Interpretationsgemeinschaften im Grunde hinaus.

SJ: *Könntest du noch ein bisschen mehr dazu sagen, wie sich diese Aktivitäten empirisch untersuchen lassen. Und im Zusammenhang damit: Warum gibt es bislang so wenig kritische Untersuchungen des Publikums. Hältst du das für eine wichtige Entwicklungsperspektive? Ist das ein entscheidender und notwendiger nächster Schritt oder gibt es andere produktive Gebiete, denen wir uns zuwenden sollten? Könntest du in diesem Rahmen auch noch etwas über das Problem oder die Frage der ›Lust‹ sagen, die in neueren Untersuchungen, die von sich behaupten, sich mit dem Publikum zu befassen, häufig diskutiert wird?*

Warum es nicht mehr derartige Untersuchungen gegeben hat? Dafür gibt es eine Reihe von Antworten. Erstens stand ein Großteil der Cultural Studies während dieser Periode der Kommunikationsforschung sehr nah. Deshalb war die Inhaltsanalyse und die Untersuchung von ›Effekten‹ auf das Publikum ein dominierendes Thema der Cultural Studies. Aber nach diesem Zeitpunkt (als der Kodier/Dekodier-Essay geschrieben wurde) begannen sich die Dinge zu ändern. Der Kodier/Dekodier-Aufsatz entstand kurz vor der von Barthes eingeläuteten Verschiebung von der Interpretation zum Begriff der Textualität und später zu dem des Begehrens und der Lust am Text. Das ist der Moment, an dem sich die Cultural Studies von der Kommunikationsforschung zur Literaturtheorie hinwandten, zum filmischen Text, zur Psychoanalyse, zum Feminismus und zu den Anfängen des Poststrukturalismus. All das förderte eine Abwendung von der empirischen Arbeit, die einige machen wollten, und auch vom Kodieren/Dekodieren-Modell zugunsten anderer Fragestellungen. Ich glaube zwar, dass dieses Modell seine Probleme hat, wie ich ja deutlich gemacht habe, aber es liegt nicht nur daran. Es hat auch mit der [wirtschaftlichen] Konjunktur zu tun.

Kurz nach der Fertigstellung des Kodier/Dekodier-Aufsatzes bemühten wir uns um eine Finanzierung, um daraus ein empirisch anwendbareres Modell zu entwickeln. Das ist eine institutionelle Frage – kurz: Wir konnten keine Finanzierung auftreiben. Für eine groß angelegte Wirkungsstudie hätten wir über Nacht Geld bekommen. Wenn wir gewollt hätten, hätte das jeder finanziert. Aber niemand wollte Ansätze finanzieren, die das Dekodieren untersuchen. Schließlich kam Dave Morley an das Centre [for Mass Communications Research], und dann bekamen wir ein bisschen Geld, mit dem Dave Teilzeit an dem *Nationwide*-Projekt arbeiten konnte. Damals begann auch Charlotte Brundsen aus einer stärker feministischen Perspektive über Vorabendserien und Seifenopern zu arbeiten. Und wir haben ein kleines Rechercheteam zusammengestellt. Das *Nationwide*-Projekt war so oberflächlich, weil es nur mit ein paar Groschen realisiert wurde und deshalb die Interpretationsgemeinschaften empirisch nicht wirklich definieren konnte. Wir mussten dabei etwas schummeln und sagen: »Wir vermuten, dass es sich lohnt, diese drei zu untersuchen.« Viele Probleme sind das Resultat des mangelnden Willens auf Seiten von Förderinstitutionen, so etwas auch institutionell weiterzuverfolgen.

Wenn jemand heute sagen würde: »Cultural Studies ist heutzutage das große Ding, das wir finanzieren wollen« – würde ich dann zum Kodier/Dekodier-Modell zurückkehren? Ich glaube nicht. Es hat noch immer seine Stärken: auf dem Bereich der Kommunikationsforschung, bei der Analyse der Kommunikationsinstitutionen und -netzwerken und bei der Analyse des Publikums. Auf all diesen Gebieten kann man mit dem Modell etwas anfangen. Meine Zweifel haben nichts damit zu tun, dass ich glauben würde, das Modell könne keine weitere Arbeiten anregen (obwohl ich auf das bestehe, was ich vorher gesagt habe – wenn man mit dem Modell arbeiten will, muss man es verändern und weiterentwickeln). Die Frage ist nicht, ob das Modell praktisch und empirisch angewendet werden kann. Man muss sowohl das Modell wie seine empirische Anwendung bearbeiten. In der Kommunikationswissenschaft könnte das noch immer etwas bringen. Ich glaube, es kann auch auf dem Gebiet, nach dem du vorher gefragt hast, nämlich der Rezeptionsforschung, etwas ausrichten. Ein ähnliches Modell wurde dort anhand der Frage entwickelt, wie man das Publikum bestimmter literarischer Texte verstehen soll. Obwohl das Modell nicht exakt dasselbe ist, glaube ich, dass das Kodier/Dekodier-Modell zu solchen Arbeiten etwas beisteuern kann.

Für mich sind aber die theoretischen und philosophischen Grundlagen des Modells ein bisschen durch den Poststrukturalismus demontiert oder dekonstruiert worden, weil sich Textualität – im Sinne von Barthes – nicht mehr der Identifikation jener klar unterscheidbaren analytischen Momente des Kodierens und Dekodierens unterwerfen lässt. Ich kann das nur räumlich beschreiben. Er ebnet meinen Kreislauf ein. Statt eines Kreislaufs, der eine klare Bewegung beschreibt, ordnet er Lesen und die Produktion von Bedeutung nebeneinander an. Statt eines Kreislaufs entwirft er eine Ebene. Mit dem Begriff des Dekodierens versuche ich die Frage des Lesens zu kontrollieren, ihr ein bisschen mehr Struktur zu geben, damit wir über sie etwas herausfinden können. Aber auf dem Höhepunkt der Textualität, der Idee der Textualität bei Barthes, besonders in die *Lust am Text*, gibt es keine Kontrolle mehr. Warum? Teilweise, weil das Modell von einem anderen Punkt aus dezentriert wird; es ist – entschuldige die räumliche Metapher – von ganz unten her dezentriert. Weil nicht nur Textualität und Interpretation eine breitere, seitwärts ausgedehntere Bedeutung bekommen haben, sondern auch, weil Fragen des Unbewussten, der Psychoanalyse und des Feminismus zu dem Modell hinzugekommen sind. An dem Moment fragt man sich: Was für ein Spiel gibt es zwischen den Bedeutungstexturen, die sich nicht auf die Interpretationscodes der Semiotik bringen lassen – wie funktioniert die Semiotik des Unbewussten oder Semiotik von Genderpositionierungen neben der Semiotik der politischen Ideologie? Dadurch gewinnt man eine sehr viel stärker zersplitterte Vorstellung von der Bedeutung der Interpretation. Mein Modell ist sehr kognitiv ausgerichtet. Es ist nicht richtig, glaube ich, dass sich im Zentrum des Kodier/Dekodier-Modells das cartesianische Subjekt verbirgt; es ist bereits ein dezentriertes Subjekt. Aber es ist noch immer ein gewissermaßen kognitiv dezentriertes Subjekt; es ist noch immer ein Subjekt, das von vielen interpretativen Codes umgetrieben wird. Es ist aber noch kein Subjekt mit einem Unbewussten. Wenn daraus ein Subjekt mit einem Unbewussten wird, in dem Textualität auch die lustvolle Reaktion auf einen Text oder den lustvollen Konsum des Texts beinhaltet, dann wird es sehr schwierig, das auf eine empirisch beobachtbare und über Verhaltensmuster identifizierbare Weise zu bestimmen.

Eines der Probleme dieser neueren Entwicklung innerhalb der Literaturtheorie ist, dass sie unser Verständnis erweitert, wie komplex Bedeutung tatsächlich ist und wie viele verschiedene determinierende Momente dabei eine Rolle spielen. Wir wissen dadurch viel mehr, haben aber auch größere Schwierigkeiten, dies für eine empirisch nachvollziehbare Forschung fruchtbar zu machen. Das ist einer der Gründe dafür, dass wir heute das Problem haben, dass jetzt jeder Literaturtheoretiker ist – nach dreißig Jahren ist das ziemlich überraschend. Wir sind heimlich zu jener Art von undisziplinierter literarischer Lektüre zurückgekehrt, die unser Ansatz ja eigentlich mit einem Fundament versehen wollte. Der erwuchs aus der Unzufriedenheit damit, dass alle am Tisch von Leavis saßen und sagten: »Das ist, was der Text bedeutet, oder?« Die Vorstellung, die man sich von Leavis macht, ist die einer perfekten Interpretationsgemeinschaft am Downing College, Cambridge. Da das hochgradig selektive Bildungssystem in England all die anderen Interpretationsgemeinschaften wie Unkraut zum Verschwinden gebracht hat, konnte man am Downing College schließlich die acht idealtypischen Leser finden, und natürlich entwarfen sie eine allgemeingültige, intellektuell verallgemeinerbare Lesart. Sie konnten genau sagen, an welchem Punkt *The Portrait of a Lady* kein guter Text mehr ist, sondern zu einem schlechten wird. Wir hätten alle zugestimmt und einen Konsens hergestellt, die ideale Lesart. Auf lustige Weise, nicht auf die konsensuelle, sind wir dahin zurückgekehrt, dass Leute ihrem intuitiven Verständnis des Textes wieder vertrauen und ihm eine Authentizität und Validität zuschreiben. Das ist eine sehr weit ausholende Antwort auf deine Frage, aber sie unterminiert so die Gewissheit, dass ich einfach das Kodier/Dekodier Modell wieder aufnehmen könnte und auf die Straße gehen, das Publikum identifizieren und das Kodieren und das Dekodieren untersuchen.

Wenn aber jemand glaubt, dass das Kodier/Dekodier-Modell noch genug Antworten für ein aktuelles Problem anbietet, dann nur zu, reformuliert es und versucht es. Ich selbst würde es wahrscheinlich nicht tun, weil ich an einer Reihe von anderen Problemen arbeite. Aber jemand anders ist vielleicht genau an einem Punkt, wo es ihm etwas bringt. Theorie und durch theoretische Fragen inspirierte empirische Forschung muss innerhalb einer Reihe von Paradigmen stattfinden und einen eigenen paradigmatischen Ausgangspunkt entwerfen. Deshalb würde ich nicht sagen: »Versucht nicht, mein Modell anzuwenden.« Ich würde gerne sehen, wie es angewendet wird, denn selbst zur Zeit seiner Entstehung, glaube ich, kam es nicht ausreichend auf seine Kosten. Damals hätte ich es sehr gerne einem gut konstruierten Test unterzogen, um zu sehen, was es bringt und wie es sich dadurch hätte verbessern lassen. Aber diese Chance hatten wir nicht.

Aus dem Englischen von Tobias Nagl

Das Spektakel des ›Anderen‹

1. Einleitung

Wie repräsentieren wir Menschen und Orte, die sich wesentlich von uns unterscheiden? Warum ist ›Differenz‹ ein so zwingendes Thema, ein so umkämpfter Bereich der Repräsentation? Was ist die geheime Faszination von ›Andersheit‹ und warum bezieht sich alltagskulturelle Repräsentation so häufig darauf? Welche typischen Formen und Praktiken werden heute angewandt, um ›Differenz‹ in der Alltagskultur zu repräsentieren und wo kommen diese populären Figuren und Stereotypen her? Dies sind einige der Fragen, die wir in diesem Artikel behandeln werden. Wir werden uns dabei vor allem solchen Repräsentationspraktiken zuwenden, die wir ›Stereotypisieren‹ nennen, und hoffen, damit verständlich zu machen, wie das ›Spektakel des Anderen‹ funktioniert. Was in diesem Zusammenhang über rassisierte Differenz gesagt wird, kann auch auf andere Dimensionen der Differenz wie Geschlecht, Sexualität, Klasse und Behinderung übertragen werden.

Unser Fokus richtet sich auf die vielfältigen Bilder, die in der Alltagskultur und den Massenmedien zur Schau gestellt werden. Dazu gehören unter anderem kommerzielle Werbebilder und Illustrationen aus Magazinen, die rassistische Stereotypen aus der Zeit der Sklaverei oder des populären Imperialismus des späten neunzehnten Jahrhunderts transportieren. Im vorliegenden Text werden diese Geschichten auf die Gegenwart bezogen. Er beginnt daher mit Bildern aus der konkurrenzgeprägten Welt der modernen Leichtathletik. Die Frage, vor die uns dieser historische Vergleich stellt, ist folgende: Hat sich das Repertoire der Repräsentationen von ›Differenz‹ und ›Andersheit‹ verändert oder sind in der heutigen Gesellschaft nach wie vor Elemente aus früheren Epochen lebendig?

Die theoretische Diskussion um ›Stereotypisierung‹ als Repräsentationspraxis wird hier somit nicht um ihrer selbst willen geführt, sondern in die historischen Beispiele eingewoben. Der Artikel endet mit der Betrachtung einer Anzahl unterschiedlicher Strategien, die darauf ausgerichtet sind, in das Feld der Repräsentation einzugreifen, ›negative‹ Bilder in Frage zu stellen, und Praktiken der Repräsentation rund um das Thema ›Race‹ eine ›positivere‹ Richtung zu geben. Dabei wird die Frage aufgeworfen, ob es eine effektive ›Politik der Repräsentation‹ geben kann. Bereits an dieser

Stelle sei darauf hingewiesen, dass Repräsentation als Konzept und Praxis eine komplexe Angelegenheit ist. Sie mobilisiert, besonders wenn sie mit ›Differenz‹ arbeitet, im Betrachter oder in der Betrachterin tief sitzende Gefühle, Geisteshaltungen, Ängste und Befürchtungen, für die es keine einfachen, dem Alltagsverstand problemlos zugänglichen Erklärungen gibt.

1.1 *Helden oder Schurken?*

Abbildung 1: »Helden und Schurken«, Titelbild des *The Sunday Times Magazine*, 9. Oktober 1988.

Abbildung 1 zeigt ein 100-Meter-Finale der Männer bei den Olympischen Spielen 1988, das auf dem Titelblatt des Olympia-Sonderteils der *Sunday Times* erschienen ist. Es zeigt den Schwarzen kanadischen Sprinter Ben Johnson, wie er in Rekordzeit vor Carl Lewis und Linford Christie gewinnt: fünf Spitzenathleten in Aktion, auf dem Gipfel ihrer physischen Leistungsfähigkeit. Alle sind Männer und – wie die Leserin oder der Leser jetzt vielleicht zum ersten Mal bewusst feststellen wird – alle sind Schwarz!

Was ist die Botschaft, die mit diesem Bild transportiert wird? In Barthes' Worten, was ist sein ›Mythos‹? Eine mögliche Botschaft betrifft die rassisierte Identität der Athleten. Sie gehören alle einer rassisiert definierten Gruppe an – einer oft gerade aufgrund ihrer Race und Hautfarbe diskriminierten Gruppe, von der wir es eher gewohnt sind, sie in den Nachrichten als Opfer und Verlierer zu sehen. Hier jedoch sind sie die Gewinner! Aus dem Blickwinkel der Differenz liegt darin eine positive Botschaft: es handelt sich um einen triumphalen Moment, einen Grund zum Jubeln. Warum aber lautet die Bildunterschrift dann: »Helden und Schurken«? Wer ist hier der Held, wer der Schurke?

Selbst wenn man sich nicht für Leichtathletik interessiert, ist die Antwort nicht schwer zu entdecken. Obwohl scheinbar die Olympiade darstellend, ist das Foto tatsächlich ein Aufmacher für die Titelgeschichte des Magazins, die sich mit der wachsenden Bedrohung der internationalen Leichtathletik durch Doping befasst. Ben Johnson wurde nach seinem Sieg die Einnahme von leistungssteigernden Medikamenten nachgewiesen. Er wurde daraufhin disqualifiziert, aus dem internationalen Leichtathletikverband ausgeschlossen, und die Goldmedaille wurde an Carl Lewis verliehen. Zunächst einmal legt diese Geschichte nahe, dass *alle* Athleten – Schwarz oder Weiß – potenzielle ›Helden‹ oder ›Schurken‹ sind. Aber in dem Titelbild personifiziert Ben Johnson diese Spaltung auf eine besondere Art. Er ist *gleichzeitig* ›Held‹ und ›Schurke‹ und vereint diese extremen Alternativen in einem Schwarzen Körper.

An Hand dieses Beispiels lassen sich mehrere Aussagen darüber treffen, wie die Repräsentation von ›Race‹ und ›Andersheit‹ funktioniert und wie das Foto als ›Mythos‹ wirkt. Zum einen enthält es eine wörtliche, bezeichnende Ebene der Bedeutung – dies *ist* ein Bild des 100-Meter-Finales und die Person ganz vorne *ist* Ben Johnson. Zum anderen transportiert es eine mehr konnotative und thematische Bedeutung – die Doping-Geschichte. Und in die ist das Unterthema von ›Race‹ und ›Differenz‹ eingebaut. Das Foto ist, wie visuelle Darstellungen häufig, sehr kraftvoll. Aber seine *Bedeutung* ist höchst ambivalent. Wenn man den Kontext nicht kennt, könnte man versucht sein, es als einen Moment uneingeschränkten Triumphs zu lesen. Und man würde nicht ›falsch‹ liegen, denn dies ist tatsächlich eine Botschaft, die einem das Bild vermitteln kann. Aber, wie die Bildunterschrift nahe legt, steht es hier gerade *nicht* als eines des uneingeschränkten Triumphes. Das gleiche Foto kann also mehrere recht unterschiedliche, manchmal diametral entgegengesetzte potenzielle Bedeutungen tragen. Es kann ein Bild der Schande oder des Triumphes sein, oder beides. Aber es gibt nicht die *eine* wahre Bedeutung. Bedeutung ›fließt‹, sie kann nicht endgültig festgeschrieben werden. In der Praxis der Repräsentation werden jedoch ständig Versuche unternommen, in die vielen potenziellen Bedeutungen des Bildes zu intervenieren und einer davon zu einem privilegierten Status zu verhelfen.

Daher müssen wir, anstatt nach einer ›wahren‹ oder einen ›falschen‹ Bedeutung zu suchen, die Frage stellen, welche der vielen möglichen Bedeutungen in dem Olympia-Sonderteil hervorgehoben werden soll. Welches ist die bevorzugte unter ihnen? Ben Johnson ist hier das Schlüsselelement, denn er ist gleichzeitig ein herausragender Gewinner und Rekordbrecher, und ein Athlet, der aufgrund des Dopings sein Gesicht verloren hat. Es stellt sich somit heraus, dass die bevorzugte Bedeutung *sowohl* ›Heldentum‹ *als auch* ›Schurkerei‹ ist. Die paradoxe Botschaft, die damit vermittelt wird, könnte wie folgt lauten: »Der Moment, in dem der Held triumphiert, ist gleichzeitig ein Moment von Schurkerei und moralischer Niederlage.« Diese Interpretation ergibt sich vor allem aus dem Untertitel »HELDEN UND SCHURKEN«. Roland Barthes (1977) argumentiert, dass es häufig der Untertitel ist, durch den eine der vielen möglichen Bedeutungen ausgewählt und in Worten verankert wird. Die ›Bedeutung‹ einer Fotografie liegt also nicht ausschließlich im Bild, sondern im Zusammenwirken von Bild *und* Text begründet. Zwei Diskurse – der Diskurs der geschriebenen Sprache und der Diskurs der Fotografie – werden benötigt, um die Bedeutung zu produzieren und festzuschreiben (siehe Hall, 1972a).

Wie erwähnt, kann das Foto darüber hinaus in Bezug auf die Konnotationen gelesen werden, die es zu Race enthält. In diesem Fall könnte die Botschaft darin liegen, dass Schwarze gezeigt werden, wie sie etwas gut machen: »*Endlich* gewinnen sie!« Aber hat sich im Lichte der ›bevorzugten Bedeutung‹ nicht auch die Bedeutung bezüglich ›Race‹ und ›Andersheit‹ verändert? Wird nicht eher ein Eindruck vermittelt wie: »Sogar wenn Schwarze auf dem Höhepunkt ihrer Leistung gezeigt werden, versagen sie oft, wenn es darum geht, den Gewinn davonzutragen«? Diese Zweideutigkeit ist wichtig, denn sie verdeutlicht, dass Menschen, die auf irgendeine signifikante Weise von der Mehrheit verschieden – ›sie‹ und nicht ›wir‹ – sind, oft *binären* Formen der Repräsentation ausgesetzt werden. Sie werden scheinbar durch gegensätzliche, polarisierte, binäre Extreme wie gut/schlecht, zivilisiert/primitiv, hässlich/übermäßig attraktiv, abstoßend-weil-anders/anziehend-weil-fremd-und-exotisch repräsentiert. Und oft wird von ihnen gefordert, *beides zur gleichen Zeit zu sein!* Wir werden unten auf diese gespaltenen Figuren oder ›Tropen‹ der Repräsentation zurückkommen.

Zunächst jedoch schauen wir uns ein anderes, ähnliches Pressefoto an, dieses Mal von einem anderen rekordbrechenden 100-Meter-Finale (Abbildung 2, nächste Seite). Es zeigt Linford Christie, der gerade das Rennen seines Lebens gewonnen hat und wenig später Kapitän des britischen olympischen Kaders wird, auf dem Höhepunkt seiner Karriere. Das Bild fängt seinen Triumph im Moment der Ehrenrunde ein. Er trägt dabei den Union Jack. Wie ist dieses Bild angesichts der vorangegangenen Diskus-

Abbildung 2: Linford Christie, einen Union Jack haltend, nachdem er die olympische Goldmedaille im 100-Meter-Sprint der Herren gewonnen hat, Barcelona 1992.

sion zu verstehen? Was ›sagt‹ es über Race und kulturelle Identität?

Natürlich gibt es keine ›richtige‹ oder ›falsche‹ Antwort auf diese Frage. Das Bild trägt viele Bedeutungen, die alle gleich plausibel sind. Es ist wichtig zu betonen, dass dieses Bild ein Ereignis zeigt (›Denotation‹), und eine ›Botschaft‹ oder Bedeutung (›Konnotation‹) – Barthes würde es eine ›Meta-Botschaft‹ oder einen ›Mythos‹ nennen – bezüglich ›Race‹, ›Hautfarbe‹, oder ›Andersheit‹ transportiert. Wir können nicht anders, als Bilder dieser Art als Aussagen nicht nur über Menschen oder Ereignisse, sondern auch über ihre ›Andersheit‹, ihre ›Differenz‹, zu lesen. ›*Differenz*‹ *ist kenntlich gemacht worden.* Wie sie dann jedoch interpretiert wird, ist eine permanente und wiederkehrende Problematik bei der Repräsentation von Menschen, die sich rassisiert oder ethnisch von der Mehrheitsbevölkerung unterscheiden. Differenz schafft Bedeutung. Sie ›spricht‹.

In einem späteren Interview äußerte sich Christie über Fragen seiner kulturellen Identität (*The Sunday Independent*, 11. November 1995). Er hat sehr emotionale Erinnerungen an Jamaika, wo er geboren wurde und bis zum Alter von sieben Jahren lebte. Aber »ich lebe hier (in Großbritannien) seit achtundzwanzig Jahren. Ich kann nichts anderes als britisch sein. « (18) Allerdings ist die Sache nicht ganz so einfach. Christie ist sich vollkommen bewusst, dass bei den meisten Definitionen von Britischsein davon ausgegangen wird, dass eine dazu gehörende Person ›Weiß‹ ist. Es ist viel schwerer für Schwarze, wo immer sie geboren sind, als ›britisch‹ akzeptiert zu werden. 1995 musste das Cricket-Magazin *Wisden* Schwarzen Athleten Schadensersatz wegen Rufschädigung bezahlen, weil es behauptet hatte, dass man nicht damit rechnen könne, dass sie als Schwarze die gleiche Loyalität und den gleichen Einsatz zeigen würden, um für England zu gewinnen. Christie weiß also, dass jedes Bild auch hinsichtlich dieser weiter gefassten Frage kultureller Zugehörigkeit und Differenz ›gelesen‹ wird.

Tatsächlich machte er seine Bemerkungen im Kontext einer negativen Öffentlichkeit, der er in einigen Sektoren der britischen Boulevardpresse ausgesetzt war und die zu einem großen Teil aus einem vulgären unausgesprochenen, auf seine Kosten gehenden ›Witz‹ resultiert. Und zwar, dass die engen Lycrashorts, die er trägt, die Größe und die Form seiner Genitalien zeigen würden. Das war genau das Detail, auf das sich die Berichterstattung der *Sun* am Morgen nach seinem Sieg konzentrierte. Christie wurde in der Boulevardpresse zum Gegenstand eines fortgesetzten Getratsches über die Unübersehbarkeit und Größe seiner ›Lunchbox‹ – ein Euphemismus, der teilweise so wörtlich genommen wurde, dass, wie er offenbarte, eine Firma ihre Frühstücksdosen mit seinem Image bewerben wollte! Linford Christie bemerkte zu diesen Anspielungen: »Ich fühlte mich gedemütigt … Meine erste instinktive Reaktion war, dass das rassistisch war. Da haben wir's: ein Schwarzer Mann wird zu einem Stereotyp gemacht. Ich kann einen guten Witz vertragen. Aber dies geschah einen Tag nachdem ich die größte Auszeichnung gewonnen hatte, die ein Athlet gewinnen kann … Ich möchte nicht durch mein Leben gehen und dabei für das bekannt sein, was ich in der Hose habe. Ich bin eine ernsthafte Person …« (15).

Was passiert hier? Ist das nur ein schlechter Scherz oder liegt dahinter eine tiefere Bedeutung? Was haben Sexualität und Geschlecht mit den Bildern von Schwarzen Männern und Frauen zu tun? Warum sagte der Schwarze französische Autor Frantz Fanon aus Martinique, dass Weiße Menschen besessen seien von der Sexualität Schwarzer Menschen? Sie ist der Gegenstand einer weit verbreiteten Phantasie, die den Schwarzen Mann über seine Genitalien definiert. »Man ist sich nicht länger des Schwarzen bewusst, sondern nur seines Penis; der Schwarze wird in den Hintergrund gedrängt. Er wird in einen Penis verwandelt« (Fanon 1986/1952, 170). Ein französischer Autor, Michel Cournot, den Fanon zitiert, schrieb: »Vier Schwarze mit ihren entblößten Penissen würden eine Kathedrale füllen«. (ebd., 169) In welcher Beziehung stehen diese sexuellen Fantasien in der Repräsentation von ›Andersheit‹ und Differenz zu Race und Ethnizität?

Indem wir Race, Ethnizität und Hautfarbe um Sexualität und Geschlecht ergänzen, haben wir eine andere Dimension in die Repräsentation von Differenz eingeführt. Es ist sehr wohl anerkannt, dass Sport eines der wenigen Felder ist, auf dem Schwarze überragende Erfolge haben. Und es scheint natürlich, dass Bilder von Schwarzen, die aus dem Sport stammen, den Körper betonen, der schließlich das Instrument der athletischen Leistung darstellt. Es ist jedoch schwer, Bilder von Körpern in Bewegung und auf dem Höhepunkt ihrer physischen Perfektion zu produzieren, ohne dass sie auf irgendeine Weise eine ›Botschaft‹ über *Geschlecht* und *Sexualität* transportieren. Worin bestehen diese ›Botschaften‹, wenn sie sich auf Schwarze Athleten beziehen?

Als Beispiel kann ein weiteres Foto aus dem Olympia-Sonderteil der *Sunday Times* von 1988 dienen, das die Schwarze amerikanische Sprinterin Florence Griffith-Joyner zeigt, die in Seoul drei Goldmedaillen gewonnen hat (Abbildung 3). Können wir dieses Foto lesen, ohne eine Botschaft über Race, Geschlecht und Sexualität wahrzunehmen – selbst wenn deren konkreter Inhalt mehrdeutig bleibt? Gibt es irgendeinen Zweifel, dass das Foto auf allen drei Ebenen ›bedeutet‹? In der Repräsentation scheint eine Differenz die andere anzuziehen – so dass sie sich zu einem ›Spektakel‹ der ›Andersheit‹ summieren. In diese Richtung deutet auch eine Bemerkung von ›Flo-Jos‹ Ehemann Al Joyner, die in dem Text zum Foto zitiert wird: »Jemand behauptet, dass meine Ehefrau wie ein Mann aussehe.« Das Gleiche gilt für ein Foto auf der nächsten Seite desselben Artikels. Hier ist Al Joyners Schwester Jackie Joyner-Kersee zu sehen, die in Seoul ebenfalls eine Goldmedaille gewonnen und Weltrekorde im Siebenkampf gebrochen hat, wie sie sich auf einen Speerwurf vorbereitet. Als Begleittext fungiert wiederum eine Bemerkung Al Joyners: »Jemand sagt, meine Schwester sehe aus wie ein Gorilla.« (Abbildung 4)

Abbildung 3: Florence Griffith-Joyner.

Abbildung 4: Jackie Joyner-Kernsee.

Es muss noch etwas Zusätzliches über diese Fotos von Schwarzen Athleten festgestellt werden. Sie erlangen erst dann eine Bedeutung, wenn sie im Zusammenhang, gegen- oder in Verbindung miteinander gelesen werden. Sie ›bedeuten‹ also nicht aus sich selbst heraus, sondern akkumulieren oder spielen ihre Bedeutungen über eine Vielzahl von Texten und Medien hinweg gegeneinander aus. Jedes Bild trägt zwar durchaus seine eigene spezifische Bedeutung. Analysiert man aber die Formen, in denen Differenz und ›Andersheit‹ in einem historischen Moment in einer bestimmten Kultur repräsentiert werden, wird deutlich, dass sich ähnliche Repräsentationspraktiken und -figuren, wenn auch mit Variationen, von einem Text oder einem Element der Repräsentation zum anderen wiederholen. Diese Anhäufung und Veränderung von Bedeutungen über verschiedene Texte hinweg wird Inter-Textualität genannt und das gesamte Repertoire an Bildern und visuellen Effekten, durch das ›Differenz‹ in einem beliebigen historischen Moment repräsentiert wird, wird als *Repräsentationsregime* bezeichnet.

Ein interessantes Beispiel für Inter-Textualität findet sich in Abbildung 5. Es zeigt Carl Lewis, einen der Sprinter von Bild 1, in einer Pirelli-Werbung. Auf den ersten Blick fasst das Bild die Echos aller vorhergehenden Bilder zusammen – durchtrainierte athletische Körper, angespannt in der Bewegung, Supermänner und -frauen. Aber hier ist die Bedeutung auf andere

Abbildung 5: Carl Lewis, fotografiert für eine *Pirelli*-Anzeigenkampagne.

Art gebrochen. Pirelli ist eine Reifenfirma, die dafür bekannt ist, Kalender mit Bildern schöner, knapp bekleideter Frauen in provokativen Posen zu produzieren – der typische ›Pin-up‹. In welchem dieser zwei Kontexte sollten wir Carl Lewis' Bild ›lesen‹? Ein Schlüssel für die Interpretation liegt in der Tatsache, dass, obwohl Lewis männlich ist, er in der Anzeige elegante, hochhackige rote Schuhe trägt!

Dieses Bild funktioniert, indem es ›Differenz‹ kenntlich macht. Die herkömmliche Identifikation von Lewis mit einem Schwarzen männlichen Athleten und mit einer Art ›Super-Männlichkeit‹ wird durch die Anrufung seiner ›Weiblichkeit‹ gestört und unterbrochen – und die roten Schuhe wirken dabei als Signifikant. Die sexuelle und rassisierte Bedeutung wird somit mehrdeutig. Der supermännliche Schwarze Athlet ist vielleicht nicht ganz so, wie er scheint. Die Vieldeutigkeit verstärkt sich, wenn dieses Bild mit den anderen Pressebildern von Schwarzen Athleten – mit den Stereotypen, die wir zu sehen gewohnt sind – verglichen wird. Seine Bedeutung ist textübergreifend, was heißt, dass es gegen den Strich gelesen werden muss. Verstärkt oder untergräbt dieses Foto das Stereotyp? Einige sagen, es sei nur ein Witz der Werbeagentur. Andere argumentieren, dass Carl Lewis es zugelassen habe, sich von einer großen Werbeagentur ausbeuten zu lassen. Andere wiederum meinen, dass er ganz bewusst gehandelt habe, um das traditionelle Bild Schwarzer Männlichkeit in Frage zu stellen und anzufechten.

Im Lichte dieses Beispiels können wir unsere Ausgangsfrage präziser formulieren. Warum ist ›Andersheit‹ ein so zwingendes Objekt der Repräsentation? Was sagt uns das Kenntlichmachen rassisierter Differenz über Repräsentation als Praxis? Durch welche Repräsentationspraktiken wird rassisierter und ethnischer Differenz eine Bedeutung gegeben? Was sind die diskursiven Formationen, die Repertoires und Regime der Repräsentation, auf die die Medien zurückgreifen, um Differenz darzustellen? Warum ist eine Dimension von Differenz – zum Beispiel Race – von anderen Dimensionen wie Sexualität, Geschlecht und Klasse durchkreuzt? Und wie hängt die Repräsentation von Differenz mit Fragen der Macht zusammen?

1.2 *Warum spielt Differenz eine Rolle?*

Bevor wir weitere Beispiele heranziehen, wollen wir einige der Probleme näher untersuchen, die sich aus unserer ersten Frage ergeben. Warum spielt Differenz überhaupt eine Rolle und wie können wir die Faszination für ›Andersheit‹ erklären? Auf welche theoretischen Argumente können wir zurückgreifen, um diese Frage anzugehen?

Fragen der Differenz sind in den Cultural Studies in den letzten Jahrzehnten in den Blick gerückt und von verschiedenen Disziplinen unterschiedlich bearbeitet worden. In diesem Abschnitt betrachten wir komprimiert vier solcher theoretischen Ansätze. Bei jedem wird damit begonnen, zu zeigen, wie wichtig Differenz ist und was als ihre positiven Aspekte betrachtet wird. Daran anschließend werden ihre jeweils als eher negativ gesehenen Elemente dargestellt. Beides zusammengedacht wird deutlich, warum Differenz sowohl notwendig als auch gefährlich ist.

1. Der erste Ansatz kommt aus der Linguistik. Er wird mit Saussure und der Verwendung von Sprache als Modell dafür, wie Kultur funktioniert, assoziiert. Das Hauptargument, das hier vorgebracht wird, ist, dass Differenz deshalb ins Gewicht fällt, weil sie essentiell für Bedeutung ist; ohne sie kann Bedeutung nicht existieren. Wir wissen, was Schwarz bedeutet, argumentiert Saussure, nicht weil es irgendeine Essenz des Schwarzseins gibt, sondern weil wir es mit seinem Gegenteil kontrastieren können – Weiß. Bedeutung, führt er aus, ist relativ. Es ist der Unterschied zwischen Schwarz und Weiß, der sie schafft. Carl Lewis kann auf dem Pirelli-Foto ›Weiblichkeit‹, oder die ›weiblichen‹ Seiten von Männlichkeit darstellen, weil er seine Differenz von den traditionellen Stereotypen Schwarzer Männlichkeit kenntlich machen kann. Hierbei fungieren die roten Schuhe als Signifikanten für Weiblichkeit. Dieses Prinzip gilt auch für breiter angelegte Konzepte. Wir wissen, was ›Britischsein‹ ist, nicht nur wegen bestimmter nationaler Charakteristika, sondern auch weil wir seine Differenz von seinen ›Anderen‹ definieren können – ›Britischsein‹ ist nicht-französisch, nicht-amerikanisch, nicht-deutsch, nicht-jamaikanisch und so weiter. Das ermöglicht es Linford Christie, sein ›Britischsein‹ durch die Flagge auszudrücken und gleichzeitig in Frage zu stellen, dass ›Britischsein‹ immer mit ›Weißsein‹ einhergehen muss.

Bedeutung hängt somit von der Differenz zwischen Gegensätzen ab. Binäre Gegensätze – Weiß/Schwarz, Tag/Nacht, männlich/weiblich, britisch/ausländisch – sind jedoch trotz ihrer Nützlichkeit, die Vielfalt der Welt in ihren Entweder/Oder-Extremen zu fassen, ziemlich rohe und reduktionistische Mittel, um Bedeutung herzustellen. Zum Beispiel gibt es in der so genannten Schwarzweiß-Fotografie tatsächlich kein reines Schwarz oder Weiß, sondern nur variierende Schattierungen von Grau. ›Schwarz‹ geht unmerklich in ›Weiß‹ über, so wie die Menschen sowohl ›männliche‹ als auch ›weibliche‹ Seiten ihrer Natur haben. Binäre Gegensatzpaare tendieren jedoch dazu, in ihrer rigiden dualen Struktur übervereinfachter Darstellung alle diese Variationen und Unterschiede aufzusaugen und unkenntlich zu machen. Und noch wesentlicher ist, wie der Philosoph Jacques Derrida ausgeführt hat, dass es sehr wenige neutrale binäre Gegensätze gibt. Ein Pol des Gegensatzpaares, argumentiert er, ist gewöhnlich der dominante, der den anderen in seinem Operationsfeld einschließt. Es besteht immer eine Machtbeziehung zwischen den Polen binärer Oppositionen (Derrida, 1974). Wir sollten daher Weiß/Schwarz, Männer/Frauen, männlich/weiblich, Oberklasse/Unterklasse, britisch/ausländisch schreiben, um diese Machtdimension im Diskurs zu fassen.

2. Die zweite Erklärung kommt ebenfalls aus der Sprachtheorie. *In diesem Fall geht es um die Erkenntnis, dass wir Differenz brauchen, weil wir Bedeutung nur durch einen Dialog mit dem ›Anderen‹ herstellen können.* Der große russische Linguist und Kritiker Michail Bachtin, der in den 1940ern mit dem stalinistischen Regime in Konflikt geriet, untersuchte Sprache nicht (wie Saussure) als ein objektives System, sondern daraufhin, wie Bedeutung im Dialog zwischen zwei und mehr Sprechern aufrechterhalten wird. Bachtin führt aus, dass Bedeutung niemals irgendeinem einzelnen Sprecher gehört, sondern erst im Geben und Nehmen zwischen verschiedenen Sprechern entsteht. »In der Sprache gehört das Wort zur Hälfte jemand anderem. Es wird nur zum eigenen, wenn [[…]] es sich der Sprecher aneignet, indem er es an seine expressive semantische Intention anpasst. Vor dieser Aneignung […] existiert das Wort nicht in einer neutralen oder unpersönlichen Sprache […] es existiert eher im Mund anderer Leute, ihren Intentionen dienend: von dort muss man es sich holen und es zu seinem Eigen machen.« (Bakhtin 1981/1935, 293f.) Bachtin und sein Mitarbeiter Vološinov waren der Meinung, dass uns dies dazu befähige, in eine Auseinandersetzung über Bedeutung einzutreten, in der wir ein existierendes Set von Assoziationen aufbrechen und Worte neu besetzen könnten. Bedeutung, so argumentiert Bachtin, wird im Dialog konstruiert – sie ist von Grund auf dialogisch. Alles was wir sagen und meinen wird durch die Interaktion und das Wechselspiel mit einer anderen Person modifiziert. Bedeutung entsteht durch die Differenz zwischen den Teilnehmern jedes beliebigen Dialogs.

Dies ist die positive Seite von Bachtins Theorie. Die negative Seite ist natürlich, dass Bedeutungen folglich nicht festgeschrieben werden und dass eine Gruppe die Bedeutungsgebung niemals vollständig steuern kann. Was es bedeutet, ›britisch‹ oder ›russisch‹ oder ›jamaikanisch‹ zu sein, kann nicht ausschließlich von den Briten, den Russen oder Jamaikanern kontrolliert werden. Es ist immer offen für Aneignungen und plötzliche Zugriffe und wird ständig im Dialog zwischen diesen nationalen Kulturen und ihrem ›Anderen‹ ausgehandelt. So ist es beispielsweise nicht möglich zu verstehen, was es im neunzehnten Jahrhundert bedeutete ›britisch‹ zu sein, ohne zu wissen, was die Briten von Jamaika, ihrer bevorzugten Kolonie in der Karibik, oder von Irland und vor allem, was die Jamaikaner und die Iren von ihnen dachten ... (C. Hall 1994).

3. Die dritte ist eine anthropologische Erklärung. *Ihre zentrale Aussage ist, dass Kultur darauf basiert, Dingen eine Bedeutung zu geben, indem ihnen unterschiedliche Positionen innerhalb eines klassifikatorischen Systems zugewiesen werden. Die Kennzeichnung von ›Differenz‹ ist also die Basis der symbolischen Ordnung, die wir Kultur nennen.* Mary Douglas, die darin an die klassischen Arbeiten des französischen Soziologen Emile Durkheim über symbolische Systeme und die späteren Studien über Mythologie des französischen Anthropologen Claude Lévi-Strauss anknüpft, argumentiert, dass soziale Gruppen ihrer Welt Bedeutung aufzwingen, indem sie Dinge in klassifikatorischen Systemen ordnen und organisieren (Douglas 1966). Voraussetzung dafür ist, dass eine klare Differenz zwischen ihnen hergestellt wird. Deshalb fungieren binäre Gegensätze als wesentliche Basis aller Klassifikationen. Lévi-Strauss (1979) zeigt dies am Beispiel verschiedener Arten von Lebensmitteln auf. Eine Möglichkeit, ihnen Bedeutung zu geben, besteht darin, sie in zwei Gruppen aufzuteilen – die, die ›roh‹ und die, die ›gekocht‹ gegessen werden. Natürlich kann man Lebensmittel auch nach ›Gemüse‹ und ›Obst‹ ordnen, oder danach, ob sie als Vorspeise oder als Dessert gegessen werden, oder ob sie zum Abendessen oder zum heiligen Fest und zur Kommunion serviert werden. In jedem Fall ist die ›Differenz‹ der zentrale Faktor für kulturelle Bedeutung.

›Differenz‹ kann jedoch auch negative Gefühle und Praktiken zum Vorschein bringen. Mary Douglas legt dar, dass die kulturelle Ordnung gerade dann gestört wird, wenn Dinge in der falschen Kategorie auftauchen oder wenn sie in keine Kategorie passen – beispielsweise eine Substanz wie Quecksilber, die ein Metall, aber trotzdem flüssig ist, oder eine soziale Gruppe wie Mixed-Race *Mulattoes* [im Original], die weder Weiß noch Schwarz sind, sondern sich vieldeutig in einer instabilen, gefährlichen, hybriden Zone der Unbestimmtheit zwischen beiden Polen bewegen (Stallybrass und White, 1986). Stabile Kulturen sind darauf angewiesen, dass Dinge an ihrem zugewiesenen Platz bleiben. Symbolische Grenzen sorgen für die ›Reinheit‹ der Kategorien und geben Kulturen so ihre einmalige Bedeutung und Identität. Ein deplatzierter Gegenstand stellt einen Angriff auf diese ungeschriebenen Regeln und Codes dar. Schmutz im Garten ist in Ordnung, aber im Schlafzimmer ist er am falschen Platz – ein Zeichen für ›Verunreinigung‹, für überschrittene symbolische Grenzen und gebrochene Tabus. Wir reagieren auf ›deplatzierte Materie‹, indem wir sie aufwischen, rausschmeißen und Ordnung und Normalität wiederherstellen. Der Rückzug vieler Kulturen in Richtung einer ›Schließung‹ gegenüber Ausländern, Eindringlingen, Fremden und ›Anderen‹ ist Teil desselben Prozesses der ›Reinigung‹ (Kristeva 1982).

Symbolische Grenzlinien sind somit zentral für jede Kultur. Differenz kenntlich zu machen, führt uns symbolisch gesehen dazu, die Reihen zu schließen, die Kultur abzuschotten und alles, was als unrein oder anormal definiert wird, zu stigmatisieren und auszugrenzen. Paradoxer Weise jedoch wird Differenz dadurch auch mächtig. Sie ist seltsam attraktiv, gerade weil sie verboten, tabu und gefährlich für die kulturelle Ordnung ist. Daher »ist das, was sozial peripher ist, häufig symbolisch zentral« (Babcock 1978, 32).

4. Die vierte Art der Erklärung ist psychoanalytisch und bezieht sich auf die Rolle von ›Differenz‹ in unserem psychischen Leben. *Das Argument ist hier, dass ›das Andere‹ die Basis für die Konstitution des Selbst, für uns als Subjekte und für die sexuelle Identität ist.* Laut Freud hängt die Konsolidierung unserer Definition des ›Selbst‹ und unserer sexuellen Identität davon ab, wie wir als Subjekte besonders in jener frühen Entwicklungsphase, die er Ödipuskomplex (nach der Ödipusgeschichte in der griechischen Mythologie) nennt, geformt werden. Sehr kleine Kinder verfügen demnach nicht über ein festgefügtes einheitliches Bewusstsein ihrer selbst als Subjekt und ihrer sexuellen Identität. Allerdings, so Freuds Version des Ödipusmythos, entwickelt ein Junge ab einem bestimmten Punkt ein unbewusstes erotisches Gefühl für die Mutter, sieht seinen Vater aber als Hindernis auf dem Weg zu dessen Befriedigung. In dem Moment, in dem er jedoch entdeckt, dass Frauen keinen Penis haben, nimmt er an, dass seine Mutter mit Kastration bestraft wurde, und dass ihm das gleiche passieren könnte, falls er an seinem unbewussten Verlangen festhalten würde. Aus Angst identifiziert er sich jetzt mit seinem alten ›Rivalen‹, dem Vater, und beginnt damit, eine männliche Identität zu übernehmen. Das Mädchen identifiziert sich in der entgegengesetzten Art und Weise ursprünglich mit dem Vater. Aber sie kann nicht er ›sein‹, weil ihr ein Penis fehlt. Sie kann ihn nur ›gewinnen‹, indem sie, unbewusst, bereit ist, das Kind eines Mannes auszutragen – und damit die Mutterrolle übernimmt, sich damit identifiziert und ›weiblich wird‹.

Dieses Modell dessen, wie kleine Kinder anfangen, sexuelle Differenz anzunehmen, wurde einerseits von vielen Seiten scharf kritisiert und vor allem sein spekulativer Charakter in Frage gestellt. Auf der anderen Seite ist es sehr einflussreich und von nachfolgenden Analysten vielfältig ergänzt und abgeändert worden. Der französische Psychoanalytiker Jacques Lacan (1997) ging beispielsweise weiter als Freud, indem er argumentierte, dass das Kind kein Bewusstsein seiner selbst als von der Mutter unabhängiges Subjekt hat, bis es sich selbst im Spiegel sieht, oder sich in den Blicken der

Mutter wiedergespiegelt findet. Durch Identifikation »begehrt es das Objekt ihrer Begierde und fokussiert so seine Libido auf sich selbst« (siehe Segal 1997). Es ist diese Wiederspiegelung von außerhalb des eigenen Selbst während des »*Spiegelstadiums*«, oder was Lacan den »Blick vom Ort des Anderen« nennt, was es dem Kind ermöglicht, sich selbst zum ersten Mal als einheitliches Subjekt zu erkennen, sich auf die Außenwelt und das ›Andere‹ zu beziehen, Sprache zu entwickeln und eine sexuelle Identität anzunehmen. (Lacan spricht davon, sich selbst zu ›verkennen‹, da er davon ausgeht, dass das Subjekt niemals vollständig einheitlich sein kann.) Melanie Klein (1957) dagegen argumentierte, dass das kleine Kind mit dem Problem eines fehlenden stabilen Selbst fertig wird, indem es sein unbewusstes Bild von und seine Identifikation mit der Mutter in ›gute‹ und ›schlechte‹ Teile aufspaltet. Dabei internalisiert es einige Aspekte und projiziert andere auf die äußere Welt. Das gemeinsame Element all dieser unterschiedlichen Versionen von Freuds Theorie ist die Rolle, die diese verschiedenen Ansätze dem ›Anderen‹ für die subjektive Entwicklung zukommen lassen. Subjektivität und ein Bewusstsein des Selbst können nur durch symbolische und unbewusste Beziehungen entstehen, die das kleine Kind zu einem signifikanten ›Anderen‹ aufbaut, das außerhalb – also unterschieden – von ihm selbst ist.

Auf den ersten Blick scheinen diese psychoanalytischen Darstellungen positive Implikationen bezüglich der ›Differenz‹ zu enthalten. Unsere Subjektivität, so sagen sie aus, hängt von unseren unbewussten Beziehungen mit signifikanten Anderen ab. Sie haben jedoch auch negative Implikationen. Die psychoanalytische Perspektive geht davon aus, dass es keinen gegebenen stabilen inneren Kern des Selbst oder der Identität gibt. Psychisch sind wir als Subjekte niemals vollständig einheitlich. Unsere Subjektivitäten werden durch diesen unruhigen, niemals kompletten, unbewussten Dialog mit dem ›Anderen‹ und seine Internalisierung geformt. Sie werden in Beziehung zu etwas konstruiert, das uns komplettiert, uns gleichzeitig aber in gewisser Weise – da es sich außerhalb von uns befindet – auch immer fehlt.

Darüber hinaus kann diese unruhige und anstrengende Spaltung oder Teilung laut Psychoanalyse niemals vollständig geheilt werden. Einige sehen hierin den Hauptgrund für Neurosen bei Erwachsenen. Andere führen psychische Probleme auf die Aufspaltung in ›gute‹ und ›schlechte‹ Teile des Selbst zurück, die dazu führt, dass man sich innerlich von den ›schlechten‹ Aspekten, die man verinnerlicht hat, verfolgt fühlt, oder alternativ die ›schlechten‹ Gefühle, mit denen man nicht umgehen kann, auf andere projiziert. Frantz Fanon (1986/1952), der psychoanalytische Theorien für seine Rassismuserklärungen herangezogen hat, argumentiert, dass ein Großteil rassistischer Stereotypenbildung und Gewalt aus der Weigerung des Weißen ›Anderen‹ resultiert, die Schwarze Person ›vom Platz des Anderen‹ aus anzuerkennen (siehe Bhabha 1986b; Hall 1996a).

Diese Debatten über ›Differenz‹ und das ›Andere‹ wurden hier vorgestellt, weil sich dieser Text selektiv auf alle von ihnen bezieht, um die Funktionsweise rassisierter Repräsentation zu analysieren. Die Leserinnen und Leser müssen sich an dieser Stelle nicht für eine dieser Erklärungen entscheiden. Da sie sich auf unterschiedliche Analyseebenen beziehen – jeweils auf die linguistische, die soziale, die kulturelle und die psychologische Ebene –, schließen sie sich gegenseitig nicht aus. Zwei allgemeine Punkte sind an dieser Stelle allerdings festzuhalten. Erstens spielt die Frage der ›Differenz‹ und der ›Andersheit‹ von vielen verschiedenen Richtungen aus und in unterschiedlichen Disziplinen eine zunehmend bedeutende Rolle. Zweitens ist ›Differenz‹ ambivalent. Sie kann sowohl positiv als auch negativ sein. Sie ist notwendig für die Produktion von Bedeutung, die Formierung von Sprache und Kultur, für soziale Identitäten und ein subjektives Bewusstsein des Selbst als ein sexuelles Subjekt. Und gleichzeitig ist sie bedrohlich, eine Quelle von Gefahr, von negativen Gefühlen, Spaltungen, Feindseligkeiten und Aggressionen gegenüber dem ›Anderen‹. Im Folgenden sollte dieser zweischneidige Charakter der ›Differenz‹, ihr gespaltenes Vermächtnis, immer im Kopf behalten werden.

2. *Die Rassisierung des ›Anderen‹*

Während wir diese theoretischen Analyse- ›Werkzeuge‹ für einen Moment in Reserve halten, werden wir jetzt einige Beispiele aus dem Repertoire der Repräsentation und der Repräsentationspraktiken genauer untersuchen, die verwendet wurden, um rassisierte Differenz kenntlich zu machen und das rassisierte ›Andere‹ in der westlichen Populärkultur zu signifizieren. Wie wurde dieses Archiv gebildet und was waren seine typischen Figuren und Praktiken?

Es gibt drei wesentliche Phasen der Begegnung des ›Westens‹ mit Schwarzen, die zu einer Lawine populärer Repräsentationen führten, die ihrerseits auf der Kennzeichnung rassisierter Differenz basierten. Die erste Phase begann mit dem Kontakt zwischen europäischen Händlern und westafrikanischen Königtümern im sechzehnten Jahrhundert, die für drei Jahrhunderte die Quelle für Schwarze Sklaven wurden. Seine Resultate sind in der Sklaverei und den Nach-Sklaverei-Gesellschaften der Neuen Welt zu finden. (Sie werden in Abschnitt 2.2 behandelt.) Die zweite Phase war die europäische Kolonisation Afrikas und der Kampf zwischen den europäischen

Mächten um die Kontrolle der kolonialen Gebiete, Märkte und Rohstoffe in der Periode des ›Hoch-Imperialismus‹ (siehe unten, Abschnitt, 2.1). Die dritte Phase war die Migration aus der ›Dritten Welt‹ nach Europa und Nordamerika nach dem Zweiten Weltkrieg. (Beispiele aus dieser Periode werden in Abschnitt 2.3 diskutiert.) Westliche Ideen über Race und Bilder rassisierter Differenz wurden wesentlich von diesen drei schicksalhaften Begegnungen geprägt.

2.1 Der Waren-Rassismus: das Empire und die häusliche Welt

Wir beginnen mit der Frage, wie Bilder rassisierter Differenz, die der imperialen Begegnung entstammten, die britische Populärkultur am Ende des neunzehnten Jahrhunderts überfluteten. Im Mittelalter war das europäische Bild von Afrika doppeldeutig – ein mysteriöser Ort, der jedoch oft positiv gesehen wurde: schließlich war die koptische Kirche eine der ältesten ›überseeischen‹ christlichen Gemeinschaften; Schwarze Heilige erschienen in der mittelalterlichen christlichen Ikonografie; und Äthiopiens legendärer ›Priester Johannes‹ hatte den Ruf, einer der loyalsten Unterstützer des Christentums zu sein. Schrittweise änderte sich dieses Bild jedoch. Es wurde behauptet, dass die Afrikaner die Nachkommen von Ham seien, der in der Bibel verflucht worden war, auf ewig »ein Knecht aller Knechte unter seinen Brüdern« zu sein. Identifiziert mit Natur, symbolisierten sie ›das Primitive‹ im Unterschied zur ›zivilisierten Welt‹. Für die Aufklärung, die Gesellschaften anhand der evolutionären Skala von ›Barbarei‹ bis ›Zivilisation‹ einstufte, war Afrika »die Mutter alles Abscheulichen in der Natur« (Edward Long 1774, zitiert in McClintock 1995, 22). Curvier nannte die Schwarze Race einen ›Affenstamm‹. Der Philosoph Hegel erklärte, dass Afrika »kein historischer Teil der Welt« sei – »er hat keine Bewegung und Entwicklung aufzuweisen« (Hegel 1986, 129). Im neunzehnten Jahrhundert, als die europäische Erforschung und Kolonisation des afrikanischen Landesinneren ernsthaft anfing, wurde Afrika als ein »von der Außenwelt abgeschnittenes und historisch verlassenes, […] ein Land der Fetische« betrachtet, das »von Kannibalen, Derwischen und Hexern bewohnt wurde« (McClintock 1995, 41).

Die Erforschung und Kolonisation Afrikas rief eine Explosion kultureller Repräsentationen hervor (Mackenzie 1986). Unser Beispiel hier ist die Verbreitung imperialer Bilder und Themen in Großbritannien durch Werbung in den letzten Jahrzehnten des 19. Jahrhunderts.

Der Fortschritt des großen Weißen Entdecker-Abenteurers und die Begegnungen mit dem Schwarzen afrikanischen Exoten wurde in Karten und Zeichnungen, Kupferstichen und (insbesondere) der neuen Fotografie, in Zeitungsillustrationen und -berichten, Tagebüchern, Reiseliteratur, gelehrten Abhandlungen, offiziellen Berichten und Abenteuerromanen für Jungen erfasst, aufgezeichnet und dargestellt. Durch Anzeigen wurde dem imperialen Projekt eine visuelle Form in einem populären Medium gegeben, so dass eine Verbindung zwischen dem Empire und der einheimischen Vorstellungswelt geschaffen wurde. Anne McClintock argumentiert, dass durch die Rassisierung der Werbung (den Waren-Rassismus) »das viktorianische Heim der Mittelschicht ein Raum für die Zurschaustellung des imperialen Spektakels und die Neuerfindung von Race wurde, während die Kolonien – insbesondere Afrika, eine Theaterbühne für die Ausstellung des viktorianischen Kultes des Häuslichen und die Neuerfindung von Geschlecht wurden« (1995, 34).

Die Werbung für die Gegenstände, den billigen Klunker und Nippes, mit denen die viktorianischen Mittelschichten ihre Häuser füllten, stellte für die Warenproduktion »eine imaginäre Weise, sich auf die wirkliche Welt zu beziehen« bereit. Nach 1890, mit dem Aufstieg der Massenpresse, von *Illustrated London News* bis zur *Daily Mail*, drang, durch das Spektakel der Werbung, die Bilderwelt der massenhaften Warenproduktion auch in die Welt der arbeitenden Klassen ein (Richards 1990). Richards spricht von einem ›Spektakel‹, weil die Werbung *Dinge* in eine phantastische visuelle Zurschaustellung von *Zeichen und Symbolen* übersetzte. Die Warenproduktion wurde mit dem Empire verknüpft – die Suche nach Märkten und Rohstoffen ersetzte andere Motive für die imperiale Expansion.

Dieser Verkehr in zwei Richtungen schuf Verbindungen zwischen dem Imperialismus und der häuslichen Sphäre, dem Öffentlichen und dem Privaten. Waren (und Bilder des englischen häuslichen Lebens) fluteten nach draußen in die Kolonien; Rohstoffe (und Bilder der voranschreitenden ›zivilisierenden Mission‹) wurden in das eigene Haus transportiert. Henry Stanley, der imperiale Abenteurer, der Livingstone in Zentralafrika auf die Spur kam und Gründer des berüchtigten Freistaates Kongo war, versuchte, Uganda zu annektieren und das Landesinnere für die East Africa Company zu erschließen. Er glaubte, dass die Verbreitung von Waren die ›Zivilisation‹ in Afrika unumgänglich machen würde und nannte seine einheimischen Träger nach den Marken der Waren, die sie trugen – Bryant und May, Remington und so weiter. Seine Abenteuer wurden assoziiert mit *Pears' Soap*, *Bovril* und verschiedenen Teesorten. Die Galerie imperialer Helden und ihre männlichen Heldentaten im ›dunkelsten Afrika‹ wurden unsterblich gemacht auf Streichholzschachteln, Nadelkästchen, Zahnpastatöpfen, Bleistiftkästchen, Zigarettenschachteln, Brettspielen, Briefbeschwerern,

Notenblättern. »Bilder der kolonialen Eroberung wurden auf Seifenschachteln [...] Keksdosen, Whiskeyflaschen, Teedosen und Schokoladentafeln gedruckt. Keine vorher existierende Form des organisierten Rassismus war jemals zuvor in der Lage gewesen, ein so großes und differenziertes Publikum zu erreichen« (McClintock 1995, 209) (Abbildungen 6, 7 und 8).

Seife symbolisierte diese ›Rassisierung‹ der häuslichen Welt und die ›Domestizierung‹ der kolonialen Welt. Mit ihrer Eigenschaft zu säubern und zu reinigen, gewann die Seife in der Fantasiewelt der imperialen Werbeanzeigen die Qualität eines Fetisch-Objekts. Sie hatte offensichtlich die Kraft, Schwarze Haut Weiß zu waschen sowie die Fähigkeit, zu Hause den Ruß und Schmutz der industriellen Slums und ihrer Bewohner – der ungewaschenen Armen – abzuwaschen, während sie gleichzeitig den imperialen Körper in den rassisiert verschmutzten Kontaktzonen ›da draußen‹ im Empire sauber und rein hielt. In diesem Prozess wurde jedoch die häusliche Arbeit der Frauen oft stillschweigend aus dem Blick gedrängt.

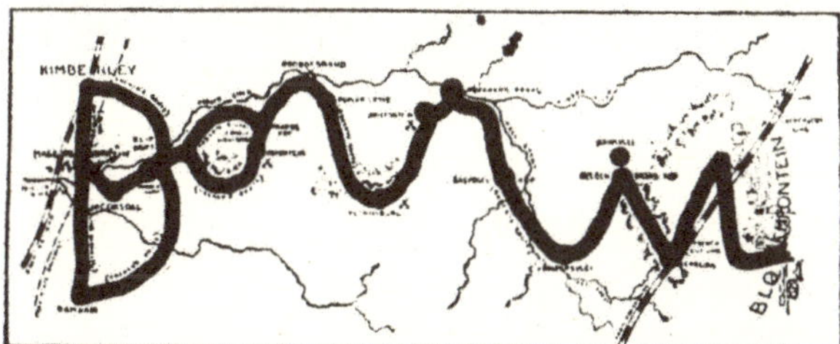

Abbildung 6: Anzeige für *Bovril*, die angeblich Lord Roberts' historischen Marsch von Kimberley nach Bloemfontein während des Burenkriegs darstellt, 1900.

Abbildung 7: Anzeige für *Huntley and Palmers*-Kekse.

Abbildung 8: Anzeigen für *Pears'* Seife aus dem neunzehnten Jahrhundert.

Bildbeschriftung:
»Der erste Schritt, die ›Last des weißen Mannes‹ zu erleichtern, ist es, die Tugenden der Sauberkeit zu vermitteln. Mit dem Voranschreiten der Zivilisation ist Pears' Seife ein machtvoller Faktor, um die dunklen Flecken der Erde zu erhellen. Unter den Kultivierten aller Nationen nimmt sie den höchsten Platz ein – sie ist die ideale Toilettenseife.«

2.2 *Währenddessen, unten auf der Plantage …*

Unser zweites Beispiel entstammt der Periode der Plantagen-Sklaverei und ihrer Nachwirkungen. Es wurde argumentiert, dass in den USA eine voll ausgeprägte ›Rassenideologie‹ unter den sklavenhaltenden Klassen (und ihren Unterstützern in Europa) nicht in Erscheinung trat, bis die Sklaverei im neunzehnten Jahrhundert ernsthaft durch die Abolitionisten in Frage gestellt worden war. Fredericksen (1987) fasst die komplexen und manchmal widersprüchlichen Glaubenssätze über rassisierte Differenz zusammen, die in dieser Periode aufkamen:

> »Als Argument gegen den Schwarzen Mann stark gemacht wurde sein angebliches Scheitern, in Afrika eine zivilisierte Lebensweise zu entwickeln. Wie es in Pro-Sklaverei-Schriften portraitiert wurde, war Afrika – und war es immer gewesen – ein Schauplatz reiner Wildnis, von Kannibalismus, Teufelsanbetung und Unmoral. Ebenfalls vorgebracht wurde eine frühe Form biologistischer Argumentation, die auf realen oder vorgestellten physiologischen und anatomischen Differenzen basierte – besonders in Hinblick auf Schädelform und Gesichtszüge –, die angeblich geistige und physische Unterlegenheit erklärten. Schließlich wurde an tiefsitzende Weiße Ängste vor um sich greifender ›Rassenmischung‹ appelliert, da Pro-Sklaverei-Theoretiker danach strebten, Weiße Ängste zu vertiefen, indem sie behaupteten, dass die Abschaffung der Sklaverei zu ›Mischehen‹ und Degeneration der ›Rasse‹ führen würde. Obwohl diese Argumente zuvor in flüchtiger und embryonaler Form aufgetaucht waren, ist doch die Geschwindigkeit erstaunlich, mit der sie zusammengetragen und in rigider polemischer Form organisiert wurden, sobald sich die Verteidiger der Sklaverei in einem Propagandakrieg mit den Abolitionisten befanden.« (Frederickson 1987, 49)

Dieser rassisierte Diskurs ist durch eine Reihe binärer Gegensätze strukturiert. Da ist der kraftvolle Gegensatz zwischen ›Zivilisation‹ (Weiß) und ›Wildheit‹ (Schwarz). Da ist der Gegensatz zwischen den biologischen und körperlichen Charakteristika der ›Schwarzen‹ und ›Weißen‹ Races, polarisiert bis in ihre extremen Gegenteile – jedes der Signifikant einer absoluten Differenz zwischen menschlichen ›Typen‹ oder Spezies. Da gibt es die reichen Distinktionen, die sich um die angenommene Beziehung zwischen den Weißen Races und intellektueller Entwicklung herumgruppieren – Kultiviertheit, Lernen und Wissen, ein Glaube an die Vernunft, die Anwesenheit von entwickelten Institutionen, formaler Regierung und Recht, und eine ›zivilisierte Selbstbeherrschung‹ in ihrem emotionalen, sexuellen und gesellschaftlichen Leben, was alles mit ›Kultur‹ assoziiert wird; und, auf der anderen Seite, die Verbindung zwischen den Schwarzen Races und allem Instinktiven – der offene Ausdruck von Emotion und Gefühl anstelle von Intellekt, der Mangel an ›Zivilisiertheit‹ im sexuellen und sozialen Leben, ein Sich-Verlassen auf Brauch und Ritual, und der Mangel an entwickelten zivilgesellschaftlichen Institutionen – dies alles wird mit ›Natur‹ in Verbindung gebracht. Schließlich gibt es den polaren Gegensatz zwischen ›Rassenreinheit‹ auf der einen Seite, und der ›Verschmutzung‹, die aus ›Mischehen‹, rassisierter Hybridität und ›Rassenmischung‹ resultiert andererseits.

Der Schwarze, so wurde argumentiert, fand sein Glück nur, wenn er unter der Vormundschaft eines Weißen Herrn stand. Seine grundlegenden Charakterzüge waren für immer – ›ewig‹ – von der Natur festgeschrieben. Sklavenaufstände und die Sklavenrevolte in Haiti (1791) hatten Weiße von der Instabilität des Schwarzen Charakters überzeugt. Ein Grad an Zivilisation, dachten sie, hatte den ›domestizierten‹ Sklaven ›entfärbt‹, aber darunter blieben die Sklaven von Natur aus wilde Bestien; und lang verborgene Leidenschaften würden, wenn sie einmal freigelassen würden, in einer »wilden Raserei der Rache, einer barbarischen Blutdurst« resultieren (Fredrickson 1987, 54). Diese Sicht wurde unter Berufung auf so genannte wissenschaftliche und ethnologische ›Evidenz‹, der Grundlage einer neuen Art von ›wissenschaftlichem Rassismus‹, gerechtfertigt. Im Gegensatz zur biblischen ›Evidenz‹ wurde behauptet, dass Schwarze und Weiße zu unterschiedlichen Zeiten geschaffen worden waren – der Theorie der ›Polygenesis‹ (d.h. der vielen Schöpfungen) folgend.

Die ›Rassentheorie‹ wandte die Kultur/Natur-Unterscheidung unterschiedlich auf die zwei rassisierten Gruppen an. Bei Weißen war ›Kultur‹ ›Natur‹ *entgegengesetzt*. Bei Schwarzen, so nahm man an, *fiel* ›Kultur‹ mit ›Natur‹ *zusammen*. Während Weiße ›Kultur‹ entwickelten, um ›Natur‹ zu unterwerfen und zu überwinden, waren für Schwarze ›Kultur‹ und ›Natur‹ austauschbar. David Green hat dies im Verhältnis zur Anthropologie und Ethnologie ausgeführt, den Disziplinen, die einen Großteil der ›wissenschaftlichen Evidenz‹ dafür bereitgestellt haben.

> »Obwohl nicht immun gegenüber [dem Ansatz] der ›Last des Weißen Mannes‹, war die Anthropologie im Verlauf des 19. Jahrhunderts noch mehr zu kausalen Verbindungen zwischen Race und Kultur hingezogen. So wie Position und Status der ›minderwertigen‹ Races zunehmend als unveränderlich galten, wurden soziokulturelle Differenzen als von vererblichen Eigenschaften abhängig angesehen. Da diese direkter Beobachtung nicht zugänglich waren, mussten sie aus physischen Merkmalen und Verhaltensweisen abgeleitet werden, die sie wiederum eigentlich erklären sollten. Soziokulturelle Differenzen zwischen menschlichen Populationen wurden in die Identität des individuellen menschlichen Körper hineinverlagert. In dem Versuch, eine Linie der Determination zwischen dem Biologischen und dem Sozialen zu zeichnen, wurde der Körper zum Totem-Objekt, und seine Sichtbarkeit die evidente Artikulation von Natur und Kultur.« (Green 1984, 31f.)

Greens Argument erklärt, warum der rassisierte Körper und seine Bedeutungen eine so große Resonanz in den populären Repräsentationen von Differenz und ›Andersheit‹ gewannen. Sein Argument hebt auch die Verbindung zwischen *visuellem Diskurs* und der *Produktion von (rassisiertem) Wissen* hervor. Der Körper selbst und seine Unterschiede waren für alle sichtbar, und lieferten auf diese Weise den ›unwiderlegbaren Beweis‹ für eine Naturalisierung rassisierter Differenz. Die Repräsentation von ›Differenz‹ durch den Körper wurde zum diskursiven Ort, über den ein Großteil dieses ›rassisierten Wissens‹ produziert und in Umlauf gebracht wurde.

2.3 Die Signifizierung rassisierter ›Differenz‹

Populäre Repräsentationen rassisierter ›Differenz‹ während der Zeit der Sklaverei tendierten dazu, sich um zwei Hauptthemen zu gruppieren. Erstens um den untergeordneten Status und die ›inhärente Faulheit‹ von Schwarzen, die ›von Natur aus‹ nur zur Knechtschaft geboren und fähig, gleichzeitig aber sturer Weise unwillig seien, auf eine Art zu arbeiten, die ihrer Natur angemessen und profitabel für ihre Herren war. Zweitens um ihre inhärente ›Ursprünglichkeit‹, ihre Einfachheit und ihren Mangel an Kultur, die sie genetisch unfähig zu zur Zivilisierung machten. Weiße amüsierten sich ungeheuer über die Anstrengungen der Sklaven, die Sitten und Bräuche der so genannten ›zivilisierten‹ Weißen Bevölkerung zu imitieren. (In Wirklichkeit parodierten Sklaven oft absichtlich die Verhaltensweise ihrer Herren durch ihre übertriebenen Imitationen, lachten über die Weißen hinter deren Rücken und ›verulkten‹ sie. Diese Praxis – *Signifizieren* genannt – ist mittlerweile als ein etablierter Teil der Schwarzen mundartlichen literarischen Tradition anerkannt.)

Typisch für dieses rassisierte Repräsentationsregime war die Praxis, die Kulturen von Schwarzen auf Natur zu reduzieren, oder ›Differenz‹ zu *naturalisieren*. Die Logik des Naturalisierens ist einfach. Wenn die Unterschiede zwischen Schwarzen und Weißen ›kulturell‹ sind, können sie modifiziert und verändert werden. Wenn sie jedoch ›natürlich‹ sind – wie die Sklavenhalter glaubten –, dann befinden sie sich jenseits von Geschichte, sind permanent und festgeschrieben. ›Naturalisierung‹ ist deshalb eine Strategie der Repräsentation, die dazu da ist, ›Differenz‹ festzuschreiben, und sie so *für immer zu sichern*. Sie ist ein Versuch, das unvermeidbare ›Entgleiten‹ von Bedeutung aufzuhalten und eine diskursive und ideologische ›Schließung‹ sicherzustellen.

Im achtzehnten und neunzehnten Jahrhundert wurden populäre Repräsentationen des alltäglichen Lebens unter Sklaverei, Eigentum und Knechtschaft als so ›natürlich‹ dargestellt, dass sie *keinen Kommentar* erforderten. Es war Teil der natürlichen Ordnung der Dinge, dass Weiße Männer sitzen sollten und Sklaven stehen; dass Weiße Frauen ritten und Sklaven hinter ihnen herrannten, um ihnen mit einem Sonnenschirm Schatten zu spenden; dass Weiße Aufseher weibliche Sklaven wie zur Schau ausgestellte Tiere inspizierten; oder entlaufene Sklaven mit willkürlichen Formen der Folter (wie sie mit einem Brandzeichen zu kennzeichnen oder in ihren Mund zu urinieren) straften; und dass Sklaven nach einer missglückten Flucht niederknieten um ihre Strafe zu empfangen (siehe Abbildungen 9, 10, 11).

Abbildung 9: Sklaverei: eine Szene aus dem Leben eines Plantagenbesitzers auf den Westindischen Inseln.

Abbildung 10: Sklaverei: Sklavenversteigerung auf den Westindischen Inseln, um 1830.

Diese Bilder sind eine Form ritualisierter Erniedrigung. Auf der anderen Seite gibt es einige Repräsentationen, die idealisieren und sentimentalisieren anstatt zu erniedrigen, jedoch auch stereotyp bleiben. Dies sind die ›edlen Wilden‹, komplementär zu den ›erniedrigten Dienern‹ der vorangegangen Art. Zum Beispiel die unendlichen Repräsentationen des ›guten‹ christlichen Schwarzen Sklaven, wie ›Onkel Tom‹, in Harriet Beecher Stowes gegen die Sklaverei gerichteten Roman *Onkel Toms Hütte* oder die gutgläubige und treu ergebene Haussklavin, die *Mammy*. Eine dritte Gruppe ist auf einer zweideutigen mittleren Ebene angesiedelt – toleriert, jedoch nicht bewundert. Sie umfasst die ›glücklichen Eingeborenen‹ – Schwarze Unterhaltungskünstler, *Minstrels*[1] und Banjospieler, die scheinbar kein Gehirn im Kopf hatten aber den ganzen Tag sangen, tanzten und Witze machten, um die Weiße Bevölkerung zu unterhalten; oder die *Tricksters*[2], die bewundert wurden für ihre cleveren Methoden, harte Arbeit zu umgehen und für ihre Geschichten, wie ›Onkel Remus‹.

Abbildung 11: Sklaverei: Zeichnung einer kreolischen Dame und eines schwarzen Sklaven auf den Westindischen Inseln.

Für die Schwarzen wurden ›Ursprünglichkeit‹ (Kultur) und ›Schwarzheit‹ (Natur) austauschbar. Es war ihre ›wahre Natur‹, der sie nicht entrinnen konnten. Wie es auch oft bei der Repräsentation von Frauen der Fall gewesen ist, *war* ihre Biologie ihr ›Schicksal‹. Schwarze wurden nicht durch ihre wesentlichen Charaktereigenschaften repräsentiert. Sie wurden *auf ihr Wesen reduziert.* Faulheit, Gutgläubigkeit, geistloses ›Cooning‹, also dummblöde Tricksereien und Kindlichkeit, waren *Schwarzen als einer Race, einer Spezies* eigen. Der niederkniende Sklave hatte nichts *als* seine Unterwürfigkeit, ›Onkel Tom‹ nichts *außer* seinem christlichen Verzicht; *Mammy* nichts *als* ihre Treue zum Weißen Haushalt und ihre zuverlässigen Kochkünste.

Kurz gesagt, dies alles sind Stereotypen. In Abschnitt 4 werden wir das Konzept der ›Stereotypisierung‹ ausführlicher untersuchen. Hier reicht es festzuhalten, dass ›stereotypisiert‹ bedeutet: »reduziert auf einige wenige Wesenheiten, in der Natur festgeschrieben durch einige wenige, vereinfachte Charakteristika.« Stereotypisierung von Schwarzen in populärer Repräsentation war so verbreitet, dass Cartoonisten, Illustratoren und Karikaturisten mit ein paar einfachen Pinselstrichen das Wesen einer ganzen Galerie von ›Schwarzen Typen‹ zusammenfassen konnten.

Schwarze wurden auf die Signifikanten ihrer physischen Differenz – dicke Lippen, krauses Haar, breites Gesicht, breite Nase usw. – reduziert.

1 *Minstrel*: Folksänger, Musiker; der Begriff bezeichnete im 19. Jahrhundert Weiße Entertainer, die mit schwarzgeschminktem Gesicht Schwarze karikierend in sog. *Minstrel-Shows* auftraten.

2 *Trickster*: Trickspieler, Schwindler

Abbildung 12: Ein Mädchen und ihr ›Golliwog‹, eine Illustration von Lawson Wood, 1927.

Zum Beispiel die Spaßfigur *Golliwog*, die, als Puppe und Marmeladenemblem, kleine Kinder ganzer Generationen belustigt hat. Dies ist nur eine von vielen populären Figuren, die Schwarze auf ein paar vereinfachte, eingeschränkte und essentialisierte Merkmale reduziert. Jeder bezaubernde kleine *Piccaninny* wurde für Jahre unsterblich gemacht durch seine grinsende Unschuld auf den Buchdeckeln von *Little Black Sambo*. Schwarze Kellner servierten tausend Cocktails auf der Bühne, auf dem Bildschirm und in Zeitschriftenanzeigen. Das rundliche Gesicht der Schwarzen *Mammy* lächelte einem noch ein Jahrhundert nach Abschaffung der Sklaverei auf jedem Paket von *Aunt Jemima's Pancakes* (Tante Jemimas Pfannkuchen) entgegen.

3. *Die Inszenierung rassisierter ›Differenz‹*

Die Spuren dieser rassistischen Stereotype – die wir als ›rassisiertes Regime der Repräsentation‹ bezeichnen können – bestehen bis ins zwanzigste Jahrhundert fort (Hall 1981). Natürlich sind sie immer auch angefochten worden. In den frühen Jahrzehnten des neunzehnten Jahrhunderts brachte die Bewegung gegen die Sklaverei (die zur Abschaffung der *britischen* Sklaverei im Jahr 1834 führte) eine alternative Bildsprache für die Beziehung zwischen Schwarzen und Weißen in Umlauf, die in der Vorphase des US-amerikanischen Bürgerkrieges auch von den dortigen Abolitionisten aufgegriffen wurde. In Opposition zur stereotypen Repräsentation rassisierter Differenz machten sich die Gegner der Sklaverei einen anderen Slogan über den Schwarzen Sklaven zu eigen – »Bist du nicht ein Mann und Bruder? Bist du nicht eine Frau und Schwester?« – und betonten damit nicht Differenz, sondern gemeinsames Menschsein. Die von ihren Vereinigungen herausgegebenen Sondermünzen verdeutlichten diesen Wandel, wenn auch nicht ohne dennoch Differenz kenntlich zu machen. Schwarze Menschen werden immer noch als kindisch, einfach gestrickt und abhängig gesehen; allerdings auch als fähig und (nach einer paternalistischen Lehrzeit) auf dem Weg zu etwas der Gleichheit mit Weißen Ähnlicherem. Sie wurden entweder als um Freiheit bittend oder voller Dankbarkeit für ihre Befreiung – und somit immer noch vor ihren Weißen Wohltätern kniend – gezeigt.

Abbildung 13: Zwei Bilder von knienden Sklaven: (oben) aus den Noten eines französischen Liedes, und (unten) die weibliche Version des Emblems der *English Abolition Society* (Englische Gesellschaft zur Abschaffung der Sklaverei).

Dieses Bild erinnert uns daran, dass der ›Onkel Tom‹ aus Harriet Beecher Stowes Roman nicht nur geschaffen wurde, um an ablehnende Haltungen der Leser gegenüber der Sklaverei zu appellieren, sondern auch in der Überzeugung, dass Schwarze mit »ihrer Freundlichkeit, der demütigen Folgsamkeit ihrer Herzen – ihrer kindlich einfach zu gewinnenden Zuneigung und Vergebung« vor allen Dingen besser als ihre Weißen Gegenüber für »die höchste Form eines besonders christlichen Lebens« geeignet seien (Stowe, zitiert in Frederickson 1987, 111). Diese Ansicht ersetzt ein Set von Stereotypen (ihre Barbarei) durch ein anderes (ihre ewige Güte). Die extreme Rassisierung ist modifiziert worden; aber eine gefühlsbeladene Version der Stereotypisierung blieb im Diskurs gegen die Sklaverei aktiv.

Nach dem Bürgerkrieg wurden einige der roheren Formen sozialer und ökonomischer Ausbeutung, physischer und seelischer Degradierung, die mit der Plantagensklaverei assoziiert wurden, von einem anderen System rassisierter Segregation ersetzt – legalisiert im Süden, eher informell unterhalten im Norden. Verschwand damit stückweise das alte stereotype ›Regime der Repräsentation‹, das geholfen hatte, das Bild der Schwarzen in der Weißen Bilderwelt zu konstruieren? Das wäre eine allzu optimistische Annahme. Ein guter Testfall hierfür ist das amerikanische Kino, *die* populäre Kunst der ersten Hälfte des zwanzigsten Jahrhunderts, von dem man ein völlig anderes Repertoire der Repräsentation erwarten würde. In kritischen Studien wie Leabs *From Sambo to Superspade* (1976), Cripps *Black Film as Genre* (1978), Patricia Mortons *Disfigured Images* (1991) und Donald Bogles *Toms, Coons, Mulattos, Mammies and Bucks: an interpretative history of blacks in American films* (1973) ist allerdings ganz im Gegenteil dokumentiert, wie die grundlegende rassisierte ›Grammatik der Repräsentation‹ überraschenderweise fortbesteht – natürlich mit vielen Variationen und Modifikationen, die auf Unterschiede in Zeit, Darstellungsmitteln und Kontext zurückzuführen sind.

Bogles Studie identifiziert fünf zentrale Stereotypen, die überdauerten: *Toms* – die ›guten Neger‹, immer »gejagt, gequält, gehetzt, ausgepeitscht, versklavt und beleidigt. Sie halten am Glauben fest, begehren niemals gegen ihre Weißen Herren auf und bleiben immer untergeben, gleichmütig, großzügig, selbstlos und oh-so-nett« (6). *Coons* – die Gören mit weit aufgerissenen Augen, die Slapstick-Entertainer, die Erfinder großer Geschichten, die »nichtsnutzigen ›Neger‹, diese unzuverlässigen, verrückten, faulen, untermenschlichen Kreaturen, die für nichts anderes gut sind, als Wassermelonen zu essen, Hühner zu stehlen, Würfelspiele zu spielen oder die englische Sprache zu vergewaltigen« (7f.). Die tragische *Mulatto* [im Original] – die Mixed-Race-Frau, die grausam zwischen »einem gespaltenen rassisierten Erbe« gefangen (9), schön, sexuell attraktiv und oft exotisch, der Prototyp der feurigen sexy Heldin ist. Ihr teilweise Weißes Blut macht sie für Weiße Männer ›akzeptabel‹ und sogar attraktiv, aber die unauslöschlichen Flecken ihres Schwarzen Blutes verdammen sie zu einem tragischen Ende. *Mammies* – die prototypischen Hausbediensteten, für gewöhnlich dick, fett, tyrannisch und mürrisch, mit ihren zu nichts nützlichen, zu Hause ihren Rausch ausschlafenden Ehemännern, ihrer äußersten Hingabe für den Weißen Haushalt und ihrer unhinterfragten Unterwürfigkeit am Arbeitsplatz (9). Schließlich die *Bad Bucks* – groß, stark, schlecht, gewalttätig, aufbegehrend, »sich austobend und voll Schwarzer Wut«, »überpotent und wild, gewalttätig und wahnsinnig, wenn sie Weißes Fleisch begehren« (10). Es gibt viele Spuren hiervon in aktuellen Bildern von der Schwarzen Jugend – zum

Beispiel den *Mugger*[3], den *Drogen-Baron*, den *Yardie*[4], den *Gangsterrap-Sänger*, die *Niggas With Attitude-Bands*[5] und allgemeiner die »laut wütende und tobende« Schwarze städtische Jugend.

Der Film, der diese Schwarzen ›Typen‹ in das Kino einführte, war einer der außergewöhnlichsten und einflussreichsten Kinofilme aller Zeiten: D.W. Griffiths' *The Birth of a Nation* (1915). Er basiert auf einem populären Roman, der bereits einige dieser rassisierten Bilder in Umlauf gebracht hatte. Griffiths, einer der ›Gründungsväter‹ des Kinos, brachte viele technische und kinobezogene Innovationen ein und konstruierte praktisch eine ›Grammatik‹ der Stummfilmproduktion. Bis dahin waren

> »amerikanische Kinofilme eine Sache von zwei oder drei Filmrollen, Aufnahmen, die nicht länger als zehn oder fünfzehn Minuten liefen, roh und wie zufällig gefilmt. Aber *Birth of a Nation* wurde sechs Wochen geprobt, in neun Wochen aufgenommen, später in drei Monaten geschnitten und schließlich als Hunderttausend-Dollar-Spektakel veröffentlicht, zwölf Rollen lang und mit über drei Stunden Spielzeit. Mit der Entwicklung von Nahaufnahmen, Crosscutting und hochempfindlichen Schneidetechniken, von Irisblende, Splitscreen-Aufnahmen sowie realistischer und impressionistischer Beleuchtung veränderte dieser Film den gesamten Verlauf und das Konzept der amerikanischen Filmproduktion. Weil er noch niemals zuvor da gewesene Sequenzen und Bilder kreierte, rissen seine Größe und sein Epos die Zuschauer von den Stühlen.« (Bogle 1987, 10)

Noch erstaunlicher ist, dass er nicht nur die ›Geburt des Kinos‹ darstellte, sondern gleichzeitig die Geschichte von der ›Geburt der amerikanischen Nation‹ erzählte. Dabei wird die Rettung der Nation mit der ›Geburt des Ku-Klux-Klan‹ gleichgesetzt, diesem Geheimbund Weißer Brüder mit ihren weißen Kapuzen und brennenden Kreuzen, »Verteidiger aller Weißen Frauen, Weißer Ehre und Weißen Ruhmes«, die im Film die Schwarzen in einem perfekten Angriff vernichtend schlagen. Sie »bringen dem Süden alles zurück, was er verloren hat, einschließlich seiner Weißen Vorherrschaft« (12) und sorgen in der Folge dafür, dass der Weiße Rassismus im Süden mit Brandanschlägen auf Häuser von Schwarzen, körperlichen Übergriffen und Lynchmorden an Schwarzen Männern vorangetrieben wird.

Es gab viele Drehungen und Wendungen in der Art und Weise, wie die Erfahrungen von Schwarzen im amerikanischen Mainstream-Kino dargestellt wurden. Aber das Repertoire stereotyper Figuren aus der Zeit der

3 *Mugger*: Straßenräuber, Ganove

4 *Yardie* ist eine Eigenbezeichnung jamaikanischer Männer und ursprünglich der Name für die Mitglieder einer illegalen Schwarzen Gewerkschaft mit Sitz auf Jamaika.

5 *Niggas With Attitude* war eine in den 1980ern sehr einflussreiche Rap-Band von der Westküste der USA. Ihre Texte beschreiben das Leben in den großstädtischen Ghettos. Sie prägten den Slogan »Fuck the police«.

Abbildung 14: Standfoto aus *Charlie McCarthy, Detective*.

Abbildung 15: Ann Sheridan und Hattie McDaniel in *Geoge Washington Slept Here*, 1942.

Sklaverei ist nie vollständig verschwunden – eine Tatsache, die sich auch nachvollziehen lässt, wenn man mit den folgenden Beispielen nicht vertraut ist. Für eine Weile produzierten Filmemacher wie Oscar Micheaux ein ›segregiertes‹ Kino – Schwarze Filme nur für Schwarzes Publikum (siehe Gaines 1993). In den 1930er Jahren erschienen Schwarze Schauspieler in Mainstream-Filmen vor allem in den Rollen von Untergebenen als Spaßmacher, Einfaltspinsel, treue Gefolgsleute und Bedienstete. Bill ›Bojangles‹ Robinson diente und tanzte treuherzig für den Kinderstar Shirley Temple; Louise Beavers kochte unerschütterlich und fröhlich in hundert Küchen Weißer Familien, während Hattie McDaniel (fett) und Butterfly McQueen (dünn) zu jedem Trick und bei aller Untreue Scarlet O'Haras in *Vom Winde verweht* die Kindermädchen spielten. Letzterer ist von vorne bis hinten, allerdings ohne es zu erwähnen, ein Film über Race (Wallace, 1993). Stepin

Fetchit (*Step in and Fetch it*) wurde in sechsundzwanzig Filmen dazu gebracht, seine Augen zu rollen, sein dümmlichwitziges Grinsen zu verbreiten, mit seinen enormen Füßen zu schlurfen und in seiner konfusen Art zu stammeln. Er stellte die Urform des *Coon* dar und als er in den Ruhestand ging, folgten viele in seinen Spuren. Die 1940er waren die Ära des Schwarzen Musicals – *Cabin in the Sky, Stormy Weather, Porgy and Bess, Carmen Jones* – und Schwarzer Entertainer wie Cab Calloway, Fats Waller, Ethel Waters, Pearl Bailey, einschließlich zweier typischer *Mulatto* [im Original] als ›Femmes fatales‹, Lena Horn und Dorothy Dandridge. »Sie haben mich nicht zu einem Dienstmädchen, aber auch zu nichts anderem gemacht. Ich wurde ein Schmetterling, der an eine Säule genagelt in der Kinowelt dahinsingt«, war Lena Horns abschließendes Urteil (zitiert nach Wallace 1993, 265).

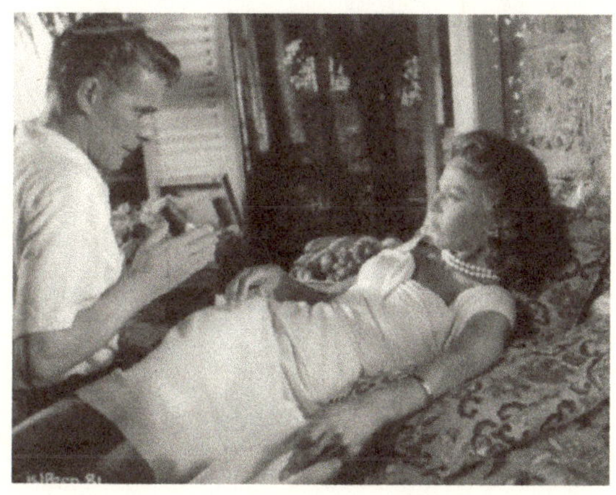

Abbildung 16: Dorothy Dandridge, die definitive ›tragische Mulattin‹ der 1950er Jahre, in *Island in the Sun*, 1957.

Es dauerte bis zu den 1950er Jahren, bis vorsichtig begonnen wurde, das Thema ›Race‹ in Filmen als Problem anzusprechen (*Home of the Brave, Lost Boundaries, Pinky*, um nur ein paar Titel zu nennen). Allerdings geschah dies zum größten Teil aus einer liberalen Weißen Perspektive. Eine Schlüsselfigur in diesen Filmen war Sidney Poitier – ein besonders talentierter Schwarzer Schauspieler, dessen Rollen ihn zum ›Helden eines integrationistischen Zeitalters‹ machten. Bogle argumentiert, dass Poitier, der erste Schwarze Schauspieler, dem es erlaubt wurde, Hauptrollen in Mainstream-Hollywoodfilmen zu spielen, in diese Rollen passte, weil er so rigoros gegen den Strich präsentiert wurde. Man ließ ihn auf dem Bildschirm alles spielen, was dem stereotypen Bild des Schwarzen nicht entsprach. Er war

»gebildet und intelligent, er sprach perfektes Englisch, war konservativ gekleidet und hatte die besten Tischmanieren. Für das Weiße Massenpublikum war Sidney Poitier ein Schwarzer Mann, der ihren Standards entsprach. Die von ihm gespielten Charaktere waren harmlos und zahm; weder handelten sie jemals impulsiv, noch stellten sie eine Bedrohung für das System dar. Sie waren zugänglich und nachgiebig. Und schließlich waren sie kein bisschen ›funky‹, sondern beinahe geschlechtslos und steril. Kurz gesagt waren sie ein perfekter Traum für Weiße Liberale, die Angst davor hatten, einen Coloured zum Essen zu Besuch zu haben« (Bogle 1973, 175f).

Abbildung 17: Sidney Poitier und Tony Curtis in *The Defiant Ones*, 1958.

Dementsprechend spielte Poitier 1967 in einem Film mit dem Titel *Guess Who Is Coming To Dinner* die Hauptrolle. Trotz herausragender schauspielerischer Leistungen (*The Defiant Ones, To Sir With Love, In the Heart of the Night*) »gibt es darin nichts«, wie es ein Kritiker ausdrückte, »was die alte mächtige Angst vor dem hyperpotenten Schwarzen nähren würde« (Cripps 1978, 223).

3.1 ›*Himmlische Körper*‹

Wurde dieses Regime rassisierter Repräsentation in der Blütezeit des amerikanischen Kinos bis zu den 1960ern wirklich von niemandem überschritten? Wenn es doch jemanden gab, dann war dies Paul Robeson, der zwischen 1924 und 1945 einer der bedeutendsten Schwarzen Stars und Schauspieler war und eine enorme Beliebtheit beim Publikum auf beiden Seiten des Atlantiks erreichte. Richard Dyer stellt bei seiner umfassenden Studie über Robeson in *Heavenly Bodies* (1986) fest, dass »sein Image sein Schwarzsein betonte – musikalisch, da mit ihm ursprüngliche Schwarze Folkmusik und besonders Spirituals verbunden wurden; im Theater und im Film durch den Bezug auf Afrika als wiederkehrendes Motiv; und generell in der Art, wie stark sein Image mit Vorstellungen eines rassisierten Charakters, der Natur

Schwarzer Menschen, der Essenz des Schwarzseins und so weiter verknüpft ist. Dennoch war er sowohl beim Schwarzen als auch beim Weißen Publikum ein Star«. Dyer fragt, »unter welchen Umständen es Schwarzen in dieser Periode erlaubt war, als Stars aufzutreten. Was waren die Qualitäten, die diese Schwarze Person in sich zu vereinen hatte, um in einer Gesellschaft zu verfangen, in der es niemals einen Schwarzen Star von dieser Größe gegeben hatte?« (Ebd., 67, 69). Eine Antwort ist, dass Robeson in seinen Darstellungen auf der Bühne, im Theater oder auf dem Bildschirm vom Schwarzen und vom Weißen Publikum je unterschiedlich ›gelesen‹ wurde. »Schwarze und Weiße Diskurse über Schwarzsein scheinen die gleichen Dinge wertzuschätzen – Spontaneität, Emotionen, Natürlichkeit –, verknüpfen sie jedoch mit unterschiedlichen Implikationen« (ebd., 79).

Robeson ist ein komplexer Fall, durchzogen von vielen Ambivalenzen. Dyer identifiziert eine Reihe von Aspekten, die wichtig sind, um zu verstehen, wie es dazu kam, dass Robeson »einen kompletten Abriss all dessen, was einen Schwarzen Menschen ausmacht« verkörperte (ebd., 71). Sein musikalisches Talent, seine sonore Stimme, sein Intellekt, seine physische Präsenz und Statur, verbunden mit seiner Schlichtheit und Aufrichtigkeit, seinem Charme und seiner Autorität ermöglichten es ihm, in Stücken wie *Toussaint L'Ouverture* und Filmen wie *The Emperor Jones* die »männlichen Helden Schwarzer Kultur« darzustellen – aber genauso »die Stereotype der Weißen Vorstellung« zu bedienen, wie in *Show Boat, Shuffle Along, Vodoo* und *Sanders of the River* (ebd., 73; Abbildung 18). Robeson selbst sagte: »der Weiße Mann hat aus dem Intellekt einen Fetisch gemacht und schätzt den Gott des Gedankens; der Schwarze fühlt eher statt zu denken, erfährt

Abbildung 18: Paul Robeson in *Sanders of the River*, 1935.

Gefühle direkt, statt sie in umschweifigen und abwegigen Abstraktionen zu interpretieren, und begreift die äußere Welt mittels intuitiver Wahrnehmung« (zitiert nach Dyer 1986, 76). Diese Gefühlsbetonung, die in mehreren Filmen zum Ausdruck kam, gab seinen Darstellungen eine vibrierende emotionale Intensität. Aber sie reproduzierte auch die binären Gegensätze rassisierter Stereotypisierung von Schwarz/Weiß, Gefühl/Intellekt, Natur/Kultur.

Eine ähnliche Ambivalenz lässt sich laut Dyer in Bezug auf andere Themen wie die Repräsentation von Schwarzsein als ›Folklore‹ und, wie er es nennt, ›Atavismus‹ feststellen. Von der emotionalen Intensität und ›Authentizität‹ Schwarzer Darsteller wurde angenommen, dass sie ihnen ein genuines Gefühl für Schwarze ›Volkstraditionen‹ verleihen würden – wobei ›Folklore‹ hier als Spontaneität und Natürlichkeit in Abgrenzung zur ›Künstlichkeit‹ hoher Kunst verstanden wird. Robesons Gesang brachte diese Qualität zum Ausdruck, weil er beispielsweise in dem überall beliebten und mit Beifall versehenen Lied *Old Man River* alles das einfing, was für die Essenz Schwarzer Spirituals gehalten wurde. Er sang es mit tiefer klangvoller Stimme, die für Schwarze ihre langen Arbeitsqualen und ihre Hoffnung auf Freiheit ausdrückte, aber auch für Weiße das widerspiegelte, was sie schon immer in Spirituals und in Robesons Stimme gehört hatten – »Trauer, Melancholie, Leid« (Dyer 1986, 87). Robeson veränderte stückweise den Text diese Liedes, um es politischer zu machen – »um seinen Bezug auf Unterdrückung hervorzuheben und auszudehnen und seine Aussage von Resignation in Kampfbereitschaft zu verwandeln« (ebd., 105). Die Zeile, die in der Theateraufführung von *Show Boat* »Bin des Lebens müde und hab' Angst vorm Sterben« hieß, wurde im Film zum bestimmteren »Ich muss weiter kämpfen, bis ich sterbe« (ebd., 107). Andererseits sang Robeson Schwarze Volkslieder und Spirituals mit einer ›reinen‹ Stimme und ›gebildeter‹ Ausdrucksweise, ohne jeglichen im Jazz üblichen Gebrauch von Synkopen oder Verzögerungen in der Phrasierung, ohne jegliche ›Dirty Notes‹ Schwarzer Blues-, Gospel- und Soulmusik und auch ohne den nasalen Charakter oder die Ruf-und-Antwort-Struktur afrikanischer und Sklavengesänge.

Mit Atavismus meint Dyer eine Rückkehr oder »Wiederbelebung von Eigenschaften, die über Generationen im Blut getragen worden sind […] Dies legt rohe, gewalttätige, chaotische und ›primitive‹ Emotionen nahe«. Im Zusammenhang mit Robesons Rollen wurden damit Afrika, die ›Rückkehr‹ zu »Erwartungen, wie Schwarze tief drinnen zu sein hatten« und eine »Garantie für die authentische Wildheit im Inneren der Menschen, die von dort waren« (ebd., 89) assoziiert. Robesons ›afrikanische‹ Stücke und Filme (*Sanders of the River, Song of Freedom, King Solomons Mines, Jericho*) waren voll von ›authentischen‹ afrikanischen Akzenten und er stellte umfassende Nachforschungen über den Hintergrund afrikanischer Kultur an. »In der Praxis«, stellt Dyer fest, »sind das jedoch genuine Einsprengsel, eingefügt in Arbeiten, die entschiedener Maßen innerhalb des amerikanischen und britischen Diskurses über Afrika entstanden« (ebd., 90). Ein Beispiel hierfür bieten die Fotos von Robeson in afrikanischem Gewand zu *Sanders of the River* (1935, siehe Abbildung 18) und gemeinsam mit Wallace Ford und Henry Wilcoxon vor den Giza-Pyramiden (Abbildung 19). Ohne Zweifel erklärt sich ein Teil von Robesons Wirkung aus seiner physischen Präsenz. »Seine enorme Körpergröße wird, genau wie die darin gesehene Stärke, wieder und wieder betont« (Dyer, 134). Eine Ahnung, welche Bedeutung dieser Umstand für die Repräsentation seines Schwarzseins hat, vermittelt eine Nacktstudie Robesons von dem Fotografen Nicholas Muray, die, so Dyer, Schönheit und Stärke mit Passivität und Pathos verbindet (Abbildung 20).

Abbildung 19: Paul Robeson mit Wallace Ford und Henry Wilcoxon bei den Giza-Pyramiden in Ägypten während der Dreharbeiten für den Film *Jericho*, 1937.

Selbst ein so herausragender Schauspieler wie Paul Robeson konnte somit das Repräsentationsregime rassisierter Differenz, das aus früheren Zeiten in das Mainsteam-Kino eingegangen war, zwar brechen, ihm jedoch nicht gänzlich entfliehen. Eine unabhängigere Repräsentation

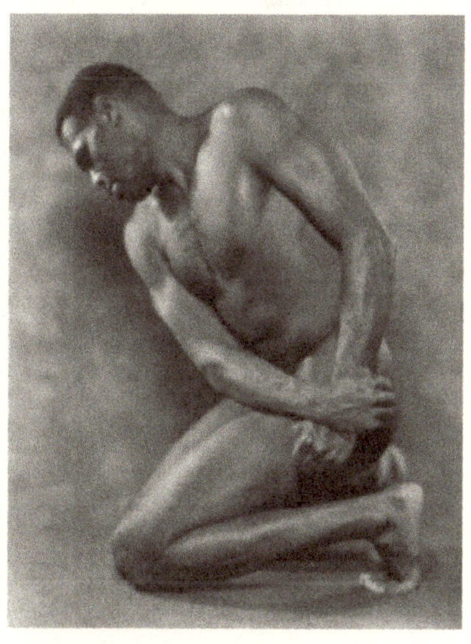

Abbildung 20: Paul Robeson, fotografiert von Nickolas Muray.

Schwarzer Menschen und Schwarzer Kultur im Kino wurde erst mit dem enormen Wandel möglich, der mit den Unruhen der Bürgerrechtsbewegung in den 1960ern, dem Ende rechtlicher Segregation im Süden sowie den starken Migrationsbewegungen von Schwarzen in die Städte und die urbanen Zentren des Nordens einherging, die die ›Repräsentationsbeziehungen‹ zwischen rassisiert definierten Gruppen in der amerikanischen Gesellschaft tiefgreifend in Frage stellten.

Eine zweite, zwiespältigere ›Revolution‹ folgte in den 1980ern und 1990ern mit dem Kollaps des ›integrationistischen‹ Traums der Bürgerrechtsbewegung, sich ausdehnenden Schwarzen Ghettos, dem Wachstum der Schwarzen ›Unterklasse‹ einschließlich ihrer endemischen Armut, schlechten Gesundheit und Kriminalisierung und dem Abrutschen einiger Schwarzer Gemeinschaften in die Waffen-, Drogen- und Intraschwarze Gewaltkultur. Diese Entwicklung ging allerdings auch mit einem zunehmenden affirmativen Selbstbewusstsein und Forderungen nach ›Respekt‹ für Schwarze kulturelle Identität sowie mit verstärktem ›Schwarzen Separatismus‹ einher – was nirgends so deutlich zum Ausdruck kommt wie in dem massiven Einfluss Schwarzer Musik (einschließlich des ›Schwarzen Rap‹) auf die populäre Musik sowie der visuellen Präsenz der damit in Verbindung stehenden ›Street-Style‹-Szene. Diese Entwicklungen haben die Praktiken rassisierter Repräsentation nicht zuletzt deshalb transformiert, weil die Frage der Repräsentation selbst ein kritisches Feld der Auseinandersetzung und des Kampfes geworden ist. Schwarze Schauspieler forderten und bekamen eine größere Vielfalt von Rollen in Film und Fernsehen. ›Race‹ wurde als eines der bedeutendsten Themen des amerikanischen Lebens anerkannt. In den 1980ern und 1990ern schafften es Schwarze, als unabhängige Filmemacher und Filmemacherinnen selbst Zugang zum amerikanischen Mainstream-Kino zu erlangen und – wie Spike Lee *(Do the Right Thing)*, Julie Dash (*Daughters of the Dust*) oder John Singleton (*Boys 'n' the Hood*) – ihre eigenen Interpretationen der Rollen, die Schwarze innerhalb der ›amerikanischen Erfahrung‹ spielen, darzustellen. Dadurch erweiterte sich das Regime rassisierter Repräsentation – als Resultat eines historischen ›Kampfes um das Bild‹ und einer Politik der Repräsentation, deren Strategien noch näher zu untersuchen sind.

4. Stereotypisierung als Praxis der Signifikation

Bevor wir dieses Argument weiterverfolgen, müssen wir jedoch darüber nachdenken, wie dieses rassisierte Regime der Repräsentation tatsächlich funktioniert. Dazu müssen wir v.a. die verschiedenen Repräsentationspraktiken genauer unter die Lupe nehmen, die als Stereotypisierung bekannt sind. Bisher haben wir die essentialisierenden, reduktionistischen und naturalisierenden Effekte von Stereotypisierung berücksichtigt. Stereotypisierung reduziert Menschen auf einige wenige, einfache Wesenseigenschaften, die als durch die Natur festgeschrieben dargestellt werden. An dieser Stelle untersuchen wir vier weitere Aspekte: (a) die Konstruktion von ›Andersheit‹ und Ausschluss; (b) Stereotypisierung und Macht; (c) die Rolle von Fantasie und (d) Fetischismus.

Stereotypisierung als eine signifizierende Praxis ist zentral für die Repräsentation rassisierter Differenz. Aber was ist ein Stereotyp? Wie funktioniert es? Richard Dyer (1977) macht in seinem Essay über ›Stereotypisierung‹ eine wichtige Unterscheidung zwischen ›Typisierung‹ und ›Stereotypisierung‹. Er argumentiert, dass es ohne die Verwendung von Typen schwierig, wenn nicht unmöglich wäre, sich in der Welt zurechtzufinden. Wir verstehen die Welt, indem wir individuelle Gegenstände, Menschen oder Ereignisse in unseren Köpfen auf allgemeine Klassifikationsschemata beziehen, in die sie – unserer Kultur entsprechend – hineinpassen. Auf diese Weise dekodieren wir einen flachen Gegenstand mit Beinen, auf den wir Dinge stellen, als ›Tisch‹. Wir mögen diese Art ›Tisch‹ noch nie zuvor gesehen haben, aber wir haben einen allgemeinen Begriff von einem ›Tisch‹ in unseren Köpfen, dem wir bestimmte Gegenstände zuordnen, die wir wahrnehmen oder denen wir begegnen. Mit anderen Worten, wir verstehen ›das Besondere‹, indem wir es zu seinem ›Typus‹ ins Verhältnis setzen. Wir wenden an, was Alfred Schulz *Typisierungen* nennt. In diesem Sinne ist ›Typisieren‹ wesentlich für die Produktion von Bedeutung.

Richard Dyer argumentiert, dass wir Dinge immer unter Rückgriff auf einige breitere Kategorien verstehen. So machen wir uns ein Bild von einer Person, indem wir an die *Rollen* denken, die diese Person spielt: ist er oder sie Vater oder Mutter, Kind, Arbeiter/in, Liebhaber/in, Chef/in oder Rentner/in? Wir rechnen ihn oder sie einer bestimmte Gruppen zu, nach Kriterien wie Klasse, Geschlecht, Altersgruppe, Nationalität, Race, Sprachgruppe, sexuellen Vorlieben usw. Wir ordnen ihn oder sie nach dem Persönlichkeitstyp ein – handelt es sich um einen fröhlichen, ernsten, depressiven, zerstreuten, hyperaktiven Menschen? Unser Bild davon, wer die Person ›ist‹, gründet auf den Informationen, die wir akkumulieren, indem wir ihn oder sie innerhalb dieser verschiedenen Ordnungen der Typisierung positionieren. Allgemein gesprochen ist also »ein Typ eine einfache, anschauliche, leicht einprägsame, leicht zu erfassende und weithin anerkannte Charakterisierung, in der einige wenige Eigenschaften im Vordergrund stehen und Wandel oder ›Entwicklung‹ auf einem minimalen Niveau gehalten wird«

(Dyer 1977, 28). Was ist also der Unterschied zwischen einem *Typ* und einem *Stereotyp*? Stereotype erfassen die wenigen »einfachen, anschaulichen, leicht einprägsamen, leicht zu erfassenden und weithin anerkannten« Eigenschaften einer Person, reduzieren die gesamte Person auf diese Eigenschaften, *übertreiben* und *vereinfachen* sie, und *schreiben* sie ohne Wechsel oder Entwicklung für die Ewigkeit *fest*. Dies ist der Prozess, den wir weiter oben beschrieben haben. Der erste Punkt ist also: Stereotypisierung *reduziert, essentialisiert, naturalisiert* und *fixiert* ›Differenz‹.

Zweitens wendet Stereotypisierung eine Strategie der ›Spaltung‹ an. Sie trennt das Normale und Akzeptable vom Anormalen und Unakzeptablen ab, um letzteres dann als nicht passend und andersartig *auszuschließen* und *zu verbannen*. Dyer argumentiert, dass »ein System von sozialen Typen und Stereo-Typen sich auf das bezieht, was sich diesseits und jenseits der Grenzen der Normalität [also des Verhaltens, das in einer Kultur als ›normal‹ akzeptiert ist] befindet. Typen kennzeichnen diejenigen, die den Regeln der Gesellschaft entsprechend leben (soziale Typen), und diejenigen, für deren Ausschluss die gesellschaftlichen Regeln geschaffen sind (Stereotypen). Aus diesem Grund sind Stereotypen auch starrer als soziale Typen. [...] Grenzen [...] müssen klar gezogen sein, und daher sind Stereotypen, als einer der Mechanismen der Aufrechterhaltung von Grenzen, typischerweise festgeschrieben, eindeutig, unveränderbar« (ebd., 29). *Ein weiteres Kennzeichen von Stereotypisierung ist also ihre Praxis der ›Schließung‹ und des Ausschlusses. Sie schreibt symbolisch Grenzen fest, und schließt alles aus, was nicht dazugehört.*

Mit anderen Worten ist Stereotypisierung Teil der Aufrechterhaltung der sozialen und symbolischen Ordnung. Sie errichtet eine symbolische Grenze zwischen dem ›Normalen‹ und dem ›Devianten‹, dem ›Normalen‹ und dem ›Pathologischen‹, dem ›Akzeptablen‹ und dem ›Unakzeptablen‹, dem was ›dazu gehört‹ und dem, was ›nicht dazu gehört‹ oder was ›das Andere‹ ist, zwischen ›Insidern‹ und ›Outsidern‹, Uns und Ihnen. Sie vereinfacht das ›Zusammenbinden‹ oder ›Zusammenschweißen‹ zu einer ›imaginierten Gemeinschaft‹; und sie schickt alle ›Anderen‹, alle diejenigen, die in irgendeiner Weise anders, ›unakzeptabel‹ sind, in ein symbolisches Exil. Mary Douglas (1966) hat zum Beispiel argumentiert, dass alles, was ›fehl am Platze‹ ist, als verschmutzt, gefährlich, tabu angesehen wird. Um es herum gruppieren sich negative Gefühle. Es muss symbolisch ausgeschlossen werden, wenn die ›Reinheit‹ der Kultur wiederhergestellt werden soll. Die feministische Theoretikerin Julia Kristeva nennt solche ausgestoßenen oder ausgeschlossenen Gruppen »abjected« (aus dem Lateinischen, wörtlich »hinausgeworfen«) (Kristeva 1982).

Drittens *tritt Stereotypisierung vor allem dort in Erscheinung, wo es große Ungleichheiten in der Machtverteilung gibt.* Macht ist gewöhnlich gegen die untergeordnete oder ausgeschlossene Gruppe gerichtet. Ein Aspekt dieser Macht ist laut Dyer *Ethnozentrismus* – »die Anwendung von Normen der eigenen Kultur auf die der Anderen« (Brown 1965, 183). Wieder sollten wir uns Derridas Argument in Erinnerung rufen, dass wir es bei binären Gegensätzen wie Wir/Sie »nicht mit [...] friedlicher Koexistenz zu tun haben [...] sondern mit einer gewaltförmigen Hierarchie. Einer der beiden Begriffe regiert [...] den anderen oder hat die Oberhand« (1972, 41).

Kurz gesagt, Stereotypisierung ist das, was Foucault eine Art von ›Macht/Wissen‹-Spiel genannt hat. Sie klassifiziert Menschen entsprechend einer Norm und konstruiert die Ausgeschlossenen als ›anders‹. Interessanterweise geht es dabei auch um etwas, was Gramsci einen Aspekt des Kampfes um Hegemonie genannt hätte. Wie Dyer feststellt, ist

> »die Etablierung von Normalität (d.h. dessen, was als ›normal‹ akzeptiert wird) durch soziale und Stereo-Type [...] ein Aspekt der Verhaltensweise herrschender Gruppen [...], zu versuchen, die ganze Gesellschaft nach der eigenen Weltsicht, dem eigenen Wertesystem, dem eigenen Empfinden und der eigenen Ideologie zu formen. So richtig ist diese Weltsicht für die herrschenden Gruppen, dass sie sie für jeden so darstellen, wie sie ihnen selbst erscheint: als ›natürlich‹ und ›unvermeidbar‹ – und in dem Maße, in dem sie damit Erfolg haben, etablieren sie ihre Hegemonie« (Dyer 1977, 30).

Hegemonie ist eine Form von Macht, die auf der Führung einer Gruppe in vielen Handlungsfeldern gleichzeitig beruht, so dass ihre Vormachtstellung über breite Zustimmung verfügt und als natürlich und unvermeidbar erscheint.

4.1 Repräsentation, Differenz und Macht

Wir haben also innerhalb der Stereotypisierung eine Verbindung zwischen Repräsentation, Differenz und Macht hergestellt. Wir müssen jedoch die Natur dieser Macht ausführlicher untersuchen. Wenn wir an Macht denken, denken wir oft an direkten physischen Zwang. Wir haben jedoch auch von Macht in der *Repräsentation* gesprochen, von der Macht zu kennzeichnen, zuzuweisen und zu klassifizieren, von *symbolischer* Macht, von *ritualisiertem* Ausschluss. Es scheint, dass Macht nicht nur im Sinne ökonomischer Ausbeutung oder physischen Zwangs, sondern auch im umfassenderen kulturellen oder symbolischen Sinne verstanden werden muss. Letzteres schließt die Macht mit ein, jemanden oder etwas auf eine bestimmte Art und Weise zu repräsentieren – innerhalb eines bestimmten ›Repräsentationsregimes‹; also die Ausübung *symbolischer Macht* durch Praktiken der Repräsentation. Stereotypisierung ist ein wesentlicher Bestandteil dieser Ausübung symbolischer Gewalt.

In seiner Studie über die europäische Konstruktion eines stereotypen Bildes des ›Orients‹ argumentiert Edward Said (1978), dass, weit davon entfernt, widerzuspiegeln wie die Länder des Nahen Ostens tatsächlich waren, der ›Orientalismus‹ der *Diskurs* war, »der es der europäischen Kultur in der Zeit nach der Aufklärung ermöglichte, den Orient politisch, soziologisch, militärisch, ideologisch, wissenschaftlich und imaginär zu verwalten – und sogar zu produzieren.« Im Rahmen westlicher Hegemonie über den Orient, schreibt Said, entstand ein neuer Gegenstand des Wissens – »ein komplexer Orient, geeignet für das Studium in der Akademie, für die Ausstellung im Museum, für die Neustrukturierung im Kolonialministerium, für die theoretische Illustration in anthropologischen, biologischen, linguistischen, Race-theoretischen und historischen Arbeiten über die Menschheit und das Universum, zur Veranschaulichung ökonomischer und soziologischer Theorien der Entwicklung, der Revolution, kultureller Persönlichkeiten, des nationalen oder religiösen Charakters« (7f.). Diese Art der Macht ist eng mit Wissen verknüpft, oder mit den Praxen, die Foucault ›Macht/Wissen‹ genannt hat.

Ein Beispiel für Orientalismus in der visuellen Repräsentation ist die berühmte Malerei von Edwin Long, *The Babylonian Marriage Market* (Abbildung 21). Dieses Bild produziert nicht nur ein bestimmtes ›Wissen‹ über den Orient – ein ›mysteriöser, exotischer und erotisierter Orient‹; darüber hinaus sind die Frauen, die in die Ehe ›verkauft‹ werden, von links nach rechts in aufsteigender Reihenfolge nach ihrer ›Weißheit‹ angeordnet. Die letzte Figur in der Reihe kommt dem westlichen Ideal, der ›Norm‹, am nächsten; ihre helle Hautfarbe wird durch das Licht betont, das von einem Spiegel reflektiert auf ihr Gesicht fällt.

Saids Diskussion des Orientalismus ähnelt stark Foucaults Macht/Wissen-Argument: ein Diskurs produziert, durch verschiedene Praktiken der *Repräsentation* (Wissenschaft, Ausstellung, Literatur, Malerei etc.) eine Form *rassisierten Wissens über das Andere* (Orientalismus), tief verwoben mit den Operationen der *Macht* (Imperialismus). Interessanterweise definiert Said ›Macht‹ jedoch auch auf eine Weise, die die Ähnlichkeiten zwischen Foucault und Gramscis Idee von *Hegemonie* betont:

> »In jeder nicht totalitären Gesellschaft dominieren bestimmte kulturelle Formen über andere. Gramsci hat diese Form der kulturellen Führung als *Hegemonie* bezeichnet, ein unverzichtbarer Begriff für jedes Verständnis kulturellen Lebens im industrialisierten Westen. Diese Hegemonie – oder eher die Auswirkung

Abbildung 21: Edwin Long, *The Babylonian Marriage Market* (Der babylonische Heiratsmarkt), 1882.

der vorhandenen kulturellen Hegemonie – ist es, die dem Orientalismus seine Dauerhaftigkeit und Stärke verleiht. [...] Der Orientalismus ist niemals weit von [...] der Idee Europas entfernt, einem kollektiven Begriff, der ›uns‹ Europäer in Abgrenzung zu all ›jenen‹ Nichteuropäern definiert; und es kann tatsächlich argumentiert werden, dass die bedeutendste Komponente der europäischen Kultur genau diejenige ist, die diese sowohl innerhalb als auch außerhalb Europas hegemonial machte: nämlich der Gedanke, dass die europäische Identität allen nichteuropäischen Völker und Kulturen überlegen sei. Dies bedeutet ebenso die Hegemonie europäischer Vorstellungen über den Orient, die selbst die europäische Überlegenheit über die orientalische Rückständigkeit wiederholen und normalerweise die Möglichkeit übersehen, dass ein unabhängigeres [...] Denken ein anderes Verständnis des Orients haben könnte.« (Said 1978, 7)

Macht operiert immer unter Bedingungen ungleicher Beziehungen. Gramsci hätte natürlich betont: »zwischen Klassen«, während Foucault immer die Identifikation eines bestimmten Subjektes oder einer Subjekt-Gruppe als die Quelle von Macht verweigerte. Für ihn operiert Macht auf einer lokalen, taktischen Ebene. Dies sind wichtige Unterschiede zwischen diesen beiden Macht-Theoretikern.

Dennoch gibt es auch einige wichtige Ähnlichkeiten. Für Gramsci wie für Foucault beinhaltet Macht auch Wissen, Repräsentation, Ideen, kulturelle Führung und Autorität, genauso wie ökonomische und physische Zwänge. Beide hätten miteinander übereingestimmt, dass Macht nicht ausschließlich in Begriffen von Gewalt und Zwang gedacht werden kann: Macht wirkt auch durch Verführung, Werben und Überredung, durch die Gewinnung von Zustimmung. Man kann sie nicht als Monopol einer Gruppe begreifen, die einfach durch die Ausübung von Herrschaft die Macht von oben *nach unten* auf eine untergeordnete Gruppe ausstrahlt. Sie schließt die Herrschenden *und* die Beherrschten in ihren Kreislauf ein. Wie Homi Bhabha bezüglich Said bemerkt hat: »es ist schwierig, *Subjektivierung* als eine Platzierung des beherrschten Subjekts innerhalb orientalistischer oder kolonialer Diskurse zu begreifen, ohne dass der Herrschende ebenfalls strategisch darin platziert ist.« (Bhabha 1986a, 158) Macht wirkt nicht nur durch Einschränkung und Verhinderung, sie ist auch produktiv. Sie produziert neue Diskurse, neue Arten von Wissen (Orientalismus), neue Gegenstände des Wissens (den Orient), sie formt neue Praktiken (Kolonisierung) und Institutionen (die koloniale Regierung). Sie operiert sowohl auf einer Mikroebene – Foucaults »Mikro-Physik der Macht« – als auch in Form von weiterreichenden Strategien. Und schließlich kann Macht für beide Theoretiker überall lokalisiert werden. Wie Foucault insistiert: Macht zirkuliert.

Die Kreisförmigkeit der Macht ist besonders wichtig im Kontext von Repräsentation. Das Argument ist, dass jeder – der oder die Mächtige und der oder die Machtlose – wenn auch nicht unter gleichen Bedingungen, in der Zirkulation der Macht gefangen ist. Niemand – weder ihre offensichtlichen Opfer noch ihre Agenten – können vollständig außerhalb ihres Operationsfeldes stehen (man denke hier an das Beispiel von Paul Robeson).

4.2 Macht und Fantasie

Ein gutes Beispiel für diese ›Kreisförmigkeit‹ der Macht bezieht sich darauf, wie Schwarze Männlichkeit innerhalb eines rassisierten Repräsentationsregimes dargestellt wird. Kobena Mercer und Isaac Julien (1994) argumentieren, dass die Repräsentation Schwarzer Männlichkeit »in den und durch die Geschichten der Sklaverei, des Kolonialismus und des Imperialismus geformt« wurde:

> »Wie Soziologen wie Robert Staples (1982) argumentiert haben, war ein zentraler Strang der ›rassisierten‹ Macht, die durch den Weißen männlichen Sklavenhalter ausgeübt wurde, die Verweigerung zentraler männlicher Attribute, wie Autorität, familiale Verantwortung und der Besitz von Privateigentum, gegenüber Schwarzen männlichen Sklaven. Durch solche kollektiven historischen Erfahrungen haben Schwarze Männer bestimmte patriarchale Werte wie physische Stärke, sexuelle Potenz und die Ausübung von Kontrolle als Mittel des Überlebens gegen das repressive und gewalttätige System der Unterordnung angenommen, dem sie unterworfen waren.

> Diese Verinnerlichung eines Codes von ›Macho‹-Verhaltensweisen wird so als ein Mittel verständlich, um in gewissem Ausmaß die Macht über die Bedingung der Machtlosigkeit und Abhängigkeit im Verhältnis zum Weißen Herren-Subjekt zurückzugewinnen. [...] Das [im zeitgenössischen Britannien] vorherrschende Stereotyp vermittelt ein Bild des Schwarzen männlichen Jugendlichen als *Mugger* [Straßenräuber/Ganoven] oder *Rioter* [Randalierer] [...] Aber dieses Repräsentationsregime wird reproduziert und seine Hegemonie aufrechterhalten, weil Schwarze Männer auf ›Härte‹ zurückgreifen mussten – als eine defensive Antwort auf die vorangegangene Aggression und Gewalt, die die Art und Weise charakterisiert, in der Schwarze Communitys kontrolliert werden. [...] Dieser Kreislauf von Realität und Repräsentation macht ideologische Fiktionen von Rassismus empirisch ›wahr‹ – oder besser: es gibt einen Kampf um die Definition, das Verständnis und die Konstruktion von Bedeutungen Schwarzer Männlichkeit innerhalb des dominanten Wahrheitsregimes.« (Mercer und Julien 1994, 137f.)

Während der Zeit der Sklaverei übte der Sklavenhalter seine Autorität über den Schwarzen männlichen Sklaven aus, indem er ihn aller Attribute der Verantwortung, der väterlichen und familialen Autorität beraubte, und ihn wie ein Kind behandelte. Diese ›Infantilisierung‹ der Differenz ist eine verbreitete Repräsentationsstrategie sowohl für Männer als auch für Frauen. (Weibliche Athletinnen werden nach wie vor weithin als ›Girls‹ bezeichnet. Und erst in jüngster Zeit haben viele Weiße aus den Südstaaten der USA aufgehört, erwachsene Schwarze Männer ›Boy!‹ zu nennen, während in Südafrika diese Praxis nach wie vor anhält.) Infantilisierung kann auch als eine Art symbolischer Kastration des Schwarzen Mannes verstanden werden (d.h. ihn seiner Männlichkeit zu berauben); und, wie wir gesehen haben, haben Weiße oft über die exzessiven sexuellen Gelüste und die Potenz Schwarzer Männer fantasiert – genauso wie über den lüsternen, übersexualisierten Charakter Schwarzer Frauen – *die sie sowohl fürchteten als auch insgeheim beneideten.* Angebliche Vergewaltigung war bis zur Bürgerrechtsbewegung die Haupt-›Rechtfertigung‹ für das Lynchen Schwarzer Männer in den Südstaaten (Jordan, 1968). Wie Mercer feststellt: »Die ursprüngliche Fantasie des großen Schwarzen Penis vermittelt die Angst vor einer Bedrohung nicht nur für alle Weißen Frauen, sondern für die Zivilisation als solche, ebenso wie die Furcht vor ›Rassenmischung‹, eugenischer Verschmutzung und rassisierter Degeneration durch Weiße männliche Rituale rassistischer Aggression ausgelebt wird: das historische Lynchen Schwarzer Männer in den Vereinigten Staaten beinhaltete regelmäßig eine tatsächliche Kastration [...] des Anderen« (1994a, 185).

Die Resultate waren oft brutal. Doch das Beispiel zeigt auch die Kreisförmigkeit von Macht und die *Ambivalenz* – die doppelseitige Natur – von

Repräsentation und Stereotypisierung. Denn, wie Staples, Mercer und Julien uns erinnern, antworteten Schwarze Männer auf diese Infantilisierung manchmal, indem sie eine Art umgekehrter Karikatur der Hyper-Männlichkeit und Super-Sexualität annahmen, mit denen sie stereotypisiert worden waren. Wie Kinder behandelt, reagierten einige Schwarze mit der Annahme eines aggressiv-männlichen ›Macho‹-Stils. Dies jedoch diente nur dazu, die Weiße Fantasie von der Unregierbarkeit und exzessiven sexuellen Natur der Schwarzen zu bestätigen (siehe Wallace 1979). So können also die ›Opfer‹ durch das Stereotyp gefangen sein, indem sie es, während sie sich ihm zu widersetzen suchen, unbewusst bestätigen.

Dies mag paradox erscheinen, aber es hat seine eigene ›Logik‹. Diese Logik hängt davon ab, dass Repräsentation zur gleichen Zeit auf zwei verschiedenen Ebenen arbeitet: auf einer bewussten und offensichtlichen Ebene, und auf einer unbewussten und unterdrückten Ebene. Die erste Ebene dient oft als an die Stelle der zweiten tretende ›Tarnung‹. Die bewusste Einstellung von Weißen – dass »Schwarze keine richtigen Männer, sondern nur einfache Kinder sind« – kann dazu dienen, eine tiefere, beunruhigendere Fantasie zu tarnen und zuzudecken: dass »Schwarze in Wirklichkeit Super-Männer sind, sexuell besser ausgestattet als Weiße, und sexuell unersättlich«. Es wäre unangemessen und ›rassistisch‹, dieser letzteren Ansicht offen Ausdruck zu verleihen; aber die Fantasie ist trotzdem vorhanden, und wird insgeheim von vielen geteilt. Daher scheinen Schwarze, wenn sie wie ›Machos‹ handeln, das Stereotyp (dass sie bloß Kinder sind) herauszufordern – aber in diesem Prozess bestätigen sie oft die Fantasie, die hinter dem Stereotyp steckt oder seine ›Tiefenstruktur‹ ist (dass sie aggressiv, hypersexuell und überpotent sind). Das Problem ist, dass Schwarze in der binären Struktur des Stereotyps gefangen sind, das in zwei extreme Gegenteile aufgespalten ist – und sie gezwungen sind, endlos zwischen ihnen hin und her zu pendeln, während sie manchmal als *beides zur gleichen Zeit* repräsentiert werden. So sind Schwarze sowohl kindlich als auch ›hypersexuell‹, genau wie Schwarze Jugendliche ›einfältige Sambos‹[6] und/oder ›verschlagene, gefährliche Wilde‹ sind; und ältere Männer ›Barbaren‹ und/oder ›edle Wilde‹ – Onkel Toms.

Der wichtige Punkt ist, dass Stereotype sich sowohl auf Vorstellungen in der Fantasie beziehen, als auch auf das, was als ›wirklich‹ wahrgenommen wird. Zudem ist das, was visuell durch die Praktiken der Repräsentation produziert wird, nur die halbe Geschichte. Die andere Hälfte – die tiefere

6 Der *Sambo* ist eine Figur aus den Minstrel-Shows des 19. Jahrhunderts, die auf Darstellungen des »Bauerntölpels« zurückgeht.

Bedeutung – liegt in dem, *was nicht gesagt, aber vorgestellt wird, was impliziert wird, aber nicht gezeigt werden kann.*

Bis hierhin haben wir argumentiert, dass ›Stereotypisierung‹ ihre eigene *Poetik* hat – ihre eigene Funktionsweise – und ihre *Politik* – die Art und Weise, auf die sie mit Macht ausgestattet ist. Wir haben auch argumentiert, dass es sich hierbei um einen besonderen Typus von Macht handelt – eine hegemonische und diskursive Form der Macht, die genauso durch Kultur, die Produktion von Wissen, Bildersprache und Repräsentation wirkt, wie durch andere Mittel. Außerdem ist sie *kreisförmig*: sie involviert sowohl die ›Subjekte‹ der Macht als auch jene die ihr ›unterworfen‹ sind. Aber die Einführung der sexuellen Dimension führt uns zu einem anderen Aspekt der ›Stereotypisierung‹: nämlich zu ihrer Grundlage in Fantasie und Projektion – und zu ihren Effekten der *Spaltung* und *Ambivalenz.*

In ›Orientalismus‹ hat Said bemerkt, dass die »allgemeine Idee dessen, wer oder was ein ›Orientale‹ sei, [...] nach einer detaillierten Logik« entstanden ist, die nicht – wie er betont – »einfach aus der empirischen Realität abgeleitet wurde, sondern aus einem Arsenal von Begehren, Repressionen, Aufwendungen und Projektionen.« (Said 1978, 8) Doch wo kommt diese Unmenge von »Begehren, Repressionen, Aufwendungen und Projektionen« her? Welche Rolle spielt *Fantasie* in den Praktiken und Strategien rassisierter Repräsentation? Wenn die Fantasien, die hinter den rassisierten Repräsentationen liegen, nicht offen gezeigt oder ›gesprochen‹ werden können, wie finden sie dann ihren Ausdruck? Wie werden sie ›repräsentiert‹? Dieses führt uns zu der Repräsentationspraktik, die als *Fetischismus* bekannt ist.

4.3 Fetischismus und Verleugnung

Im Folgenden wollen wir diese Fragen von Fantasie und Fetischismus ergründen, indem wir unsere Argumente bezüglich Repräsentation und Stereotypisierung durch ein konkretes Beispiel zusammenfassen.

In *Difference and Pathology* (1985) schreibt Sander Gilman, dass Stereotypisierung immer beinhaltet, was er (a) die Spaltung in ein ›gutes‹ und ein ›schlechtes‹ Objekt und (b) die Projektion von Furcht auf den Anderen nennt.

In einem späteren Essay bezieht sich Gilman auf den ›Fall‹ einer afrikanischen Frau, Saartje (oder Sarah) Baartman, bekannt als die ›Hottentotten-Venus‹, die 1819 von einem burischen Farmer aus der südafrikanischen Kapregion und einem Arzt auf einem afrikanischen Schiff nach England gebracht wurde, und regelmäßig über fünf Jahre in London und Paris ›ausgestellt‹ wurde (Abbildung 22). In ihren frühen ›Vorführungen‹ wurde sie

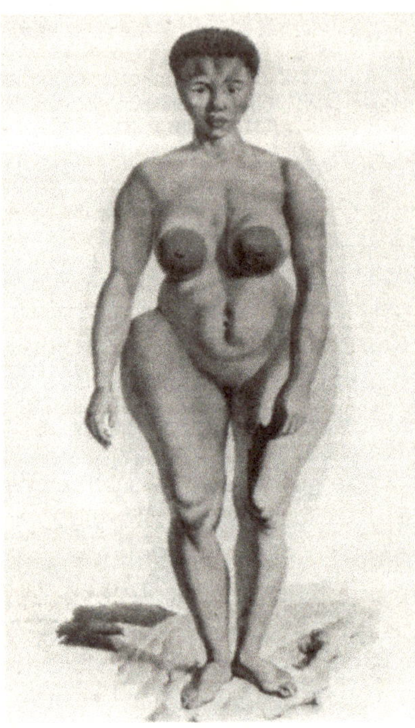

Abbildung 22: ›Die Hottentotten-Venus‹ – Saartje Baartman.

auf einer angehobenen Bühne wie ein wildes Tier präsentiert. Sie kam und ging aus ihrem Käfig, wenn es ihr befohlen wurde, »eher ein Bär in Ketten als ein menschliches Wesen« (in Lindfors, unveröffentlichtes Manuskript, zitiert nach *The Times*, 26. November 1810). Sie erregte ein beachtliches öffentliches Aufsehen. In der Folge wurde sie in Manchester getauft, heiratete einen Afrikaner und hatte zwei Kinder, sprach Niederländisch und lernte etwas Englisch, und während eines Gerichtsprozesses in Chancery, der durchgeführt wurde, um sie vor Ausbeutung zu schützen, erklärte sie, sie stünde »unter keinem Zwang« und sei »glücklich, in England zu sein«. Darauf tauchte sie wieder in Paris auf, wo sie bis zu ihrer tödlichen Pocken-Krankheit 1815 ein überraschend großes öffentliches Aufsehen erregte.

Sowohl in London als auch in Paris wurde sie in zwei ziemlich unterschiedlichen Kreisen berühmt: in der allgemeinen Öffentlichkeit als ein populäres ›Spektakel‹, das in Balladen, Cartoons, Illustrationen, Melodramen und Zeitungsberichten gewürdigt wurde; und unter den Naturforschern und Ethnologen, die maßen, beobachteten, zeichneten, gelehrte Abhandlungen über sie schrieben, modellierten, Wachs- und Gipsabdrücke machten, und jedes Detail ihrer Anatomie, tot und lebendig, unter die Lupe nahmen. (Abbildung 23) Was beide Zuschauerkreise anzog, war nicht nur ihre Größe (sie war keine 140cm groß), sondern auch ihre *Steatopygia* – ihr vorstehendes Gesäß, ein Merkmal der Hottentotten-Anatomie – und das, was als ihre ›Hottentotten-Schürze‹ beschrieben wurde: eine Vergrößerung der Schamlippen, die »durch eine Manipulation der Genitalien verursacht worden war und von Hottentotten und Buschmännern als schön angesehen wurde« (Gilman 1985, 85). Wie jemand grob bemerkte: »man könnte sagen, dass sie ihr Glück hinter sich her trug, denn niemals zuvor mag London eine ›Heidin mit so schwerem Arsch‹ gesehen haben« (zitiert in Lindfors, ebd., 2).

Ich möchte eine Reihe von Punkten aus dem Beispiel der ›Hottentotten-Venus‹ herausgreifen, die sich auf Fragen der Stereotypisierung, der Fantasie und des Fetischismus beziehen.

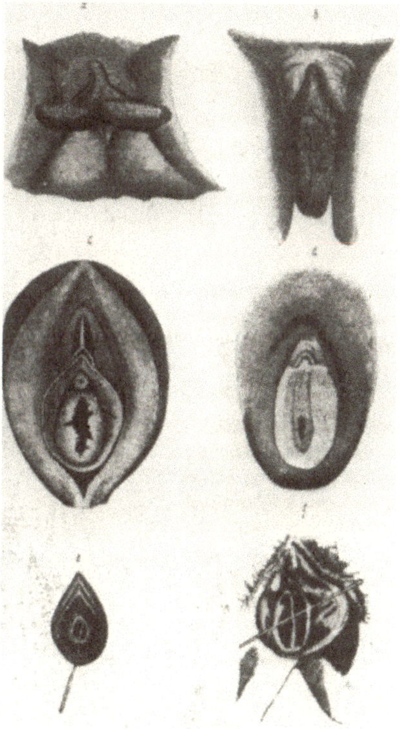

Erstens ist die Sorgfalt – man könnte sagen Obsession – hervorzuheben, mit der sich der Kenntlichmachung von Differenz gewidmet wurde. Saartje Baartman wurde zur Verkörperung von ›Differenz‹. Obendrein wurde ihre Differenz ›pathologisiert‹, indem sie als eine krankhafte Form von ›Andersheit‹ repräsentiert wurde. Sie passte symbolisch nicht in die ethnozentrische Norm, die auf europäische Frauen angewendet wurde und, indem sie aus dem westlichen Klassifikationssystem herausfiel, musste sie als ›Anders‹ konstruiert werden.

Abbildung 23: »[…] jede Einzelheit ihrer Anatomie«: sexuelle Anormalitäten bei Frauen, aus: Cesare Lombroso und Guillaume Farraro, La donna delinquente: la prostituta e la donna normale (Turin, L. Roux, 1893).

Als Nächstes betrachte man ihre Reduktion auf Natur, deren Signifikant ihr *Körper* war. Ihr Körper wurde wie ein Text ›gelesen‹, aufgrund des lebenden Beweises – der Wahrheit –, den er von ihrer absoluten ›Andersheit‹ und damit von der unveränderbaren Differenz zwischen den Races, lieferte.

Außerdem ›kannte‹, repräsentierte und beobachtete man sie auf der Folie einer Reihe polarisierter, binärer Gegensätze. ›Primitiv‹, nicht ›zivilisiert‹, war sie an die natürliche Ordnung angepasst – und wurde deshalb mit wilden Tieren verglichen, wie dem Menschenaffen oder dem Orang-Utan – anstatt an die menschliche Kultur. Diese Naturalisierung von Differenz wurde vor allem durch ihre Sexualität signifiziert. Sie wurde auf ihren Körper reduziert, und ihr Körper wiederum wurde auf ihre Geschlechtsorgane reduziert. Diese fungierten als die wesentlichen Signifikanten ihres Platzes in der universellen Ordnung der Dinge. In ihr fielen Natur und Kultur zusammen, und konnten deshalb gegeneinander ausgetauscht, voneinander abgelesen werden. Was als ihre ›primitiven‹ Geschlechtsorgane gesehen wurde, signifizierte ihre ›primitiven‹ sexuellen Gelüste, und andersherum.

Weiterhin war sie einer extremen Form des Reduktionismus unterworfen – einer Strategie, die oft in der Repräsentation weiblicher Körper, gleich welcher Race, angewandt wird, besonders in der Pornografie. Ihre sterblichen Überreste, die konserviert wurden, dienten auf eine essentialisierende und reduktionistische Weise als »eine pathologische Zusammenfassung des ganzen Individuums« (Gilman 1985, 88). In den Nachbildungen und Abdrucken, die im Musée de l'Homme aufbewahrt wurden, wurde sie buchstäblich in eine Ansammlung separater Gegenstände, in ein Ding verwandelt – »eine Kollektion sexueller Teile«. Sie wurde einer Art symbolischer Zerlegung oder *Fragmentierung* unterzogen – eine weitere Technik, die aus der männlichen wie der weiblichen Pornografie bekannt ist. Wir werden hier an Frantz Fanons Beschreibung in *Schwarze Haut, Weiße Masken* erinnert, an die Art und Weise, wie er sich als ein Schwarzer Mann durch den Blick einer Weißen Person ›auseinandergerissen‹ fühlte: »die Blicke des Anderen fixierten mich dort, genauso wie eine chemische Lösung durch einen Farbstoff fixiert wird. Ich war entrüstet; ich forderte eine Erklärung. Nichts passierte. Ich zerbarst in Stücke. Jetzt sind die Fragmente wieder durch ein anderes Selbst zusammengesetzt worden« (1986, 109). Saartje Baartman existierte nicht als ›eine Person‹. Sie war in ihre entsprechenden Teile zerlegt worden. Sie war ›fetischisiert‹ – in ein Objekt verwandelt worden. Dieses Ersetzen des *Ganzen* durch einen *Teil*, eines *Subjekts* durch ein *Ding* – ein Objekt, ein Organ, ein Körperteil – ist der Effekt einer sehr wichtigen Repräsentationspraxis – *Fetischismus*.

Fetischismus bringt uns in den Bereich, wo Fantasie in Repräsentation interveniert; auf die Ebene, wo das, was in der Repräsentation gezeigt oder gesehen wird, nur im Verhältnis zu dem verstanden werden kann, was nicht gesehen, nicht gezeigt werden kann. *Fetischismus* beinhaltet die Ersetzung einer gefährlichen und mächtigen, jedoch verbotenen Kraft durch ein ›Objekt‹. In der Anthropologie bezieht er sich auf die Art und Weise, wie ein mächtiger und gefährlicher Geist eines Gottes auf einen Gegenstand – auf eine Feder, ein Stück eines Stockes, sogar eine Abendmahls-Hostie – übertragen werden kann, der mit der spirituellen Macht dessen aufgeladen werden kann, das er ersetzt. In Marx' Konzept des ›Warenfetischismus‹ wurde die lebendige Arbeit des Arbeiters übertragen und verschwindet in den Dingen – den Waren, die die Arbeiter produzieren, jedoch zurückkaufen müssen, als ob sie jemand anderem gehörten. In der Psychoanalyse wird ›Fetischismus‹ als ein Ersatz für den ›abwesenden‹ Phallus beschrieben – wenn der sexuelle Trieb auf einen anderen Teil des Körpers verlagert wird. Der Ersatz wird erotisiert, mit sexueller Energie, Macht und Begierde ausgestattet, die in dem Objekt, auf die sie in Wirklichkeit gerichtet sind, keinen Ausdruck finden können. *Fetischismus* in der Repräsentation bedient sich aller dieser Bedeutungen. Er beinhaltet ebenfalls *Verschiebung*. Der Phallus kann nicht repräsentiert werden, denn er ist verboten, tabu. Die sexuelle Energie, das Begehren und die Gefahr, alles Emotionen, die auf machtvolle Weise mit dem Phallus assoziiert sind, werden auf andere Teile des Körpers oder auf ein anderes Objekt übertragen, das ihn ersetzt.

Abbildung 24: Nubische Ringer, Fotografie von George Rodger.

Ein exzellentes Beispiel dieser Trope ist die Fotografie zweier nubischer Ringer aus einem Bildband des englischen Dokumentarfotografen George Rodger (Abbildung 24). Dieses Bild wurde von Leni Riefenstahl, der früheren Nazi-Filmemacherin, deren Ruf auf der Verfilmung von Hitlers Nürnberger Parteitag 1934 (*Triumph des Willens*) und der Berliner Olympiade 1936 *(Fest der Schönheit/Fest der Völker)* gründete, in Ehrerbietung an Rodger auf dem hinteren Buchrücken ihres Buches *Die Nuba* (1973) abgedruckt.

Gilman (1985) beschreibt ein ähnliches Beispiel von rassisiertem Fetischismus in ›Die Hottentotten-Venus‹. In diesem Beispiel wurde der Blick des Betrachters von ihren Genitalien, dem Objekt seiner wirklichen sexuellen Obsession, auf ihr Hinterteil *verschoben*. »Weibliche Sexualität wird mit dem Bild des Hinterteils verknüpft, und der Inbegriff eines Hinterteils ist das der Hottentottin« (91).

Wie wir festgestellt haben, beinhaltet Fetischismus Verleugnung. Verleugnung ist die Strategie, durch die einer machtvollen Faszination oder einem machtvollen Begehren einerseits nachgegeben wird, sie andererseits aber gleichzeitig abgestritten werden. Verleugnung findet statt, wo das, was tabuisiert wurde, es dennoch schafft, eine verschobene Form der Repräsentation zu finden. Wie Homi Bhabha feststellt: »Es ist eine nichtrepressive Form des Wissens, die es möglich macht, gleichzeitig zwei sich widersprechende Überzeugungen anzunehmen, eine offizielle und eine geheime, eine archaische und eine progressive, eine, die Ursprungsmythen zulässt, und eine andere, die Differenz und Spaltung artikuliert« (1986a, 168). Freud schrieb in seinem bemerkenswerten Aufsatz über ›Fetischismus‹:

> »[…] der Fetisch ist der Ersatz für den Phallus des Weibes (der Mutter), an den das Knäblein geglaubt hat und auf den es – wir wissen warum – nicht verzichten will. […] Es ist nicht richtig, dass das Kind sich […] den Glauben an den Phallus des Weibes unverändert gerettet hat. Es hat ihn bewahrt, aber auch aufgegeben; im Konflikt zwischen dem Gewicht der unerwünschten Wahrnehmung und der Stärke des Gegenwünschens ist es zu einem Kompromiss gekommen […] Ja, das Weib hat im Psychischen dennoch einen Penis, aber dieser Penis ist nicht mehr dasselbe, das er früher war. Etwas anderes ist an seine Stelle getreten, ist sozusagen zu seinem Ersatz ernannt worden …« (Freud 1982b/1927, 383–385)

(Wir sollten an dieser Stelle festhalten, dass Freud, indem er den Fetischismus auf die Kastrationsangst des männlichen Kindes zurückführt, dieser Trope den unauslöschlichen Stempel einer männlichen Phantasie aufdrückt. Das Versagen Freuds und eines Großteils der späteren Psychoanalyse, weiblichen Fetischismus zu theoretisieren, wurde jüngst einer ausführlichen Kritik unterzogen (siehe unter anderem McClintock, 1995)).

Indem wir der allgemeinen Logik des Fetischismus als einer Repräsentationsstrategie folgen, könnten wir über den nubischen Ringer sagen: »Obwohl es verboten ist, *kann* ich auf die Genitalien des Ringers schauen, denn sie sind nicht länger wie sie waren. Ihre Stelle wurde vom Kopf des Ringer-Kollegen eingenommen.« So stellt Kobena Mercer über Leni Riefenstahls Verwendung von Rogers Fotografie fest, dass »Riefenstahl zugibt, dass ihre Faszination für dieses ostafrikanische Volk ihren Ursprung nicht in einem Interesse an ihrer ›Kultur‹ hatte, sondern in einem Foto zweier nubischer Ringer von […] George Rodger […] In diesem Sinne ist ihr anthropologisches Alibi für ihren ethnografischen Voyeurismus nichts anderes als die sekundäre Erklärung und Rationalisierung des ursprünglichen Wunsches, dieses verlorene Bild immer und immer wieder zu sehen (1994a, 187).

Fetischismus ist also eine Strategie, um beides gleichzeitig zu haben: um das tabuisierte, gefährliche und verbotene Objekt des Vergnügens und des Begehrens gleichzeitig zu repräsentieren und doch *nicht* zu repräsentieren.

Es verschafft uns, was Mercer ein ›Alibi‹ nennt, und was wir weiter oben eine ›Tarnung‹ genannt haben. Wir haben also gesehen, dass im Falle der ›Hottentotten-Venus‹ der Blick nicht nur von den Genitalien auf das Gesäß verschoben wurde, sondern dass dies den Betrachtern auch erlaubt, weiterhin hinzuschauen, während sie gleichzeitig die sexuelle Natur ihres Blickes verleugnen. Ethnologie, Naturwissenschaft, die Suche nach anatomischen Fakten spielt hier die Rolle der ›Tarnung‹, der Verleugnung, die dem verbotenen Begehren zu operieren erlaubt. Es ermöglicht, dass der doppelte Fokus aufrechterhalten wird – hinzuschauen und gleichzeitig nicht hinzuschauen – ein ambivalentes Begehren, das befriedigt werden will. Was als anders, abstoßend, ›primitiv‹, deformiert erklärt wird, wird gleichzeitig obsessiv und anhaltend genossen, weil es fremd, ›anders‹ und exotisch ist. Die Wissenschaftler können Saarje Baartman nackt und in aller Öffentlichkeit ansehen, untersuchen und beobachten, jedes Detail ihrer Anatomie klassifizieren und sezieren, mit dem vollkommen akzeptablen Alibi, dass »alles im Namen der Wissenschaft, des objektiven Wissens, der ethnologischen Faktensammlung, im Streben nach Wahrheit« getan wird. Dies ist es, was Foucault meinte, als er davon sprach, dass Wissen und Macht ein ›Wahrheitsregime‹ schaffen.

So erlaubt Fetischismus also schließlich einen unregulierten *Voyeurismus*. Kaum einer könnte behaupten, dass der ›Blick‹ der (größtenteils männlichen) ›Zuschauer‹, die die ›Hottentotten-Venus‹ observierten, unvoreingenommen war. Wie Freud (1982a/1905) ausführt, liegt im ›Schauen‹ oft ein sexuelles Element, eine Erotisierung des Blicks. Schauen wird oft angetrieben von einer uneingestandenen Suche nach verbotenem Vergnügen und von einem Begehren, das nicht erfüllt werden kann. »Der optische Eindruck bleibt der Weg, auf dem die libidinöse Erregung am häufigsten geweckt wird« (Freud 1982a/1905, 66). Wir schauen weiter hin, auch wenn es nichts mehr zu sehen

Abbildung 25: Deutsche Karikatur eines Mannes, der die ›Hottentotten-Venus‹ durch ein Teleskop betrachtet, frühes 19. Jahrhundert.

gibt. Er nannte die obsessive Kraft dieses Vergnügens am Schauen ›Schaulust‹. Diese wird nur dann pervers, so Freud, »wenn sie sich ausschließlich auf die Genitalien einschränkt, wenn sie sich mit der Überwindung des Ekels verbindet [… oder] wenn sie das normale Sexualziel, anstatt es vorzubereiten, verdrängt« (ebd.).

Daher ist der Voyeurismus perfekt in der deutschen Karikatur des Weißen Gentleman dargestellt, der die ›Hottentotten-Venus‹ durch sein Teleskop beobachtet (Abbildung 25). Er kann ewig schauen, ohne gesehen zu werden. Allerdings, wie Gilman feststellt, wenn er auch ewig schaut, so kann er doch »nichts anderes als ihr Hinterteil« sehen (91).

5. *Der Angriff auf das rassisierte Repräsentationsregime*

Bis hierhin haben wir einige Beispiele aus dem Archiv rassisierter Repräsentation in der westlichen Populärkultur unterschiedlicher historischer Perioden analysiert und Praktiken der Repräsentation von Differenz und ›Andersheit‹ untersucht. Jetzt ist es an der Zeit, sich der letzten Gruppe von Fragen zuzuwenden, die in der Einleitung aufgeworfen wurden: Ist es möglich, ein dominantes Repräsentationsregime herauszufordern, anzufechten oder zu verändern? Wie sehen Gegenstrategien aus, die ein solches Untergraben des Repräsentationsprozesses initiieren könnten? Können ›negative‹ Arten, rassisierte Differenz zu repräsentieren, die in unseren Beispielen dominieren, durch eine ›positive‹ Strategie umgekehrt werden? Was für effektive Strategien gibt es dafür? Und was sind ihre theoretischen Grundlagen?

Ich möchte in Erinnerung rufen, dass das Argument, das es uns erlaubt, diese Frage überhaupt zu stellen, die vielfach explizierte Annahme ist, dass Bedeutung niemals vollständig festgeschrieben werden kann. Wenn Bedeutung durch Repräsentation endgültig festgelegt werden könnte, gäbe es keinen Wandel – und somit keine Gegenstrategien oder Interventionen. Natürlich vollbringen wir extreme Anstrengungen, um Bedeutung zu fixieren – genau darauf zielen die Strategien des Stereotypisierens, oft für eine bestimmte Zeit mit beträchtlichem Erfolg. Aber letztlich beginnt Bedeutung unweigerlich zu entgleiten; sie beginnt, sich zu verschieben, verdreht oder in neue Richtungen gebogen zu werden. Neue Bedeutungen werden über alte hinüber gestülpt. Wörter und Bilder tragen Konnotationen in sich, die niemand vollständig kontrolliert und diese marginalen oder untergründigen Bedeutungen kommen an die Oberfläche. Sie ermöglichen, dass unterschiedliche Bedeutungen konstruiert, verschiedene Dinge gezeigt und gesagt werden können. Bachtin und Vološinov haben einer entsprechenden

Praxis der Transkodierung einen kräftigen Anstoß gegeben: dabei geht es darum, sich eine existierende Bedeutung anzueignen, indem man sie neu besetzt (z. B. »Black is beautiful«).

Seit den 1960ern, als Fragen von Repräsentation und Macht in der antirassistischen Politik und anderen sozialen Bewegungen einen zentralen Platz erlangten, wurde eine Vielzahl unterschiedlicher *Transkodierungsstrategien* angewandt. Wir haben hier nur den Platz, drei von ihnen näher zu betrachten.

5.1 Die Umkehrung der Stereotype

In der Diskussion um rassisierte Stereotypisierung im amerikanischen Kino haben wir die zwiespältige Position Sidney Poitiers dargestellt und über die *integrationistische* Strategie in der US-Filmproduktion in den 1950ern gesprochen. Diese Strategie war, wie wir gesagt haben, mit hohen Kosten verbunden. Schwarze konnten zwar Zugang zum Mainstream erreichen – aber nur um den Preis, sich dem Bild, das die Weißen von ihnen hatten, und den Weißen Normen bezüglich Stil, Aussehen und Verhalten anzupassen. In der Folge der Bürgerrechtsbewegung der 1960er und 1970er Jahre kam es zu einer viel aggressiveren Behauptung Schwarzer kultureller Identität, einer positiven Einstellung gegenüber Differenz und einem Kampf um Repräsentation.

Das erste Resultat dieser Gegenrevolution war eine Serie von Filmen, die mit *Sweet Sweetback's Baadasssss Song* (Martin Van Peebles, 1971) und Gordon Parks Kassenschlager *Shaft* begann. In *Sweet Sweetback's Baadasssss Song* bewertet Van Peebles alle Eigenschaften, die normalerweise negative Stereotype darstellen, positiv. Er machte aus seinem Schwarzen Helden einen professionellen Sexprotz, der mit der Hilfe einer Gruppe aus dem ›Pöbel‹ Schwarzer Ghettos erfolgreich der Polizei entkommt, ein Polizeiauto in Brand setzt, ein anderes mit einem Billardqueue zertrümmert, in Richtung mexikanischer Grenze abhaut, dabei bei jeder Gelegenheit vollen Gebrauch von seinen sexuellen Fähigkeiten macht und schließlich davon kommt, mit einer über den Bildschirm gekritzelten Message: »Ein ›Baadass Nigger‹ kommt zurück, um ein paar Schulden einzutreiben.« *Shaft* handelte von einem Schwarzen Detektiv, der der Straße nahe, aber in Auseinandersetzungen mit der Schwarzen Unterwelt und einer Bande Schwarzer Aktivisten ebenso wie mit der Mafia verwickelt ist und dabei die Tochter eines Schwarzen Erpressers befreit. Was *Shaft* kennzeichnete, war der absolute Mangel des Detektivs an Respekt gegenüber Weißen. In einem smarten Apartment lebend, sich lässig aber in teuren Klamotten kleidend, wurde er in Werbeanzeigen als »einsamer Schwarzer ›Super-Nigger‹ – ein Mann mit Flair und Flamboyance, der sich auf Kosten des Weißen Establishments amüsiert«, beschrieben. Er war ein »gewalttätiger Mann, der ein gewalttätiges Leben lebte und Schwarzen Frauen, Weißem Sex, schnellem Geld, einfachem Erfolg, billigem Gras und anderen Freuden hinterher war« (Cripps 1978, 151ff.). Von einem Polizisten gefragt, wohin er des Weges sei, antwortet er: »Ich bin auf dem Weg zum Ficken. Und wo gehen Sie hin?« Auf den sofortigen Erfolg von *Shaft* folgte eine Reihe von gleichartigen Filmen, zu denen *Superfly*, ebenfalls von Parks, gehört, in dem Priest, ein junger Schwarzer Kokaindealer, mit einem letzten großen Deal vor seinem Rückzug aus dem Geschäft erfolgreich ist. Er überlebt sowohl eine Serie gewalttätiger Episoden als auch lebhafte sexuelle Begegnungen, um am Ende als ein reicher glücklicher Mann in seinem Rolls Royce davon zu fahren. Es gab viele spätere Filme in der gleichen Art (z. B. *New Jack City*), in deren Mittelpunkt (wie die Rapsänger sagen würden) »Bad-Ass Black Men With Attitude« stehen.

Wir können sofort die Anziehungskraft erkennen, die diese Filme besonders, aber nicht nur, auf das Schwarze Publikum ausübten. Die Art, in der ihre Helden mit Weißen umgehen, ist von einer bemerkenswerten Abwesenheit, ja sogar einer Umkehrung der alten Ehrerbietung und kindlichen Abhängigkeit ihnen gegenüber gekennzeichnet. In vielerlei Hinsicht sind dies ›Rachefilme‹ – das Publikum genießt den Triumph der Schwarzen Helden über ›Whitey‹ und liebt die Tatsache, dass sie damit davonkommen! Das, was wir das moralische Spielfeld nennen können, ist eingeebnet. Schwarze sind weder immer schlechter noch immer besser als Weiße. Sie nehmen normale menschliche Dimensionen an – gut, schlecht und indifferent. Sie unterscheiden sich in ihrem Geschmack, ihren Stilen, ihrem Verhalten, ihrer Moral, ihren Motivationen nicht von dem gewöhnlichen (Weißen) Amerikaner. In Klassenkategorien ausgedrückt können sie genauso ›cool‹, reich und elegant sein wie ihre Weißen Gegenüber. Und ihre Orte sind die bekannten realistischen Settings des Ghettos, der Straße, der Polizeistationen und der Drogen-Razzien.

Auf einer komplexeren Ebene platzierten sie Schwarze zum ersten Mal im Zentrum der populären Kinogenres – Verbrecher- und Actionfilme – und machten sie so zum wesentlichen Bestandteil dessen, was wir als das ›mythische‹ Leben und die ›mythische‹ Kultur des amerikanischen Kinos bezeichnen können. Letztendlich war dies vielleicht noch wichtiger als ihr ›Realismus‹, denn dies ist der Ort, an dem kollektive Fantasien des populären Lebens ausgearbeitet werden, und der Ausschluss der Schwarzen daraus machte sie gerade seltsam, anders, platzierte sie ›außerhalb des Bildes‹. Er beraubte sie der Möglichkeit des Berühmtseins, des heroischen Charismas, des Glanzes und des Vergnügens der Identifikation, die den Weißen Helden des *Film Noir*, der alten Privatdetektiv-, Kriminal- und Polizeithriller, der ›Romanzen‹ der städtischen Unterklassen und des Ghettos zukamen. Mit diesen Filmen waren die Schwarzen im kulturellen Mainstream angekommen – und das nicht zu knapp!

Diese Filme führten eine Gegenstrategie mit bemerkenswerter Zielstrebigkeit aus – die Umkehrung der Bewertung alltagskultureller Stereotypen. Und sie bewiesen, dass diese Strategie den Erfolg als Kassenschlager und die Identifikation des Publikums sichern konnte. Das Schwarze Publikum liebte sie, weil sie Schwarze Schauspieler in glänzende und heroische genauso wie in ›böse‹ Rollen brachten; das Weiße Publikum nahm sie an, weil sie alle Elemente des populären Kinogenres enthielten. Trotzdem beurteilen einige Kritiker ihren Erfolg als Gegenstrategien der Repräsentation zurückhaltender. Heute werden sie von vielen als ›Blaxploitation‹-Filme[7] gesehen.

Das Stereotyp umzukehren, bedeutet nicht notwendigerweise, es umzustürzen und zu untergraben. Dem Zugriff eines stereotypen Extrem zu entkommen (Schwarze sind arm, kindisch, untergeben, werden immer als Diener gezeigt, ewig ›gut‹, in untergeordneten Positionen, ehrerbietig gegenüber Weißen, niemals Helden, von Glanz, Vergnügen und sexueller sowie finanzieller Anerkennung ausgeschlossen) kann ganz einfach bedeuten, seinem stereotypen ›Anderen‹ (Schwarze sind von Geld motiviert, schubsen gerne Weiße herum, begehen Gewalttaten und Verbrechen so effektiv wie jeder andere, sind ›schlecht‹, machen sich mit den Leckerbissen davon, geben sich Drogen, Kriminalität und der Promiskuität hin, treten auf wie ›Super-Nigger‹ *und kommen immer damit durch!*) in die Falle zu gehen. Das mag ein Fortschritt gegenüber den vorherigen Zuschreibungen sein und es ist mit Sicherheit ein willkommener Wandel. Aber damit sind die Widersprüche der binären Struktur rassisierter Stereotypisierung nicht überwunden und auch die in Mercers und Juliens Worten »komplexe Dialektik von Macht und Unterordnung«, durch die »Schwarze männliche Identitäten historisch und kulturell konstruiert worden sind« (1994, 137), wird nicht aufgebrochen. Der Schwarze Kritiker Lerone Bennett erkennt an, dass »wir danach (nach *Sweet Sweetback* …) Schwarze im Film nie wieder in der gleichen Art und Weise (als edel, leidend, verlierend) sehen können« Aber er hielt dies »weder für revolutionär noch für Schwarz«, sondern

7 »Blaxploitation«: Kombination aus den Wörtern black (Schwarz) und exploitation (Ausbeutung).

vielmehr für eine Wiederbelebung bestimmter »antiquierter Weißer Stereotype« und sogar für »schädlich und reaktionär«. Wie er bemerkte, »hat sich niemand jemals seinen Weg zur Freiheit ervögelt« (zitiert nach Cripps 1978, 248). Diese Kritik wurde im Rückblick auf die gesamte Erscheinung Schwarzer Männlichkeit während der Bürgerrechtsbewegung, deren Nebenprodukt diese Filme ohne Zweifel sind, gerichtet. Schwarze feministische Kritikerinnen haben aufgezeigt, wie der Schwarze Widerstand gegenüber Weißer patriarchaler Macht während der 1960er oft mit einem übertriebenen ›Schwarzen männlichen Macho-Stil‹ und sexueller Aggressivität Schwarzer Führer gegenüber Schwarzen Frauen einherging (Michele Wallace 1979; Angela Davis 1983; bell hooks 1992).

5.2 *Positive und negative Bilder*

Die zweite Strategie, die rassisierten Regime der Repräsentation anzufechten, ist der Versuch, die ›negative‹ Bildsprache, die immer noch die alltagskulturelle Repräsentation dominiert, durch eine Reihe ›positiver‹ Bilder von Schwarzen, ihrem Leben und ihrer Kultur zu ersetzen. Dieser Ansatz hat den Vorteil, dass er eine Balance herstellt. Er wird von einer Akzeptanz – ja sogar einer Feier – der Differenz untermauert und kehrt die binären Gegensätze um, indem er den untergeordneten Begriff privilegiert und manchmal das Negative positiv liest: »Black is beautiful«. Er versucht, eine positive Identifikation mit dem vormals Verworfenen aufzubauen. Indem er das Sortiment rassisierter Repräsentation und die Komplexität dessen, was es bedeutet, ›Schwarz zu sein‹, stark erweitert, ficht er den Reduktionismus früherer Stereotype an. Ein Großteil der Arbeiten gegenwärtiger Schwarzer Künstler/innen, Fotograf/innen und Filmemacher/innen fällt in diese Kategorie. Auf dem Foto, das ausgewählt wurde, um David Baileys Kritik

Abbildung 26: »Rassismus bekämpfen«, Fotografie von David A. Bailey.

der ›positiven Bilder‹ in »Rethinking Black Representation« (1988) zu illustrieren, sehen wir Schwarze Männer, die auf Kinder aufpassen, und Schwarze Frauen, die sich in der Öffentlichkeit politisch organisieren – womit der konventionellen Bedeutung dieser Bilder eine andere Richtung gegeben wird.

Abbildung 27: Fotografie von David A. Bailey.

Grundlage dieses Ansatzes ist die Anerkennung und Feier von Vielfalt und Differenz. Eine andere Art von Beispiel ist die Anzeigenserie von »United Colours of Benneton«, die *ethnische Modelle*, besonders Kinder, aus verschiedenen Kulturen benutzt und Bilder rassisierter und ethnischer Hybridität feiert. Aber auch hier war die kritische Rezeption gemischt (Bailey 1988). Umgehen diese Bilder die schwierigen Fragen und lösen dabei die harschen Realitäten von Rassismus in einem liberalen Mischmasch der Differenz auf? Eigenen sich diese Bilder Differenz in Form eines Spektakels an, um ein Produkt zu verkaufen? Oder sind sie wahrhaftig eine politische Stellungnahme zur für jeden gegebenen Notwendigkeit, Differenz zu akzeptieren und in einer zunehmend vielfältigen, kulturell pluralen Welt »mit ihr zu leben«? Sonali Fernando (1992) nimmt an, dass diese Bildersprache »in beide Richtungen wirkt: auf der einen Seite problematisiert sie rassisierte Identität als komplexe Dialektik von Ähnlichkeiten und Differenzen, auf der anderen Seite aber [...] homogenisiert sie alle nicht-Weißen Kulturen als anders.«

Das Problem mit der positiv/negativ-Strategie ist, dass das Hinzufügen positiver Bilder zum weitgehend negativen Repertoire der dominanten Repräsentationsregime zwar die Vielfalt der Art und Weise vergrößert, in der ›Schwarzsein‹ repräsentiert wird, aber das Negative nicht notwendigerweise verdrängt. Da die Gegensätze bestehen bleiben, wird Bedeutung weiterhin von ihnen bestimmt und begrenzt. Diese Strategie fordert die Binaritäten heraus – aber sie unterminiert sie nicht. Der friedliebende, kinderumsorgende Rastafari kann immer noch, in der Zeitung des nächsten Tages, als exotisches und gewalttätiges Stereotyp erscheinen.

5.3 Durch das Auge der Repräsentation

Die dritte Gegenstrategie verortet sich selbst *innerhalb* der Komplexitäten und Ambivalenzen der Repräsentation und versucht, sie *von innen heraus* anzufechten. Es geht ihr mehr um die *Formen* rassisierter Repräsentation als darum, ihr einen neuen *Inhalt* zu geben. Sie arbeitet mit dem sich verschiebenden, unstabilen Charakter von Bedeutung und tritt in einen Kampf um Repräsentation ein. Gleichzeitig erkennt sie jedoch an, dass, gerade weil Bedeutung nie endgültig festzuschreiben ist, niemals ein finaler Sieg erreicht werden kann.

Daher meidet dieser Ansatz den Schwarzen Körper nicht etwa deshalb, weil er so sehr in die komplexen Zusammenhänge von Macht und Unterordnung innerhalb der Repräsentation verwickelt wurde, sondern bezieht sich positiv auf ihn als wesentlichen Ort ihrer Repräsentationsstrategien. Damit wird versucht, die Stereotype gegen sich selbst wirken zu lassen. Anstatt das gefährliche Terrain, das durch die Verknüpfung von Race, Geschlecht und Sexualität eröffnet wird, zu umgehen, stellt diese Strategie die dominanten geschlechtlichen und sexuellen Definitionen rassisierter Differenz bewusst in Frage, indem sie mit Schwarzer Sexualität arbeitet. *Da Schwarze so oft stereotyp durch den rassisierten Blick fixiert wurden*, mag es verlockend gewesen sein, die komplexen Gefühle zurückzuweisen, die mit dem ›Schauen‹ verbunden sind. Diese Strategie spielt im Gegensatz hierzu jedoch kunstvoll mit dem ›Schauen‹, wobei sie hofft, es eben durch ihre Aufmerksamkeit fremd erscheinen zu lassen – ihm also die Vertrautheit zu nehmen und so explizit zu machen, was oft verborgen ist – seine erotische Dimension (Abbildung 28). Sie hat keine Angst davor, Humor anzuwenden – zum Beispiel zwingt uns der Komiker Lenny Henry durch die witzigen Übertreibungen seiner afro-karibischen Karikaturen dazu, eher *mit* als *über* seine Charaktere zu lachen.

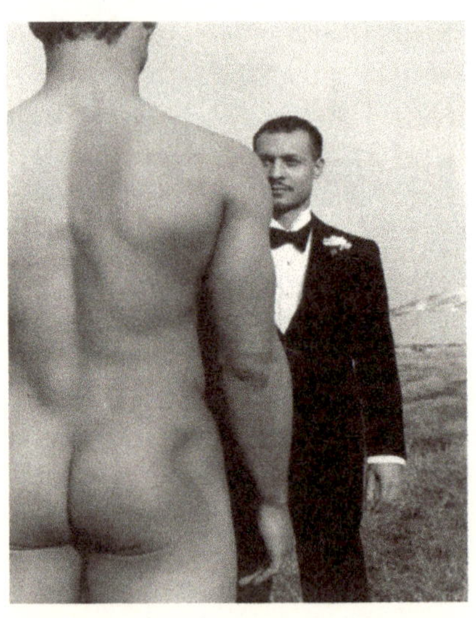

Abbildung 28: Fotografie aus Isaac Juliens *Looking for Langston*, 1989.

Schließlich versucht diese Strategie, die verschobene Macht und Gefahr des ›Fetischismus‹ nicht zurückzuweisen, sondern die sexuellen Wünsche und Ambivalenzen zu benutzen, die bildliche Ausdrücke des Fetischismus unweigerlich hervorrufen.

Abbildung 29 ist von Robert Mapplethorpe, einem berühmten schwulen Weißen amerikanischen Fotografen. Ihm wurde teilweise vorgeworfen, mit seinen technisch brillanten Studien nackter Schwarzer Männer Fetischismus und die Fragmentierung des Schwarzen Körpers zu betreiben, um ihn sich symbolisch zu seinem eigenen Vergnügen und Begehren anzueignen. In seinem Aufsatz »Reading Racial Fetishism« bringt Kobena Mercer dieses Argument gegen Mapplethorpe vor. Aber an einer späteren Stelle im zweiten Teil des gleichen Essays ändert Mercer seine Meinung. Er argumentiert, dass Mapplethorpes ästhetische Strategie die ambivalente Struktur des Fetischismus (der Differenz gleichzeitig bestätigt und verneint) ausnutzt. Dadurch wird die Fixiertheit des stereotypen ›Weißen‹ Blicks auf den Schwarzen Körper erschüttert und umgekehrt:

Abbildung 29: Jimmy Freeman, 1981, Fotografie von Robert Mapplethorpe (© 1981 The Estate of Robert Mappelthorpe).

> »Schwarze werden von oben herab betrachtet und als wertlos, hässlich und letztlich nicht-menschlich verachtet. Aber heimlich schauen Weiße zu den Schwarzen Körpern auf und verehren sie, verloren in Ehrfurcht und Neid, weil das Schwarze Subjekt als die Verkörperung des ästhetischen Ideals idealisiert wird.« (Mercer 1994, 201)

Mercer schließt daraus:

> »[…] es wird notwendig, rassisierten Fetischismus anders zu lesen, nicht als Wiederholung rassistischer Fantasien, sondern als eine dekonstruktivistische Strategie, die anfängt, die psychischen und sozialen Beziehungen der Ambivalenz offen zu legen, die bei der kulturellen Repräsentation von Race und Sexualität im Spiel sind.« (Ebd., 199)

Auf die Frage, welche der Gegenstrategien die effektivsten sind, gibt es keine eindeutige Antwort. Repräsentation ist eine komplexe und ambivalente Praxis. Das macht es so schwierig, ein rassisiertes Repräsentationsregime zu demontieren oder zu untergraben – ein Vorhaben, für das es wie für so vieles in diesem Zusammenhang niemals eine absolute Garantie geben kann. Damit wird das Feld eröffnet für ›Politiken der Repräsentation‹, für einen Kampf um Bedeutung, der andauert und nicht beendet ist.

Aus dem Englischen von Kristin Carls und Dagmar Engelken

Wer braucht ›Identität‹?

In den letzten Jahren hat die Diskussion über ›Identität‹ einen explosiven Aufschwung erlebt und zugleich rückte ›Identität‹ selbst in den Mittelpunkt der Kritik. Wie kann diese paradoxe Entwicklung erklärt werden? Und wohin leiten uns Kritik und Erneuerung der Identität? Verschiedene Disziplinen sind an ihrer Dekonstruktion beteiligt – dies in kritischer Haltung gegenüber der Vorstellung einer ursprünglichen und einheitlichen Identität ohne Brüche. In der Philosophie schreitet die Kritik an der stabilen Kontinuität des Selbst als Kern des ›cartesianischen Subjekts‹ voran. Die Frage nach der Konstituierung des Subjekts und dem Unbewussten wurde in von der Psychoanalyse beeinflussten Diskursen des Feminismus und der Kulturkritik weiterentwickelt. Das endlose performative Selbst wurde Teil neuer feierlicher Versionen des Postmodernismus. Die kritische Dekonstruktion von ethnischen, rassisierten und nationalen Konzeptionen der kulturellen Identität und ihnen entsprechenden ›Politiken der Verortung‹ hat aufregende theoretische Standpunkte hervorgebracht. Welcher Bedarf liegt daher für eine weiterführende Debatte um ›Identität‹ vor? Wer braucht sie?

Es gibt zwei Antworten auf diese Frage: Da ist zuerst die Reichweite der ›Dekonstruktion‹ des Essentialismus. Anders als Standpunkte, die nicht adäquate Erklärungsansätze durch ›wahrere‹ verdrängen oder solche, die zur Produktion positiven Wissens beitragen, orientieren dekonstruktive Ansätze auf die grundlegende Kritik der Kernelemente des vorherrschenden Begriffsapparates. Begriffe sind dann in ihrer ›klassischen‹ Definition nicht mehr verwendbar. Solange diese nicht dialektisch überarbeitet oder ersetzt werden, bleibt nichts anderes übrig, als mit den bisherigen Begriffen weiterzuarbeiten. Allerdings mit ihrer nun enttotalisierten und dekonstruierten Fassung, d.h. diese Begriffe können nicht länger in den Paradigmen benutzt werden, in denen sie aufgestellt wurden, aber paradoxerweise können sie so weiterhin ›gelesen‹ werden (vgl. Hall 1995). Jacques Derrida beschrieb diese Annäherung als »Denken an der Grenze«, als Denken in einem Abstand – eine Art »doppeltes Spiel« der ›Schrift‹:

> »Mit dieser doppelten, geradezu geschichteten, verschobenen und verschiebenden Schreibweise muss man außerdem den Abstand markieren zwischen der Inversion auf der einen Seite, die das Hohe herabzieht und ihre sublimierende

> oder idealisierende Genealogie dekonstruiert, und dem plötzlichen Auftauchen eines neuen ›Begriffs‹ auf der anderen Seite; eines Begriffs dessen, was sich in der vorangegangenen Ordnung nicht mehr verstehen lässt, ja sich niemals verstehen hat lassen.« (1986, 89)

Identität ist ein solcher Begriff, der als ›durchgestrichen‹ (*under erasure*)[1] sich im Übergang der Bedeutungen formiert, zwischen seiner Aufhebung und seinem Auftauchen; der nicht mehr in der alten Weise, und zugleich nicht ohne die bisherigen zentralen Fragen daran, gedacht werden kann.

Eine zweite Antwort verlangt von uns zu beachten, in Beziehung zu welcher Problematik das nicht reduzierbare Konzept von Identität auftaucht? Ich denke die Antwort liegt in der zentralen Bedeutung von Politik und Handlungsfähigkeit. In modernen politischen Bewegungen ist die Signifikanz des Signifikanten ›Identität‹ offensichtlich, aber auch die Widerstände und Instabilitäten, die alle zeitgenössischen Formen von ›Identitätspolitiken‹ angreifen und verändern. Bei ›Handlungsfähigkeit‹ geht es mir nicht um die Rückkehr zur Vorstellung eines unvermittelten und sich selbst transparenten Subjekts oder von der Identität als zentrierte Autorin der sozialen Praxis; auch nicht darum, einen Ansatz zu restaurieren, der »einen eigenen Standpunkt an den Ursprung aller Historizität stellt – kurz, der zu einem transzendentalen Bewusstsein führt« (Foucault 1971, 15). Ich stimme Michel Foucault zu, dass die Herausforderung »nicht eine Theorie des wissenden Subjekts, sondern vielmehr einer Theorie diskursiver Praxis ist« (ebd.). Aus dieser Dezentrierung folgere ich nicht, ›das Subjekt‹ aufzugeben oder zu eliminieren, sondern es in seinen neuen, verschobenen oder dezentrierten Positionen ins Paradigma aufzunehmen. Es sieht so aus, dass in dem Versuch, die Beziehung zwischen Subjekten und diskursiven Praktiken zu reartikulieren, die Frage nach der Identität wiederkehrt – oder die Frage nach *Identifikation*, wenn man es vorzieht vom Prozess der Subjektivation durch diskursive Praktiken zu sprechen, wie auch von Politiken des Ausschlusses, die scheinbar als Folge solcher Subjektivationen auftreten.

1 Anm. der Hg: Ein Wort durchgestrichen zu verwenden, bedeutet im poststrukturalistischen Verwendungsrahmen einerseits zu zeigen, dass das Wort – wie alle anderen Wörter – sich nur von seiner Differenz zu den anderen Wörtern her definiert und so seine Bedeutung durch Differenzen von Differenzen und Spuren her konstituiert und andererseits, dass einem die Sprache für einen anderen Ausdruck fehlt, d.h. das Wort passt nicht. Das Konzept der Durchstreichung findet sich sowohl bei Heidegger als auch bei Derrida. Heidegger strich das Wort ›Sein‹ durch, so dass sowohl das Wort noch lesbar als auch durchgestrichen war. Derrida schreibt in seiner dekonstruktiven Lektüre Heideggers: »In-Anführungszeichen-Setzen heißt stets: durchstreichen.« (Derrida 1993, 81)

Identität und Identifikation

Identifikation ist wohl einer der unklarsten Begriffe, fast so heikel wie der Begriff ›Identität‹ und diesem trotz all seiner begrifflichen Schwierigkeiten vorzuziehen. Identifikation nimmt Bedeutungen sowohl aus dem diskurstheoretischen wie aus dem psychoanalytischen Lager auf, ohne sich auf eines der beiden zu beschränken. Dieses semantische Feld ist zu komplex, um hier aufgeschlüsselt zu werden, aber es ist nützlich, zumindest die Relevanz dieser Forschungsaufgabe aufzuzeigen. In der Alltagssprache bedeutet Identifikation, seine Abstammung, Herkunft kenntlich zu machen; oder sie verweist auf Eigenschaften, Merkmale, die man mit einer anderen Person oder mit Gruppen teilt, oder auf die Übereinstimmung mit einem Ideal und der natürlichen Schlussfolgerung, Solidarität und Bindung auf dieser Grundlage zu etablieren. Im Gegensatz zum ›Naturalismus‹ dieser Definition sieht der diskurstheoretische Ansatz Identifikation als Konstruktion, als ein Prozess, der niemals abgeschlossen ist, immer ›prozesshaft‹ bleibt. Identifikation ist nicht determiniert in dem Sinn, dass sie ›gewonnen‹ oder ›verloren‹, festgehalten oder verlassen werden kann. Wenn auch nicht ohne determinierende Existenzbedingungen, einschließlich der materiellen und symbolischen Ressourcen, die dafür notwendig sind, ist Identifikation letztlich kontextabhängig, verankert in Kontingenz. Wenn sie erreicht ist, macht sie Differenz gleichwohl nicht unkenntlich. Die totale Verschmelzung, die Identifikation nahe legt, ist eine Vereinnahmungsphantasie (Sigmund Freud sprach in diesem Kontext von »Einverleiben« oder »Introjektion«). Identifikation ist zudem ein Prozess der Artikulation, eine Vernähung, eine Überdeterminierung, nicht eine Subsumtion. Es gibt immer ›zu viel‹ oder ›zu wenig‹ – eine Überdetermination oder einen Mangel, aber niemals passt es richtig, nie wird es ein Ganzes. Wie alle kennzeichnenden Praktiken, ist Identifikation dem ›Spiel‹, der *différance* unterworfen. Sie gehorcht der Logik des mehr-als-eins. Und weil Identifikation als Prozess sich gegen Differenz richtet, erfordert sie Diskursarbeit, das Ziehen und Markieren symbolischer Grenzen, die Produktion von ›Grenz-Effekten‹. Identifikation erfordert das was ausgelassen wird, sein konstitutiv Äußeres, um den Prozess zu festigen.

Aus seinem psychoanalytischen Gebrauch erhält der Begriff ein reiches semantisches Erbe. Freud sprach von Identifizierung als »früheste Äußerung einer Gefühlsbindung an eine andere Person« (1974, 98), die schon in der Vorgeschichte des Ödipus-Komplexes, der die Objekt-Besetzung der elterlichen Personen umschreibt, eine Rolle spielt. Identifikation ist »von

Anfang an ambivalent, sie kann sich ebenso zum Ausdruck der Zärtlichkeit wie zum Wunsch der Beseitigung wenden«. (ebd.). Identifikation muss nicht an ein existierendes Objekt gebunden sein, sondern kann ebenso die Bindung an eine verlorene »Objektwahl« sein. Identifikation strebt dann in erster Linie danach, »das eigene Ich ähnlich zu gestalten wie das andere zum ›Vorbild‹ genommene« (99), was den Verlust des libidinösen Begehrens des ursprünglichen Narzissmus ersetzt. Identifikation gründet in Phantasie, Projektion und Idealisierung. Ihr Objekt kann ebenso gehasst wie geliebt werden; »unter der Herrschaft der Mechanismen des Unbewussten« kann Identifikation bedeuten, dass das »Ich die Eigenschaften des Objektes an sich nimmt« (ebd.) und »in zwei Stücke zerfällt« (102). An der Identifikation arbeitet Freud den entscheidenden Unterschied zwischen dem, »was man sein« und dem »was man *haben* möchte« heraus (116; 99). Die Identifikation »benimmt sich wie ein Abkömmling der ersten *oralen* Phase der Libidoorganisation, in welcher man sich das begehrte und geschätzte Objekt durch Essen einverleibte und es dabei als solches vernichtete« (98). Laplanche und Pontalis betonen, dass »die Gesamtheit der Identifizierung nichts weniger als ein kohärentes Beziehungssystem [bildet]; so finden sich z. B. im Inneren einer Instanz wie dem Über-Ich unterschiedliche, konflikthafte, heteroklitische Forderungen. Ebenso wird das Ichideal durch Identifizierungen mit kulturellen Idealen gebildet, die nicht notwendig miteinander übereinstimmen« (1972, 223).

Mein Vorschlag ist hier nicht, all diese Konnotationen im Ganzen und ohne Übersetzung für unser Denken von ›Identität‹ zu übernehmen. Sie sind aber Teil der Bandbreite von Bedeutungen, die den Begriff ›Identität‹ besetzen und die auffordern, unser Denken über Identität strategisch und standpunktbezogen zu erneuern. Im Gegensatz zur vorherrschenden Semantik kann eine kritische Begrifflichkeit von Identität *nicht* an einem stabilen Kern des Selbst festhalten – ein Selbst, dass sich von Anfang bis Ende durch alle Schicksale und Wechselfälle der Geschichte ohne Veränderung entwickelt, das immerzu ›dasselbe‹ bleibt, identisch mit sich selbst durch die Zeit. Auch dann nicht, wenn wir diese essentialisierende Konzeption auf die Ebene der ›kulturellen Identität‹ übersetzen, im dem Sinne, dass sie ein kollektives ›einzig wahres Selbst‹ bestimmt, welches hinter vielen anderen, oberflächlicheren oder künstlich auferlegten ›Selbsten‹ verborgen ist, und das Menschen mit einer gemeinsamen Geschichte und Abstammung miteinander teilen; ein Selbst, welches vorgibt, eine unverwandelbare ›Einheit‹ oder kulturelle Zugehörigkeit stabilisieren, fixieren oder garantieren zu können und dabei alle äußerlichen Differenzen unterstreicht (vgl.

Hall 1994, 26ff.). Stattdessen gehe ich davon aus, dass Identitäten niemals einheitlich sind. In der Spätmoderne erscheinen sie zunehmend fragmentiert und zerstreut, jedoch niemals eindeutig. Identitäten sind konstruiert aus unterschiedlichen, ineinandergreifenden, auch antagonistischen Diskursen, Praktiken und Positionen. Sie sind Gegenstand einer radikalen Historisierung und beständig im Prozess der Veränderung und Transformation begriffen. Wir müssen in der Debatte über Identität die historisch spezifischen Entwicklungen und Praktiken aufgreifen, welche den relativ ›festgelegten‹ Charakter vieler Populationen und Kulturen aufgebrochen haben. Identität ist zugleich im Verhältnis zu Prozessen der Globalisierung zu denken, die sich meiner Meinung nach mit ›Modernität‹ überschneiden (vgl. Hall 1996b); und auch im Verhältnis zu Prozessen erzwungener und ›freier‹ Migration, die zu einem globalen Phänomen der so genannten ›postkolonialen‹ Welt geworden sind. Obwohl Identitäten auf einen gemeinsamen Ursprung in der historischen Vergangenheit zurückgreifen, auf den sie sich bis heute berufen, wird der Bezug zum Gebrauch von Ressourcen der Geschichte, der Sprache und der Kultur vielmehr in einem Prozess des ›Werdens‹ denn des ›Seins‹ hergestellt – wie in Fragen darüber ›wer wir sind‹ oder ›woher wir kommen‹, ›was wir werden könnten‹, ›wie wir repräsentiert wurden‹ und was dazu führt, ›wie wir uns selbst repräsentieren würden‹. Identitäten sind daher innerhalb und nicht außerhalb von Repräsentation konstituiert. Sie beziehen sich auf die Erfindung von Tradition wie auf Tradition selbst; und zwingen uns ›Tradition‹ nicht als endlose Wiederholung zu lesen, sondern als »sich verändernde selbe«: nicht als so genanntes »zurück zu den Wurzeln«, sondern in dem Sinne, unsere »Routen« zu bewältigen (Gilroy 1993a). Identitäten gehen aus der Narrativierung des Selbst hervor, aber die notwendige fiktionale Natur dieses Prozesses unterminiert in keiner Weise ihre diskursive, materiale und politische Effektivität. Selbst wenn die Zugehörigkeit, das ›nahtlose Einschreiben in die Erzählung‹, teilweise im Imaginären (wie im Symbolischen) verbleibt. Identität ist daher immer teilweise in der Phantasie konstruiert oder letztlich innerhalb eines phantasmatischen Feldes.

Identität, Differenz und Macht

Gerade weil Identitäten innerhalb und nicht außerhalb des Diskursiven konstruiert sind, müssen wir sie als an spezifischen historischen und institutionellen Orten, innerhalb spezifischer diskursiver Formationen und Praktiken wie auch durch spezifische Strategien hergestellt verstehen.

Überdies treten Identitäten innerhalb des Spiels von bestimmten Machtformen hervor, was vielmehr ein Effekt der Kennzeichnung von Differenz und Ausschluss denn ein Zeichen einer identischen, natürlich konstituierten Einheit – eine ›Identität‹ in ihrer traditionellen Bedeutung: eine alles einschließende Gleichheit, bruchlos, ohne innere Unterscheidung – ist.

Letztlich sind Identitäten vor allem auf der Grundlage von Differenz konstruiert und nicht jenseits von ihr, d.h. im Gegensatz zu der Form in der man sich gewöhnlich auf sie beruft. Dies hat die radikale und beunruhigende Erkenntnis zur Folge, dass die ›positive‹ Bedeutung jeder Bezeichnung – und somit ›Identität‹ – nur über die Beziehung zum Anderen, in Beziehung zu dem, was sie nicht ist, zu gerade dem, was von ihr ausgelassen ist, konstruiert werden kann; in Beziehung zu dem, was das *konstitutive Außen* genannt wurde (vgl. Butler 1997, Laclau 1990, Derrida 1986). Identitäten können nur aufgrund ihrer Kapazität Bedeutungen auszuschließen und auszulassen als Zielpunkte der Identifikation und Verbindung wirksam werden. Jede Identität hat ihren ›Rand‹, eine Unmäßigkeit, etwas mehr. Einheit und Homogenität sind keine natürlichen, sondern konstruierte Formen der Schließung, die jeder Identität als Notwendigkeit unterstellt werden, selbst wenn das Andere, das woran es der Identität ›mangelt‹, entnannt bleibt. Ernesto Laclau argumentiert, dass soziale Identitäten durch Machthandlungen konstituiert werden:

> »Wenn [...] eine Objektivität intendiert, sich (partiell) zu behaupten, ist dies nur möglich, indem das unterdrückt wird, was sie bedroht. [...] Derrida hat gezeigt, dass die Konstitution der Identität immer darauf basiert, etwas auszuschließen und eine machtvolle Hierarchie zwischen den zwei resultierenden Polen zu installieren, [...] wie bei Mann/Frau etc.: [...] dem zweiten Begriff ist hier eigen, auf die Funktion der Ausnahme reduziert zu sein, im Gegensatz zur Essentialität des ersten. Dasselbe gilt für das Verhältnis zwischen ›Schwarz/Weiß‹, in dem ›Weiß‹ als natürlich, als Äquivalent zum ›Mensch-Sein‹ gilt. ›Frau‹ und ›Schwarz‹ sind markierte Begriffe im Gegensatz zu den nicht gekennzeichneten Begriffen ›Mann‹ und ›Weiß‹.« (1990, 33)

So sind die ›Einheiten‹, die Identitäten verkünden, tatsächlich innerhalb des Spiels der Macht und des Ausschlusses konstruiert. Identitäten sind nicht das Ergebnis einer natürlichen und unvermeidlichen oder ursprünglichen Totalität, sondern das eines naturalisierten, überdeterminierten Prozesses der ›Schließung‹ (Bhabha 2000; Hall 1994, 180ff.).

Wenn ›Identitäten‹ nur gegen einen wesenhaften Kern gelesen werden können – d.h. *nicht* als solche, die durch das Spiel der Differenz im Sinne von Herkunft und Stabilität fixiert werden, sondern als solche, die in oder durch *différance* konstruiert und dabei kontinuierlich destabilisiert werden, aufgrund dessen was sie ausschließen – wie können wir dann die Bedeutung von Identität verstehen und wie können wir ihre Konstituierung theoretisieren? Auch für Avtar Brah stellen sich weitergehende Fragen im Anschluss an psychoanalytische und poststrukturalistische Theoretisierungen von ›Differenz‹ und Subjektivität:

> »Ungeachtet der Einwände Fanons richtet die Forschung den Blick zunehmend darauf, wie das ›rassisierte/ethnisierte Andere‹ im psychischen Bereich konstituiert ist. Wie wird die postkolonial vergeschlechtlichte und ›rassisierte/ethnisierte‹ Subjektivität analysiert? Begrenzt die Bevorzugung der ›sexuellen Differenz‹ und der frühen Kindheit in der Psychoanalyse ihre Erklärungskraft, um die psychischen Dimensionen der sozialen Phänomene wie z. B. Rassismus zu verstehen? Wie wird die soziale und ›symbolische Ordnung‹ in der Konstituierung des Subjekts artikuliert? In anderen Worten: Wie können die Bindeglieder zwischen sozialer und psychischer Realität theoretisiert werden? « (1992, 142)

Antworten auf diese Fragen zu finden, setzt voraus, Inhalt und Gebrauch des Begriffs ›Identität‹ zu verschieben. Mein Versuch hierzu fand zunächst keine breite Zustimmung und wurde vielleicht nicht gut verstanden. Ich gebrauche ›Identität‹, um auf den Punkt des *Vernähens* (to suture)[2] zu verweisen, zwischen Diskursen und Praktiken auf der einen Seite – die Anrufung, uns als diskursiv bestimmtes gesellschaftliches Wesen zu verorten – und Prozessen, die Subjektivitäten produzieren auf der anderen Seite – die uns als Subjekte konstruieren, die sich ›sprechen‹ lassen, die verständlich sind. Identitäten sind solche Punkte temporärer Verbindungen mit Subjektpositionen, die aus diskursiven Praktiken hervorgehen (vgl. Hall 1995). Sie sind das Ergebnis einer erfolgreichen Artikulation oder ›Verkettung‹ des Subjekts in den Lauf der Diskurse, was Stephen Heath in seinem wegbereitenden Essay zur ›Vernähung‹ einen »Kreuzungspunkt« nennt: »Eine Theorie der Ideologie kann nicht vom Subjekt aus beginnen, sondern von den Effekten der Vernähung, von den Wirkungen der Teilhabe des Subjekts an Bedeutungsstrukturen. « (1981, 106) Identitäten sind Positionen, die das Subjekt ergreifen muss; das Subjekt muss ›wissen‹, dass Repräsentationen

2 Anm. der Hg: Der Begriff der »Naht« ist der Psychoanalyse entnommen und findet seine Verwendung insb. in der Lacanschen Theorie. Jacques-Alain Miller (1977/78) beschreibt den kategorialen Stellenwert des Begriffs: »›Naht‹ benennt die Beziehung des Subjekts zu der Kette seines Diskurses; wir werden sehen, dass es hier als das Element, das fehlt, in der Form des Vertretens auftaucht. Denn, während es fehlt, ist es nicht schlicht und einfach abwesend. ›Naht‹ bezeichnet die allgemeine Beziehung eines Mangels zu der Struktur, von der sie ein Element ist, insofern sie die Position des ›Platzeinnehmen‹ beinhaltet.« (Miller, 25f.; zitiert n. Laclau/Mouffe 1991, 246)

vorliegen. Repräsentation ist nie durchgreifend, sondern immer auch als Prozess konstruiert, der einen ›Mangel‹ und eine Spaltung ausdrückt und ›auf dem Feld des Andern‹ entsteht: Repräsentation kann daher nie adäquat übereinstimmen oder identisch sein mit den Konstitutionsprozessen des Subjekts, in die sie investiert. Die Vorstellung eines wirkungsvollen Vernähens zwischen Subjekt und Subjektposition erfordert nicht nur die ›Anrufung‹, sondern auch, dass das Subjekt in die Position investiert. Das Vernähen ist so nicht als einseitiger Prozess zu denken, sondern als *Artikulation*, was wiederum die Bedeutung der *Identifikation*, wenn nicht von Identitäten, in die Agenda der Theoriebildung neu einschreibt.

Althusser und Lacan – ›Anrufung‹ des Subjekts und ›Spiegelstadium‹

Der Verweis auf die ›Interpellation‹ – die diskursive Anrufung des Subjekts – erinnert daran, dass der heutige Diskurs um Identität eine bedeutende Vorgeschichte hat, die auf Louis Althussers Text *Ideologie und ideologische Staatsapparate* (ISA) zurückgeht. Nicht zuletzt auch um den Ökonomismus und Reduktionismus in der klassischen marxistischen Theorie zurückzudrängen, theoretisiert Althusser die ›doppelte Spiegelstruktur‹ der Ideologie und die Mechanismen der ›Anrufung‹: »das Individuum *wird als (freies) Subjekt angerufen, damit es sich freiwillig den Anordnungen des SUBJEKTS unterwirft, damit es also (freiwillig) seine Unterwerfung akzeptiert* und folglich ›ganz von alleine‹ die Gesten und Handlungen seiner Unterwerfung ›vollzieht‹.« (1977, 148). Angelpunkt ist hier beides in einen analytischen Zusammenhang zu bringen: die materialistische Funktion der Ideologie für die ›Reproduktion der Produktionsverhältnisse‹ (Marxismus) und (in Anlehnung an Lacan) die symbolische Funktion der Ideologie für die Formierung des Subjekts. Der Einfluss, den der *ISA*-Text auf die folgende Theoriebildung gewann, provozierte zugleich kritische Relektüren. Michèle Barrett problematisiert »die trennende und widersprüchliche Natur, die das Althusser'sche Argument initiierte« (1991, 96)[3]. Dennoch hat der *ISA*-Essay, wo er aufgenommen wurde, sich zu einem ungemein relevanten, wenn nicht einflussreichen Text in den Debatten entwickelt. So hat Jacqueline Rose in ihrem Beitrag *Sexualität im Feld der Anschauung* argumentiert, »dass die Frage der ›Identität‹ – wie sie sich konstituiert und wie sie

3 Vgl. auch Hall 2004b. Beide Seiten des schwierigen Problems der Ideologie werden in diesem Essay voneinander getrennt und werden seither verschiedenen Polen zugewiesen. [Siehe den Beitrag im vorliegenden Band: »Bedeutung, Repräsentation, Ideologie. Althusser und die poststrukturalistischen Debatten«].

verhandelt wird – für die Psychoanalyse den Eintritt in das politische Feld ausmacht« Sie konkretisiert zudem die Bedeutung des *ISA*-Textes:

> »Die Frage der Identität – ihrer Konstitution und Erhaltung – ist [...] das Hauptthema des Eintritts der Psychoanalyse in das politische Feld. Dies ist ein Grund, warum die Lacansche Psychoanalyse über Althussers Begriff der Ideologie in das intellektuelle Leben Englands Eingang gefunden hat, und zwar auf den zwei Wegen des Feminismus und der Filmanalyse (ein Umstand, der oft zur Diskreditierung aller drei diente). Über den Feminismus deshalb, weil die Frage, wie Individuen sich als männlich oder weiblich erkennen, und der Anspruch, dies zu tun, anscheinend in grundlegender Beziehung steht zu jenen Formen von Ungleichheit und Unterordnung, deren Veränderung das erklärte Ziel des Feminismus ist. Und über den Film, da seine Macht als ideologischer Apparat auf den Mechanismen der Identifikation und der sexuellen Phantasie beruht, an denen wir alle teilzunehmen scheinen, die aber – außerhalb des Kinos – zum Großteil nur auf der Couch eingestanden werden. Wenn Ideologie effektiv ist, so deshalb, weil sie auf der rudimentärsten Ebene der psychischen Identität und der Triebe arbeitet. « (1996, 11f.)

Wenn wir den ökonomistischen Reduktionismus nicht auf das psychoanalytische Feld übertragen wollen, sollten wir ergänzen: wenn Ideologie effektiv ist, dann weil sie auf *beiden* Ebenen arbeitet, auf der rudimentärsten Ebene der psychischen Identität und der Triebe *sowie auch* auf der Ebene der diskursiven Formation und Praktiken, die das soziale Feld konstituieren. Die Artikulation dieser wechselseitig konstitutiven aber nicht identischen Felder macht die eigentliche Problematik der Bezeichnung ›Identität‹ aus, die genau an dem Punkt entsteht, an dem sich das Psychische und Diskursive überkreuzen. Es ist unwahrscheinlich, dass wir die beiden Konstitutiven je als Äquivalente einpassen können. Das Unbewusste agiert als Verhinderung zwischen ihnen, als ihre Spaltung und lässt Identität so zum ›Ort eines fortwährenden Verschiebens oder Aufschiebens von Äquivalenz‹ werden, was nicht heißt, dass ›Identität‹ aufgrund dessen einfach aufgegeben werden kann (vgl. Hall 1995).

Heath erinnert daran, dass es Michel Pêcheux war, der damit begann, einen diskurstheoretischen Ansatz in der Althusser'schen Perspektive zu erarbeiten, und der letztlich eine unüberbrückbare Lücke zwischen den beiden Polen in der Althusser'schen Ideologietheorie feststellen musste: »die deutliche Abwesenheit einer entwickelten Artikulation zwischen *Ideologie* und dem *Unbewussten*« (Heath 1981, 101). Nach Pêcheux ist der Diskurs das Feld, auf dem diese Artikulation entwickelt werden muss: in kritischer Haltung zum vorherrschenden Verständnis von Diskurs als Produkt eines bloß individuellen Sprachgebrauchs, in dem das Verhältnis zwischen dem Sprachlichen und dem Sozialen entnannt bleibt, verweist er auf die Althusser'schen Mechanismen der Anrufung und nutzt den Foucault'schen Begriff der *diskursiven Formation*, der ›determiniert, was gesagt werden kann und muss‹. Heath führt diese Argumentation fort:

> »Die diskursive Formation konstituiert Individuen als Subjekte; ein Prozess der Subjektion, in dem das Individuum als Subjekt in einer Struktur der Verkennung identifiziert wird. (Das Subjekt ist als Quelle der Bedeutungen dargestellt, deren Effekt es zugleich ist.) Die Anrufung bezeichnet die Mechanismen dieser Struktur der Verkennung, begreift das Subjekt im Diskursiven und Ideologischen, ist der Punkt ihrer Entsprechung.« (Heath 1981, 102)

Diese ›Entsprechung‹ bleibt aber eine problematische Leerstelle. Paul Hirst richtet seine Kritik auf die sich fortsetzende Interpretation der ›Anrufung‹, die sich auf den Effekt konzentriert, dass sich ›das Subjekt‹ konstituiert, wenn sich der Einzelne in die herrschende Ordnung einpasst: Die Anrufung werde dagegen vielmehr wirksam, wenn der Einzelne ›das Subjekt‹ darzustellen vermag, *bevor* es sich in Diskursen als solches konstituiert: »Das Etwas, das kein Subjekt ausmacht, muss zugleich die notwendige Fähigkeit des (Wieder)Erkennens aufbringen, die notwendig ist, damit das Subjekt sich als solches konstituieren kann.« (1979, 65) Dieses Argument brachte einen großen Teil der Althusser folgenden Theoriebildung in Erklärungsnot, denn Hirsts Kritik zeigt auf, dass die Mechanismen der Anrufung (vermittelt durch die von Lacan eingebrachte ›Spiegelstruktur der Verkennung‹) in Gefahr stehen, ein fertig konstituiertes Subjekt vorauszusetzen. Wenn nun weiterhin gilt, dass das Subjekt in Diskursen als ein Effekt konstituiert wird, bleibt die Frage offen, mit welchen Mechanismen, die nicht auf Kosten ihrer Voraussetzung angreifbar sind, diese Konstitution zustande kommt. Das Problem ist demnach aufgeschoben, nicht gelöst. Einige der Schwierigkeiten scheinen letztlich darin begründet, dass analytisch nicht qualifiziert hergeleitet, dass zu viel des Scheins für bare Münze genommen wird. Lacans etwas sensualistischer Vorschlag ist, dass *alles* Konstitutive des Subjekts sich nicht nur durch die Mechanismen realisiert, die das Verlassen der ödipalen Situation organisieren, sondern, dass diese Mechanismen im selben Moment agieren. In der überverdichteten Sprache der Jünger Lacans *ist* das Aufgeben der ödipalen Situation identisch mit und erfolgt durch äquivalente Mechanismen: die Unterordnung unter das Gesetz des Vaters, die Festigung der sexuellen Differenz, der Eintritt in die Sprache, die Formierung des Unbewussten, und – nach Althusser – auch die rekrutierende Wirkung patriarchaler Ideologien der spätmodernen westlichen Gesellschaften. Der komplexere Begriff eines Subjekts-im-Werdegang geht in diesen polemischen Verdichtungen und hypothetisch linearen Äquivalenzen verloren. (Wird das Subjekt in diesem einen und selben Moment auch gleichzeitig ›rassisiert-ethnisiert‹, nationalisiert und als neoliberales unternehmerisches Subjekt konstituiert?)

Auch Hirst scheint zu unterstellen, was Barrett ›Althussers Lacan‹ nennt: »Der komplexe und Wagnisse bergende Prozess der Formierung von ›einer kleinen Kreatur‹ zum Erwachsenen entspricht nicht notwendigerweise den von Althusser bestimmten ideologischen Mechanismen [...] *es sei denn, das Kind* [...] verbleibt in Lacans ›Spiegelstadium‹ oder wir besetzen Kindheit mit anthropologischen Annahmen.« (67) Hirsts Antwort auf Althussers Voraussetzung ›des Subjekts‹ ist etwas oberflächlich: »Ich hadere nicht mit Kindern, und ich will sie nicht blind, taub oder stumm schimpfen, bloß um abzustreiten, dass sie Kapazitäten eines *philosophischen* Subjekts innehaben, dass sie über Eigenschaften eines ›wissenden‹ Subjektes verfügen, unabhängig von ihrer Erziehung und Einübung als soziale Wesen.« (ebd.) Was hier problematisiert wird, ist die Fähigkeit zur Selbsterkenntnis. Aber die wenig haltbare Annahme hierbei ist, dass ›Erkenntnis‹ eine rein kognitive, vereinzelte ›philosophische‹ Eigenschaft sei, und es ist unwahrscheinlich, dass sie in dem Kinde auftritt wie eine vor/danach-Form. Es scheint, als seien die Einsätze hier sehr hoch angesetzt, denn dies erfordert, dass wir die einzelne ›kleine Kreatur‹ mit dem vollständigen philosophischen Werkzeugkasten ausstatten, um zu erklären, wofür es die Fähigkeit haben möge, »sich auf dem Feld des Andern zu verkennen«; was dann in Lacans Worten alles wäre, um die Durchlässigkeit zwischen dem Imaginären und dem Symbolischen in Bewegung zu bringen. Folgen wir Freud, so müssen Vergnügen und Schmerz, als die wesentlichen Sphären der körperlichen Tätigkeit und des Gefühlsapparates, immer ›im Spiel‹ sein. In welcher embryonischen Form auch immer, stünden sie im Auftrag, jegliche Beziehung zur Außenwelt zu stabilisieren. Es liege immer eine Quelle des Vergnügens vor – wie die Beziehung zur Mutter im Imaginären –, so dass immer etwas da sein müsse, das fähig ist ›zu erkennen‹, was Vergnügen ist. Lacan selbst bemerkt: »Das Menschenjunge erkennt auf einer Altersstufe von kurzer, aber durchaus merklicher Dauer, während der es vom Schimpansenjungen an motorischer Intelligenz übertroffen wird, im Spiegel bereits sein eigenes Bild als solches.« (1973, 63) Lacans Argument scheint in einer deutlichen Binarität angelegt: in einer vorher/nachher, beliebigen/logischen Form. Das ›Spiegelstadium‹ sei nicht der *Beginn* von etwas, sondern die *Unterbrechung* – der Verlust, der Mangel, die Spaltung –, die den Prozess initiiere, in dem ›der Grund‹ für das sexuell differenzierte Subjekt (und das Unbewusste) ›gelegt‹

werde. Identifikation hängt hier nicht allein vom augenblicklichen Stand innerer kognitiver Fähigkeiten ab, sondern auch vom fragmentierenden Bruch durch das Bild vom Ort des Anderen. Für Lacan ist dies eine imaginäre Beziehung: das Bildnis des Kindes, welches das Kind platziert, teilt seine Identität in zwei. Dieser abgrenzende Moment – »[...] jene Spiegelsicht des Ichideals [...], jenes Wesen also, das als erstes da war in Gestalt der Person, die es, vor dem Spiegel, trägt. Indem es sich an das Merkmal anhängt, der es im Spiegel ansieht, sieht das Subjekt nicht sein Ichideal auftauchen, sondern sein Ideal-Ich.« (1978, 270) – gewinne seine Bedeutung nur in Bezug zur tragenden Präsenz der Mutter und ihrer Bestätigung, die dem Kind die Identifikation als Referenzpunkt garantiere. Peter Osborne bemerkt, dass Lacan »die Unbestimmtheit überzieht, die der Diskrepanz zwischen der Zeitlichkeit der beschriebenen Begegnung des Kindes mit seinem Körperbildnis vor dem Spiegel als eine Stufe psychischer Entwicklung und der Punktualität des dargestellten Szenarios (der dramatische Moment, der auf die Beziehung zwischen nur zwei ›Figuren‹ beschränkt ist: das Kind und sein Körperbildnis) inhärent ist« (1995, 86). Entweder werde hier eine kritische Ergänzung zum ›Spiegelstadium‹ vertreten – in welchem Fall, warum ist dies dann nicht entwickelt? Oder hier werde eine andere Logik eingeführt, deren Implikationen in Lacans folgendem Werk nicht einbezogen sind.

Die Vorstellung, dass vor dem ödipalen Drama noch nichts vom Subjekt existiert, ist eine übertriebene Interpretation des Lacan'schen Standpunktes. Auch dass die Behauptung – Subjektivität ist nicht vollständig vor dem Ödipus-Komplex konstituiert – enträtselt sei, kann keinen Blankoscheck anfordern. Genauso wenig wie die einer vorher/nachher-Formierung des Subjekts, die wie eine Art *Zauberstreich* funktioniert, da hier – wie Hirst richtig bemerkt – die problematische Beziehung zwischen ›dem Einzelnen‹ und dem Subjekt unerledigt zurückgelassen wird. (Was *ist* die ›kleine Kreatur‹, die noch kein Subjekt ist?)

Man könnte hinzufügen, dass Lacans Ansatz nur einer unter vielen ist, die die Herausbildung von Subjektivität verhandeln, und der darin die unbewussten psychischen Prozesse und die Beziehung zum Anderen zu erklären versucht. Zudem lassen die Verschiebungen im Diskurs um Identität die ›Lacan'sche Flut‹ zurückweichen und lenken auch die Denkrichtung um, in die uns Althusser wies und in der die machtvolle Wirkung der primären Identifizierung ausgelassen ist. Mit dem Verweis auf die hegelianischen Wurzeln des ›Erkenntnis‹begriffs kritisiert Osborne die Weise, in der Lacan »das Verhältnis zwischen dem Kind und seinem Bildnis idealisiert, indem er von den Beziehungen des Kindes zu anderen (im Besonderen zur Mutter) abstrahiert, und dies zugleich ontologisch konstitutiv für ›die symbolische Matrix erklärt, in der das Ich in einer primordialen Form beschworen wird‹« (ebd.). Osborne verweist auf andere psychoanalytische Lesweisen (Julia Kristeva, Jessica Benjamin, Jean Laplanche), die intendieren, die Begrenzungen der entfremdeten Verkennung im Lacan'schen Szenario zu überwinden. Dies sind nützliche Hinweise, um wieder aus der Sackgasse herauszufinden, in die uns der ›Althusser'sche Lacan‹ mit den voneinander gelösten Fäden des Psychischen und Diskursiven geführt hat.

Foucault – Genealogie des Subjekts

Michel Foucault sprach von einer anderen Position aus zu dieser Problematik, indem er ›den grandiosen Mythos der Innerlichkeit‹ attackierte. Angetrieben von der Kritik an den subjekttheoretischen Standpunkten des Humanismus und der Philosophie des Bewusstseins, wie auch von der Kritik an der sozialen Funktion der Psychoanalyse, unternahm er eine radikale Historisierung: Das Subjekt ist Produkt ›eines Effektes‹ in Diskursen und hergestellt innerhalb spezifischer diskursiver Formationen. Im Übergang von einer Subjektposition zu einer anderen behält es weder eine dauerhafte Existenz noch eine transzendentale Kontinuität oder Identität. In seinem ›archäologischen‹ Werk (*Wahnsinn und Gesellschaft, Die Geburt der Klinik, Die Ordnung der Dinge, Archäologie des Wissens*) definiert Foucault ›Formationsregeln‹ und ›Äußerungsmodalitäten‹, die Subjektpositionen in Diskursen determinieren. Damit verschiebt er das Verständnis vom Zusammenhang zwischen Diskurs und sozioökonomischen Kontexten (vgl. 1973). So zwingend und umwälzend die Argumentation in diesen Werken auch war, so gerechtfertigt ist die wachsende Kritik daran. »Der formale Ansatz der Herausbildung von Subjektpositionen innerhalb von Diskursen offenbart wenig darüber, warum bestimmte Individuen bestimmte Subjektpositionen einnehmen und nicht andere. Indem vernachlässigt wird, wie reale soziale Positionierungen der Subjekte mit der Konstruktion spezifischer diskursiver Subjektpositionen interagieren, schreibt Foucault eine Antinomie zwischen Subjektpositionen und den Einzelnen, die diese einnehmen, wieder ein.« (McNay 1994, 76; vgl. Brown/Cousins 1980, 272: Foucault neigt dazu, bei der Theoretisierung von Subjektpositionen, die Erklärung auszulassen, wie die Einzelnen diese ausfüllen.) So liefert seine Archäologie eine kritische, aber eindimensionale diskurstheoretische Erklärung des Subjekts. Anscheinend können Individuen die diskursiven Subjektpositionen, die hier zu einer *a-priori*-Kategorie werden, in einer unproblematischen Weise einnehmen (vgl. McNay 1994, 76f.). Von einem anderen Standpunkt ausgehend, steht auch Foucault vor dem Problem an dessen Lösung Althusser scheiterte.

Der kritische Übergang Foucaults zur ›genealogischen‹ Methode leistet mehr als der ›Formalismus‹ des vorangehenden archäologischen Werkes: insbesondere aufgrund der nun herausgestellten machttheoretischen Analyse und den Möglichkeiten, die mit Foucaults Diskussion des wechselseitigen Charakters von Subjektivierung und Unterwerfung (*assujettissement*) eröffnet werden. Erweitert wird hier das Verständnis vom Diskurs als eine regulative und regulierte Formation, die »von den Machtverhältnissen, die das Soziale durchdringen, determiniert und zugleich konstitutiv« in ihnen eingebettet ist (87). Foucaults Überlegungen zur ›Diskursformation‹ sind nahe an die Fragen gerückt, die Althusser im Rahmen der Ideologietheorie verhandelte – die hier jedoch weitergehend aus dem klassischen Reduktionismus und Ökonomismus und auch von der Überhöhung von ›Wahrheit‹ herausgelöst werden.

Diese kritischen Verschiebungen in Foucaults Werk werfen neue Probleme für die Theoretisierung von Subjekt und Identität auf: Eine Konsequenz der neuen machttheoretischen Konzeption ist die radikale ›Dekonstruktion‹ des Körpers und seine ›Rekonstruktion‹ in spezifischen historischen, genealogischen und diskursiven Formationen. Gegen ein essentialistisches Verständnis vom Körper als dauerhaftes Residuum oder als letztes Versteck des ›menschlichen Wesens‹, sieht Foucault den Körper an den Punkten (neu) formiert, an denen sich diskursive Disziplinierungspraktiken überkreuzen. Die Aufgabe der Genealogie ist demnach, »den Körper als völlig vom geschichtlichen Werdegang geprägt zu verstehen und die Prozesse der veränderlichen Dekonstruktion des Körpers in diesem Werdegang darzustellen« (Foucault 1984, 63). Ich bezweifle, dass wir diesen radikalen ›konstruktivistischen‹ Implikationen (der Körper wird unendlich formbar und kontingent), so weit folgen sollten, dass nichts im Menschen – nicht mal sein Körper – ausreichend dauerhaft und beständig ist, um als Grundlage für Selbsterkenntnis oder für das Verstehen anderer Menschen zu dienen. Nicht weil der Körper ein beständiger und wahrer Verweis auf Selbstverständnis *ist*, sondern weil seine Formierung eine ›Verkennung‹ ausdrücken kann: Es ist genau die Weise, wie der Körper dazu eingesetzt wurde, *die Verdichtung von Subjektivitäten im Individuum zu signifizieren*, und diese Funktion kann nicht einfach negiert werden, auch wenn Foucault zeigt, dass sie nicht zur Wahrheit gelangt.

Trotz der Widerrufe Foucaults neigt die Berufung *des Körpers* zum Anwendungsfeld einer Reihe von Disziplinierungsmächten dazu, seiner ›Regulationstheorie‹ eine Art von ›verrückter‹ oder ›verstellter Konkretheit‹ zu verleihen – eine residuale Materialität. In den Mittelpunkt rücken »die diskursiven Produktionen und die Machtwirkungen« (1977, 22), um die nicht spezifizierte Beziehung zwischen dem Subjekt, dem Einzelnen und dem Körper zu ›bestimmen‹. In dieser Weise heftet Foucault Dinge zusammen oder vernäht solche, die die Theorie der diskursiven Produktion von Subjekten – bis an ihre Grenzen gebracht – unheilbar zerrüttet, zerbricht und zerlegt. Ich denke, ›der Körper‹ hat in postfoucaultschen Arbeiten den Wert eines Totems erworben, gerade weil ihm der Status eines Talismans verliehen wird. So ist dies fast die einzige Spur, die wir von Foucaults Arbeit am ›transzendentalen Signifikanten‹ aufgegeben haben.

Entwickelter ist die Theoretisierung von Widerstand innerhalb der Machttheorie, die Foucault in *Überwachen und Strafen* und *Sexualität und Wahrheit* entfaltet: die Vorstellung eines sich selbstregulierenden Subjekts, das durch Machtformen des Überwachens, Geständnisses und der Seelenführung konstituiert wird; zugleich fehlt auch hier jegliche Beachtung dessen, was den fortlaufenden Einsatz der Einzelnen in die diskursiv konstruierten Subjektpositionen unterbricht, verhindert oder stört. Der Standpunkt, dass die moderne ›Seele‹ »der aktuelle Bezugspunkt einer bestimmten Technologie der Macht über den Körper« ist (1976, 41) und derart den Gehorsam gegenüber normalisierende Wahrheitsregime vermittelt, ist ein wegweisender Ansatz, um die so genannte ›Materialität‹ des Körpers zu überdenken. (In produktiver Weise knüpfen hier Nikolas Rose und die Governmentality Studies an; in anderer Weise Judith Butler.) Problematisch ist jedoch Foucaults These, dass die Subjekte, die derart konstituiert sind, bloß ›fügsame Körper‹ wären. Denn ungeklärt bleibt, wie oder warum den Normen unterworfene Körper nicht immer/für immer an einem bestimmten Ort, zur richtigen Zeit, auftreten (dies ist genau der Wendepunkt, an welchem die klassische marxistische Theorie der Ideologie beginnt sich zu spalten, und es ist genau das Problem, dass Althusser wieder einschrieb, als er normativ die Funktion der Ideologie als ›Reproduktion der Produktionsverhältnisse‹ definierte). Auch sind damit die psychischen Mechanismen oder innerlichen Prozesse nicht theoretisiert, mit denen diese automatischen ›Anrufungen‹ hergestellt und verhandelt werden oder scheitern könnten und wie ihnen zu widerstehen wäre. Lois McNay kritisiert Foucault, dass er »zu einfach von der Beschreibung der Disziplinierungsmacht als *Tendenz* innerhalb moderner Formen der sozialen Kontrolle zur Behauptung schreitet, die Disziplinierungsmacht sei eine vollständig installierte monolithische Kraft, die alle sozialen Verhältnisse durchdringt. Dies führt zu einer Überschätzung der Wirksamkeit von disziplinierenden Praktiken und begrenzt das Verständnis vom Individuum derart, dass dieses keine Praxiserfahrung begründen kann, die sich jenseits des ›fügsamen‹ Körpers realisiert.« (1994, 104)

Dass Foucault diese Kritik aufnahm, auch wenn sie von vielen seiner Nachfolger weiterhin zurückgewiesen wird, ist in den späteren und differenzierteren Teilen *Der Gebrauch der Lüste* und *Die Sorge um sich* seiner Arbeit an *Sexualität und Wahrheit* nachzuvollziehen (wie auch in dem darin nicht veröffentlichten Text *Die Perversionen*). Ohne sich allzu weit vom produktiven Charakter der normativen Regulation zu entfernen (Subjekte existieren weder vor noch außerhalb des Rechts, wie Judith Butler betonte), erkennt Foucault implizit an, dass es nicht ausreichend ist, dass das Recht auffordert, diszipliniert, herstellt und reguliert, sondern dass auch eine entsprechende Erwiderung von Seite des Subjekts erfolgen muss (erkannt ist damit auch die Fähigkeit zur Subjektivität und ihr ›Apparat‹). In der Einleitung zum *Gebrauch der Lüste* zählt Foucault auf, was wir von jetzt an von seiner Genealogie erwarten sollten: »Das Projekt war also das einer Geschichte der Sexualität als Erfahrung – wenn man unter Erfahrung die Korrelation versteht, die in einer Kultur zwischen Wissensbereichen, Normativitätstypen und Subjektivitätstypen besteht [...]: die Formierung der Wissen, die sich auf sie beziehen; die Machtsysteme, die ihre Ausübung regeln; und die Formen, in denen sich die Individuen als Subjekte dieser Sexualität (an)erkennen können und müssen« (1986, 10) Und weiter:

> »[...] die Analyse der Praktiken, durch die die Individuen dazu verhalten worden sind, auf sich selber zu achten, sich als Begehrenssubjekte zu entziffern, anzuerkennen und einzugestehen und damit zwischen sich und sich selber ein gewisses Verhältnis einzuleiten, das sie im Begehren die Wahrheit ihres – natürlichen oder gefallenen – Seins entdecken lässt. In dieser Genealogie sollte es also darum gehen, herauszufinden, wie die Individuen dazu gebracht worden sind, über sich selber und über die anderen eine Hermeneutik des Begehrens auszuüben, deren Anlass, aber nicht deren ausschließlicher Bereich ihr sexuelles Verhalten gewesen ist.« (11f.)

Foucault nimmt hier »eine dritte Verschiebung« vor, »um das zu analysieren, was als ›das Subjekt‹ bezeichnet wird; es sollte untersucht werden, welches die Formen und die Modalitäten des Verhältnisses zu sich sind, durch die sich das Individuum als Subjekt konstituiert und erkennt.« (12) Da Foucault hier nicht derart vulgär argumentiert, wie viele im Anschluss an sein Werk, können wir mit diesen subjekttheoretischen Formulierungen – und im erweiterten Rahmen der vorher eingebrachten Begrifflichkeiten – umfassender das Terrain erfassen, das zur Problematik der ›Identität‹ gehört. Das ist hier nicht der Platz, um den vielen produktiven Einsichten nachzuspüren, die aus Foucaults Werk resultieren: die Analyse der ›Wahrheitsspiele‹ und der Ethik, die Regime der Selbstregulierung und Selbstformierung, die ›Technologien des Selbst‹, die an der Konstitution des ›Begehrensmenschen‹ beteiligt sind. Foucault beschreitet hier sicherlich keinen vollendeten Übergang zu ›Handlungsfähigkeit‹, Absicht und Wille (obwohl er die Freiheitspraktiken hervorhebt, mit denen die Abwehr intendiert ist, dass das Subjekt für immer ein fügsam sexualisierter Körper bleiben sollte). Aber wir finden bedeutende Einsichten vor: die *Herstellung* des Selbst als Objekt in der Welt, die Praktiken der Selbstkonstitution, -erkenntnis und -reflexion und ihr Verhältnis zur normativen Regulation, die normativen Zwänge der Regeln ohne die ›Subjektivierung‹ nicht konstituiert werden kann. Damit wird in Foucaults Werk zum ersten Mal die Existenz einer inneren Landkarte des Subjekts adressiert, wie auch innere Mechanismen der Zustimmung zur Norm, deren Macht objektiv wahrnehmbare Disziplinierungen bewirkt. So werden in diesem Ansatz der Einfluss von ›Behaviorismus‹ und Objektivismus vereitelt, der *Überwachen und Strafen* noch partiell durchdrang. Von dort aus greift Foucault nochmals die ›Selbsttechniken‹ und die ›ethische Selbstsorge‹ auf, die er als ›Ästhetik der Existenz‹ umschreibt: »Darunter sind gewusste und gewollte Praktiken zu verstehen, mit denen sich die Menschen nicht nur die Regeln ihres Verhaltens festlegen, sondern sich selber zu transformieren, sich in ihrem besonderen Sein zu modifizieren und aus ihrem Leben ein Werk zu machen suchen, das gewisse ästhetische Werte trägt und gewissen Stilkriterien entspricht.« (1986, 18) – Hier werden spezifische Verhaltensweisen bestimmt, die wir im späteren Werk als eine Weise der *Performativität* wiedererkennen.

Aus den theoretischen Verschiebungen in Foucaults Werk lässt sich der ›Fortschritt der Erkenntnisse‹ herauslesen, die Dezentrierung des Subjekts nicht als seine Auflösung zu begreifen und ebenso, dass die ›Mächtigkeit‹ diskursiver Formationen nicht ohne die Konstitution der Subjekte zu verstehen ist. Hinzu kommt, dass dieses Verständnis von der diskursiven und disziplinierenden Regulation mit einer Erklärung der Praktiken der subjektiven Selbst-Konstitution zu ergänzen ist. Es war nie genug – weder bei Marx, Althusser noch bei Foucault – eine Theorie zu entwickeln, die erklärt, wie Individuen in diskursiven Strukturen platziert werden. Es war immer auch ein Ansatz erforderlich, der darlegt, wie Subjekte sich selbst konstituieren.

Foucaults produktiver Vorschlag hierzu ist der Verweis auf historisch-spezifische Formen der Diskurspraktiken, der normativen Selbst-Regulation und der ›Technologien des Selbst‹. Was bleibt ist, die Schließung der Kluft theoretisch zu vollziehen: zwischen der Erklärung der Mechanismen, mit denen der Einzelne sich als Subjekt mit den ›Positionen‹ identifiziert oder nicht identifiziert, zu deren Annahme er aufgefordert wird, und den Fragen, wie die Einzelnen diese Positionen formen, stilisieren, herstellen und ›verkörpern‹, warum sie dies nie ein für alle Mal vollständig umsetzen, warum manche dies gar nicht tun, oder warum manche in einem fortwährenden, agonistischen Prozess mit Normen und Regeln – mit denen sie sich selbst konfrontieren und sich selbst regulieren – kämpfen, sich diesen Normen und Regeln anpassen, sie verhandeln oder ihnen widerstehen. Kurz: was bleibt ist die Erfordernis, das Verhältnis zwischen Subjekt und diskursiven Formationen *als Artikulation* zu denken (alle Artikulationen sind, genau gesprochen, Verhältnisse einer ›nicht notwendigen Entsprechung‹, begründet in der Kontingenz, die ›das Historische reaktiviert‹; vgl. Laclau 1990, 35).

Es ist erstaunlich, dass Foucault in dieser Bewegung nicht dazu kommt, die Psychoanalyse als eine der wichtigsten Quellen zu nutzen, die die vernachlässigte Frage der Selbst-Konstitution des Subjekts durchdenkt. Hindernis ist, dass er die Psychoanalyse bloß als eine weitere Kraft im Netzwerk der Disziplinierungsmächte einordnet. Was Foucault stattdessen produziert ist eine diskursive *Phänomenologie* des Subjekts und eine Genealogie der *Technologien des Selbst*. Diese Phänomenologie steht in Gefahr von einer überbetonten Intentionalität überwältigt zu werden, gerade weil sie nicht mit *dem Unbewussten* verbunden ist. Ob gut oder schlecht, diese Tür wurde geschlossen.

Butler – Performativität von Sprache und Subjekt

Glücklicherweise ist es hierbei nicht geblieben. Judith Butler geht an dieser Stelle weiter (1991, und konkreter 1997): In ihrer Behandlung der »diskursiven Grenzen des ›Geschlechts‹ « und der Politiken des Feminismus hat sie die komplexen Transaktionen zwischen Subjekt, Körper und Identität aufgegriffen, indem sie Foucault'sche und psychoanalytische Erkenntnisse in einem analytischen Rahmen zusammenzieht. Sie übernimmt den Standpunkt, dass das Subjekt diskursiv konstruiert sei, und dass es weder vor noch außerhalb des Rechts ein Subjekt gebe. Rigoros zugespitzt behauptet sie:

> »Die Kategorie des ›*sex*‹ ist von Anfang an normativ; sie ist, was Foucault ein ›regulierendes Ideal‹ genannt hat. In diesem Sinne fungiert das ›biologische Geschlecht‹ demnach nicht nur als eine Norm, sondern ist Teil einer regulierenden Praxis, die die Körper herstellt, die sie beherrscht, das heißt, deren regulierende Kraft sich als eine Art produktive Macht erweist, als Macht, die von ihr kontrollierten Körper zu produzieren – sie abzugrenzen, zirkulieren zu lassen und zu differenzieren. [...] das ›biologische Geschlecht‹ ist ein ideales Konstrukt, das mit der Zeit zwangsweise materialisiert wird.« (1997, 21)

Materialisierung wird hier neu gedacht, als gewordene Wirkung der Macht: Die Sichtweise, dass der Körper durch Materialisierung hergestellt wird, gründet auf einer performativen Theorie von Sprache und Subjekt. Performativität ist ihre Verknüpfung mit Wille, Wahl und Intentionalität genommen und wird neu gelesen (im Gegensatz zu einigen Missdeutungen von *Das Unbehagen der Geschlechter*) »nicht als der Akt verstanden, durch den ein Subjekt dem Existenz verschafft, was sie/er benennt, sondern vielmehr als jene ständig wiederholende Macht des Diskurses, diejenigen Phänomene hervorzubringen, welche sie reguliert und restringiert.« (22)

Die entscheidende Verschiebung ist hier die Verbindung dieses Prozesses »der Annahme eines Geschlechts [...] mit der Frage nach der *Identifizierung* und mit den diskursiven Mitteln [...], durch die der heterosexuelle Imperativ bestimmte sexuelle Identifizierungen ermöglicht und andere Identifizierungen verwirft und/oder leugnet«. (23) Diese Konzentration auf die Frage der Identifikation verbunden mit der Problematik des Subjekts, welches ›ein Geschlecht annimmt‹ erschließt in Butlers Arbeit einen kritischen und reflexiven Dialog zwischen Foucault und der Psychoanalyse, der enorm produktiv ist. Es ist richtig, dass Butler, über einen Verweis hinaus (»Es könnte einen Weg geben, die Psychoanalyse zum Gegenstand einer Foucault folgenden, erneuernden Beschreibung zu machen, auch wenn Foucault selbst diese Möglichkeit von sich gewiesen hätte.« – 49) keine ausgearbeitete Meta-Theorie vorlegt, wie die beiden Perspektiven, oder die Beziehung zwischen dem Diskursiven und dem Psychischen, in ihrem Text zusammengedacht werden können. Auf jeden Fall akzeptiert dieser

> »Text als Ausgangspunkt Foucaults Vorstellung, nach der die regulierende Macht die Subjekte produziert, die sie kontrolliert, nach der Macht nicht bloß äußerlich auferlegt ist, sondern als regulierende und normative Mittel arbeitet, mit dem Subjekte gebildet werden. Die Rückkehr zur Psychoanalyse ist also von der Frage geleitet, wie bestimmte regulierende Normen ein ›sexuiertes‹ Subjekt in Bestimmungen bilden, die die Ununterscheidbarkeit psychischer und körperlichen Formierung begründen.« (49)

Die Argumentation Butlers gewinnt an Relevanz, weil sie diese im Kontext der Diskussion von Geschlecht und Sexualität im Rahmen des Feminismus entwickelt, und sich so direkt auf Fragen der Identität und Identitätspolitiken bezieht. Ihre Argumentation ist ebenso relevant für die paradigmatische Funktion der sexuellen Differenz im Verhältnis zu anderen Mechanismen der Ausschließung, wie zuvor von Brah angesprochen. Butlers Schlussfolgerung: Alle Identitäten funktionieren über Ausschließung, mittels der diskursiven Konstruktion und der Herstellung verachteter und marginalisierter Subjekte, offenbar jenseits des Feldes des Symbolischen, des Repräsentierbaren – die »Produktion eines ›Außen‹, eines Bereichs [...] intelligibler Wirkungen« (49) –, die dann zurückkehren und die Schließungen beunruhigen und verunsichern, die wir voreilig ›Identitäten‹ nennen. Sie entwickelt dieses Argument wirkungsvoll im Verhältnis zur Sexualisierung und ›Rassisierung‹/Ethnisierung des Subjekts – ein Argument, das weiter verfolgt werden sollte, wenn die Konstitution des Subjekts in und durch die normalisierenden regulatorischen Effekte des Race-Diskurses den theoretischen Stand erreichen soll, der bisher Geschlecht und Sexualität vorbehalten war (wenngleich natürlich Butlers am besten ausgearbeitetes Beispiel sich auf die Produktion der Formen sexueller Demütigung und gelebten Unverständnisses bezieht, was gewöhnlich als pathologisch oder pervers ›normalisiert‹ wird).

James Souter (1995) hat darauf verwiesen, dass Butlers Kritik feministischer Identitätspolitiken und ihrer Gründungsprämissen die Angemessenheit von Politiken der Repräsentation in Frage stellt, deren Basis die vorausgesetzte Universalität und Einheit ihres Subjekts ist – eine bruchlose Kategorie der Frau. Paradoxerweise, wie bei all den anderen Identitäten, die als Grundlage für Politik dienen, basiert auch diese Identität darauf, dass ›andere‹ Frauen ausgeschlossen werden und dass heterosexuellen Beziehungen als Grundlage für feministische Politiken der Vorrang eingeräumt wird. Diese ›Einheit‹ ist nach Souter fiktiv, hergestellt und beherrscht von eben den Machtstrukturen durch welche Emanzipation erstrebt wird. Bezeichnend sei, dass dies Butler *nicht* dazu führt, alle Vorstellungen von Identität zu verwerfen, weil sie theoretisch auf schwachen Füßen stünden. Tatsächlich nutzt sie die Spiegelstruktur der Identifikation als entscheidende Argumentation. Aber sie räumt ein, dass solch ein Argument auf ›die notwendigen Grenzen von Identitätspolitiken‹ verweist.

»In diesem Sinne gehören Identifizierungen zum Imaginären. Sie sind phantasmatische Versuche der Einreihung, der Ergebenheit, der uneindeutigen und konträr-körperlichen Kohabitation. Sie verunsichern das ›Ich‹; sie sind die Ablagerung des ›Wir‹ in der Verfasstheit jedes beliebigen ›Ich‹, die strukturierende Präsenz der Andersheit in der eigentlichen Formulierung des ›Ich‹. Identifizierungen werden nie vollständig und abschließend gemacht; sie werden unaufhörlich wiederhergestellt und sind als solche der brisanten Logik der Wiederholbarkeit unterworfen. Sie sind das, was dauernd arrangiert, verfestigt, unterbunden, angefochten wird und bei gegebenen Anlass gezwungen wird, zu weichen.« (1997, 152).

Es ist offensichtlich, dass die Fragen von Identität und Identifikation von großer politischer Bedeutung sind. Der jetzige Erkenntnisstand ist noch nicht ausreichend, um die Eigenheit der Logik zu erklären, innerhalb der der ›rassisierte‹/ethnisierte Körper durch das normative Ideal des ›Zwangs-Eurozentrismus‹ diskursiv konstituiert wird. Für das Voranschreiten auch in dieser Frage kommt es darauf an, Identitäten als ebenso ›notwendig‹ wie ›unmöglich‹ zu denken und dafür die Verschmelzung des Psychischen mit dem Diskursiven weiter zu erforschen.

Aus dem Englischen von Victor Rego Diaz

Die Frage des Multikulturalismus

Ausgangspunkt dieses Beitrages ist Homi Bhabhas zitierte Beobachtung, dass ›Multikulturalismus‹ ein heterogener, weit gefasster Begriff ist und dass ›multikulturell‹ zu einem frei flottierenden Signifikanten geworden ist. Im ersten Teil werden diese Schlüsselbegriffe kritisch dekonstruiert. Die Bedingungen ihrer Entstehung und Verbreitung in der gegenwärtigen britischen Gesellschaft und im politischen Diskurs werden betrachtet. Die zweite Hälfte nimmt Barnor Hesses Gedanken der »zersetzenden (*disruptive*) Effekte« des Multikulturalismus auf und verfolgt ihn in verschiedenen Bereichen. Der Beitrag endet mit dem Versuch, eine neue multikulturelle politische ›Logik‹ aus den Trümmern des politischen Vokabulars zu retten, die das Auftreten der ›multikulturellen Frage‹ hinterlassen hat.

Der Begriff ›Multikulturalismus‹ wird heute universell gebraucht. Jedoch hat diese Verbreitung seine Bedeutung weder stabilisiert noch geklärt. Wie andere verwandte Begriffe – zum Beispiel Race, Ethnizität, Identität, Diaspora – ist Multikulturalismus heute derartig diskursiv verknotet, dass er nur als ›durchgestrichen‹ (*under erasure*)[1] (Hall 1996b) verwandt werden kann. Da wir jedoch keine Begriffe haben, die weniger vieldeutig sind, haben wir keine andere Alternative, als die vorhandenen weiterhin zu nutzen und zu hinterfragen.

Die Unterscheidung: Multikulturell/Multikulturalismus

Es kann nützlich sein zwischen ›multikulturell‹ und ›Multikulturalismus‹ zu unterscheiden. Multikulturell wird hier als Adjektiv benutzt. Der Begriff beschreibt die gesellschaftlichen Charakteristika und Probleme der ›Gouvernementalität‹, die sich in jeder Gesellschaft stellen, in der unterschiedliche kulturelle Communitys zusammenleben und versuchen, ein gemeinsames Leben aufzubauen und dabei einiges von ihrer ›ursprüngli-

1 Anm. der Hg: Ein Wort durchgestrichen zu verwenden, bedeutet im poststrukturalistischen Verwendungsrahmen einerseits zu zeigen, dass das Wort – wie alle anderen Wörter – sich nur von seiner Differenz zu den anderen Wörtern her definiert und so seine Bedeutung durch Differenzen von Differenzen und Spuren her konstituiert und andererseits, dass einem die Sprache für einen anderen Ausdruck fehlt, d.h. das Wort passt nicht. Das Konzept der Durchstreichung findet sich sowohl bei Heidegger als auch bei Derrida. Heidegger strich das Wort ›Sein‹ durch, so dass sowohl das Wort noch lesbar als auch durchgestrichen war. Derrida schreibt in seiner dekonstruktiven Lektüre Heideggers: »In-Anführungszeichen-Setzen heißt stets: durchstreichen.« (Derrida 1993, 81)

chen‹ Identität zu bewahren. ›Multikulturalismus‹ ist dagegen ein Substantiv. Er bezieht sich auf die Strategien und Politiken, die angewandt werden, um die Probleme der Vielfalt und Differenz zu regulieren, die multikulturelle Gesellschaften aufwerfen. Der Begriff wird normalerweise im Singular benutzt und bezeichnet die spezifische Philosophie oder Doktrin, auf der multikulturelle Strategien basieren. Hingegen steht ›multikulturell‹ per definitionem im Plural. Es gibt viele Arten multikultureller Gesellschaften. Die USA, Kanada, Britannien, Frankreich, Malaysia, Sri Lanka, Neuseeland, Indonesien, Südafrika, Nigeria – sie alle fallen unter den Begriff. Sie sind in sehr unterschiedlichen Weisen ›multikulturell‹, aber sie haben alle eine Eigenschaft gemeinsam: Sie sind per definitionem kulturell heterogen. In dieser Hinsicht unterscheiden sie sich von verfassungsrechtlich liberalen ›modernen‹ westlichen Nationalstaaten, die auf der Annahme basieren, sie sein kulturell homogen und gründeten sich auf ›universellen‹, liberal-individualistischen, säkularen Werten (Goldberg 1994).

Die beiden Begriffe sind inzwischen derart ineinander verwoben, dass es praktisch unmöglich ist, sie auseinander zu nehmen. Jedoch bereitet der Begriff ›Multikulturalismus‹ besondere Schwierigkeiten. Er bezeichnet »zahlreiche soziale Artikulationen, Ideale und Praxen«. Das Problem ist, dass der ›-ismus‹ dazu tendiert, Multikulturalismus in eine politische Doktrin zu verwandeln, »in eine formalisierte Einmaligkeit, ihn in einem zementierten Zustand zu fixieren. [...] Durch eine solche Verwandlung reduziert sich die Vielfalt, die multikulturelle Bedingungen charakterisiert, auf eine starre, langweilige Doktrin« (Caws 1994). In Wirklichkeit ist ›Multikulturalismus‹ keine einzelne Doktrin. Er bezeichnet nicht eine einzige politische Strategie, und repräsentiert keinen schon erreichten Zustand. Multikulturalismus ist keine verdeckte Strategie, um einen idealen, utopischen Zustand einzuführen. Der Begriff beschreibt vielmehr eine ganze Vielfalt politischer Strategien und Prozesse, die überall lückenhaft sind. Ebenso wie es sehr verschiedene multikulturelle Gesellschaften gibt, so gibt es auch sehr verschiedene ›Multikulturalismen‹. Der konservative Multikulturalismus orientiert sich an Hume (Goldberg 1994) und besteht auf der Assimilation von Unterschieden an die Traditionen und Gebräuche der Mehrheitsgesellschaft. Der liberale Multikulturalismus bemüht sich darum, durch eine universelle, individuelle Bürgerschaft (*citizenship*), die bestimmte kulturelle Praxen nur in der Privatsphäre toleriert, die verschiedenen kulturellen Gruppen so schnell wie möglich in den ›Mainstream‹ zu integrieren. Der pluralistische Multikulturalismus verleiht verschiedenen Gruppen formelle Rechte entlang kultureller Trennungslinien, er gibt verschiedenen Communitys verschiedene Gruppenrechte innerhalb einer mehr kommunalen oder kommunitaristischen politischen Ordnung. Der kommerzielle Multikulturalismus nimmt an, man müsse die Vielfalt der Individuen aus verschiedenen Communitys nur auf dem Markt anerkennen, um die Probleme kulturelle Differenzen durch private Konsumtion (auf)zu lösen, ohne dass Macht und Ressourcen umverteilt werden müssen. Der korporative Multikulturalismus (privat oder öffentlich) ist bestrebt, kulturelle Differenzen im Interesse des Zentrums zu ›managen‹. Der kritische oder ›revolutionäre‹ Multikulturalismus stellt Macht, Privilegien, die Hierarchie der Unterdrückungen und die Widerstandsbewegungen in den Vordergrund (McLaren 1997). Er versucht, »widerständig und mehrstimmig zu sein, heteroglossial und antifoundational« (Goldberg 1994). Und so weiter.

›Multikulturalismus‹ ist eine zutiefst umkämpfte Idee und keineswegs eine feste Doktrin (May 1999). Die konservative Rechte greift ihn an, um die Reinheit und kulturelle Integrität der Nation zu verteidigen. Die Liberalen greifen ihn an und behaupten der ›Kult der Ethnizität‹ und das Streben nach Differenz bedrohe den Universalismus und die Neutralität des liberalen Staates, unterminiere die persönliche Autonomie, die individuelle Freiheit und die formale Gleichheit. Einige Liberale meinen auch, Multikulturalismus legitimiere ›Gruppenrechte‹. Aber dies unterminiert den Traum, aus den verschiedenen Kulturen der verschiedenen Völker ließe sich eine Nation und eine Bürgerschaft (*citizenship*) schaffen – *e pluribus unum.*[2] Der Multikulturalismus wird auch von Modernisierern unterschiedlicher politischer Couleur angegriffen. Für sie markiert der Triumph des Universalismus der westlichen Zivilisation über den Partikularismus ethnischer und rassisierter Zugehörigkeit einen schicksalhaften und irreversiblen Übergang von der Tradition zur Moderne. Dieser Übergang darf niemals rückgängig gemacht werden. Einige postmoderne Versionen des ›Kosmopolitismus‹, die das ›Subjekt‹ als vollständig kontingent und ungebunden betrachten, sind scharfe Gegner des Multikulturalismus, in dem Subjekte stärker lokal positioniert sind. Der Multikulturalismus wird auch von einigen linken Positionen aus kritisiert. Antirassist/innen argumentieren, dass er – zu Unrecht – Kultur und Identität gegenüber ökonomischen und materiellen Fragen privilegiert. Andere verweisen auf verschiedene Versionen kommerzialisierten, konsumorientierten ›Boutique‹-Multikulturalismus

2 Nach Kymlicka (1989) bestehen die Probleme des Multikulturalismus nicht darin, dass er einen starken Begriff kollektiver Rechte erfordert, weil seiner Auffassung nach die Individuen die Träger von Rechten bleiben müssen. Andererseits argumentiert Parekh (1991), dass liberale Gesellschaften schon eine Reihe von Rechten anerkennen (zum Beispiel die Gesetzgebung bezüglich Gewerkschaften, die Gesetze zu ›Race Relations‹ und ›Equal Opportunities‹, die Ausnahmen die für Sikhs in Bezug auf Gesundheits- und Sicherheitsregelungen gemacht werden), die faktisch auf Gruppen basieren oder kollektiv definiert sind.

(Fish 1998), die Differenz feiern, ohne etwas zu verändern.[3] Es gibt auch ein »multikulturelles Managertum« wie Sarat Maharaj es in einem unveröffentlichten Manuskript treffend bezeichnet, das sich oft nicht von einer gespenstisch ähnlich aussehenden Apartheidlogik unterscheidet.

Kann uns ein Begriff, der so viele verschiedene Bedeutungen hat, und der die Kritik so vieler verschiedener und gegensätzlicher Feinde auf sich zieht, irgendetwas zu sagen haben? Oder besteht umgekehrt sein Wert gerade in seinem umkämpften Status? Schließlich »verliert ein Zeichen, das dem Druck der sozialen Kämpfe entzogen wurde, unweigerlich seine Kraft, degeneriert zu einer Allegorie und wird zum Gegenstand [...] eines rein philologischen Verständnisses.« (Bakhtin/Vološinov 1973). Ob wir es wollen oder nicht, wir sind zwangsläufig in die Praxen verwickelt, die ›spätmoderne Gesellschaften‹ charakterisieren und definieren. Mit Michael Wallace gesagt:

> »[...] jeder weiß, dass Multikulturalismus nicht das gelobte Land ist [...] Jedoch selbst in seiner zynischsten und pragmatischsten Form gibt es etwas im Multikulturalismus, das nach wie vor erstrebenswert ist [...] wir müssen Wege finden, die Bedeutung kultureller Vielfalt öffentlich zu manifestieren und die Beiträge der ›people of colour‹[4] in das Gefüge der Gesellschaft zu integrieren.« (Wallace 1994)

Multikulturelle Gesellschaften sind nicht neu. Lange vor dem Zeitalter der europäischen Expansion (vom 15. Jahrhundert an) – und seitdem mit steigender Intensität – war die Migration und die Wanderung von Völkern eher die Regel als die Ausnahme und hat ethnisch oder kulturell ›vermischte‹ Gesellschaften hervorgebracht. »Wanderung und Migration [...] definieren die soziohistorischen Bedingungen der Menschheit« (Goldberg 1994). Die verschiedensten Ursachen führten zu Migrationen: Naturkatastrophen, Klima und ökologische Veränderungen, Krieg, Eroberung, Hunger, Armut, Arbeitsausbeutung, Kolonisierung, Sklaverei, Arbeit unter Zwangsverträgen[5], politische Repression, Bürgerkrieg, ökonomische Unterentwicklung. Imperien, das Resultat von Eroberung und Unterwerfung, sind oft multi-

3 Hazel Carby (1998) hat die »auffallend verkehrte Sichtbarkeit des Schwarzen männlichen Körpers« kommentiert: Bildern von Schwarzen Männern ist ein beeindruckender Übergang direkt vom drogengetränkten Getto auf die Titelseiten von Modezeitschriften gelungen, während ihre realen Körper weitgehend dort geblieben sind, wo sie waren (eine überproportionierte Anzahl von ihnen im Gefängnis).

4 Anm. d. Übersetzerin: Die Übersetzung von ›people of colour‹ ist schwer möglich. ›Farbige Menschen‹ wäre falsch, weil der Begriff explizit gegen das als diskriminierend empfundene ›coloured people‹ formuliert wurde. Ich lasse deshalb den englischen Begriff stehen.

5 Anm. d. Übersetzerin: ›Indentured Labour‹ bezeichnet ein System unter dem Arbeiter mit restriktiven Verträgen in ihnen fremden Ländern beschäftigt wurden, meist als Gegenleistung für die Überfahrt und/oder für Unterkunft und Verpflegung. Die Arbeiter mussten sich für eine bestimmte Zeit verpflichten (4 bis 7 Jahre) und durften den Arbeitgeber nicht wechseln. Jedoch konnten die Arbeitgeber die Vertragszeit an andere verkaufen. Diese

kulturell. Die griechischen, römischen, islamischen, ottomanischen und europäischen Reiche waren alle in unterschiedlicher Weise sowohl multiethnisch als auch multikulturell. Der Kolonialismus – immer eine doppelte Einschreibung – suchte den Kolonisierten in eine »leere, homogene Zeit« der globalen Moderne einzufügen, ohne die tiefgreifenden Unterschiede und Spaltungen der Zeit, des Ortes und der Traditionen auszulöschen (Bhabha 2000, Hall 1996b). Die Plantagensysteme der westlichen Welt, die Zwangsvertragssysteme Südostasiens, des kolonialisierten Indiens, ebenso wie die vielen Nationalstaaten, die bewusst aus den fließenden ethnischen Geweben geschaffen wurden – in Afrika durch die Kolonialmächte, im Mittleren Osten, auf dem Balkan und in Zentraleuropa durch die Großmächte – auf sie alle passt mehr oder weniger die Bezeichnung multikulturell.

Diese historischen Beispiele spielen keine unbedeutende Rolle für die Art und Weise, in der der Multikulturalismus in der Nachkriegswelt sichtbar geworden ist. Sie stellen einige seiner Entstehungsbedingungen dar. Seit dem Zweiten Weltkrieg hat die multikulturelle Frage nicht nur ihre Form verändert, sie ist drängender geworden, ist ins Zentrum der politischen Auseinandersetzungen gerückt. Das ist das Ergebnis einer Reihe entscheidender Verschiebungen, einer strategischen Umgruppierung der sozialen Kräfte und Kräfteverhältnisse im Weltmaßstab.

Eine erste Bedingung ist das Ende des alten europäischen Reichssystems und der Abschluss der Entkolonisierungs- und nationalen Unabhängigkeitskämpfe. Im Gefolge des Abbaus der alten Reiche wurden viele *neue* multiethnische und multikulturelle Nationalstaaten gegründet. Sie spiegeln jedoch nach wie vor ihre vorangegangenen Existenzbedingungen unter dem Kolonialismus wider.[6] Diese neuen Staaten sind verhältnismäßig schwach, sowohl ökonomisch als auch militärisch. Vielen fehlt eine entwickelte Zivilgesellschaft. Sie sind nach wie vor von den Erfordernissen der frühen nationalistischen Unabhängigkeitsbewegungen bestimmt. Sie regieren Bevölkerungen mit einer Vielzahl verschiedener ethnischer, kultureller, oder religiöser Traditionen. Die einheimischen Traditionen, entwurzelt, wenn nicht zerstört durch den Kolonialismus, sind nicht integrierend genug, um die Grundlage für eine neue nationale, zivile Kultur zu bieten. Diese Schwierigkeiten werden noch verschlimmert durch tief greifende Armut

Form der Arbeit wurde z. B. nach der Abschaffung der Sklaverei angewandt, um Arbeiter aus Indien in den Zuckerplantagen der Karibik zu beschäftigen.

6 1983 gab es 144 anerkannte Nationalstaaten. Ende der 1990er Jahre war diese Zahl auf fast 200 angestiegen. Mit Sicherheit werden in den nächsten Jahren mehr Staaten entstehen, wenn lokale ethnische Gruppen und Nationen ohne Staat sich für größere Autonomie stark machen (Giddens 2000, 153).

und Unterentwicklung im Kontext sich verschärfender globaler Ungleichheit und einer unregulierten, neoliberalen ökonomischen Weltordnung. In diesen Gesellschaften nehmen Krisen zunehmend eine multikulturalisierte oder ethnisierte Form an.

Es gibt einen engen Zusammenhang zwischen dem Wiederauftauchen der ›multikulturellen Frage‹ und dem Phänomen des ›Postkolonialen‹. Der letzte Begriff könnte uns auf einen Umweg in ein begriffliches Labyrinth führen, aus dem wenige Reisende zurückkehren. An dieser Stelle muss es ausreichen, festzuhalten, dass ›postkolonial‹ *nicht* auf eine simple zeitliche Abfolge von davor/danach verweist. Die Bewegung von der Kolonialzeit zur postkolonialen Zeit beinhaltet *nicht,* dass die Probleme des Kolonialismus gelöst oder durch eine konfliktfreie Ära ersetzt worden sind. Vielmehr markiert das ›Postkoloniale‹ den Übergang von einer historischen Machtkonstellation oder -konjunktur zu einer anderen (Hall 1996b).[7] Probleme der Abhängigkeit, der Unterentwicklung und der Marginalisierung, die für die Hochperiode der Kolonisierung typisch sind, pflanzen sich ins Postkoloniale fort. Diese Beziehungen werden jedoch in einer neuen Konfiguration wiederaufgenommen. Einst wurden sie als ungleiche Macht- und Ausbeutungsverhältnisse zwischen kolonisierenden und kolonisierten Gesellschaften artikuliert. Jetzt werden sie deplatziert und als Kämpfe zwischen verschiedenen einheimischen sozialen Kräften, als interne Widersprüche und Quellen der Destabilisierung *innerhalb* der dekolonisierten Gesellschaften, oder zwischen ihnen und dem größeren globalen System wiederaufgeführt. Denken wir nur daran, dass die Instabilität der demokratischen Regierungsformen, z. B. in Pakistan, Iran, Irak, Indonesien, Nigeria oder Algerien, oder die fortdauernden Probleme der politischen Legitimität und Stabilität in Afghanistan, Namibia, Mozambique oder Angola in ihrer jüngsten imperialen Geschichte verwurzelt sind. Diese postkoloniale ›doppelte Einschreibung‹ findet in einem globalen Kontext statt, in dem die direkte Herrschaft, Regierung oder das Protektorat durch eine imperiale Macht ersetzt worden ist, durch ein asymmetrisches globalisiertes Machtsystem, welches postnationalen, transnationalen und neoimperialistischen Charakter hat. Seine wesentlichen Merkmale sind strukturelle Ungleichheit innerhalb eines deregulierten Systems von Freihandel und frei fließendem Kapital, das von der Ersten Welt beherrscht wird, und von Programmen struktureller Anpassung bestimmt wird, in denen westliche Interessen und westliche Modelle Vorrang haben.

7 Keine Konjunktur ist jemals vollkommen neu. Sie ist immer eine transformierte Kombination existierender und entstehender Elemente – in Gramscis Begriffen, die Re-Artikulation einer De-Artikulation. Siehe Gramsci 1991ff. und Hall 1998.

Der zweite Faktor, der die Frage des Multikulturalismus auf die Tagesordnung setzte, war das Ende des Kalten Krieges. Seine Hauptmerkmale sind der nach 1989 erfolgte Zusammenbruch der Sowjetunion als transethnische, transnationale Formation, der Niedergang des Staatskommunismus als alternatives Modell industrieller Entwicklung in Osteuropa und Zentralasien. Das hat ähnliche regionale Auswirkungen gehabt wie die Demontage des alten imperialen Systems. Dem Zusammenbruch von 1989 folgte der Versuch, unter Führerschaft der USA, eine ›neue Weltordnung‹ zu begründen. Ein Aspekt dieses Vorstoßes war der erbarmungslose Druck des Westens auf die relativ unentwickelten osteuropäischen Länder mit dem Ziel, diese sehr unterschiedlichen Gesellschaften über Nacht unter heftigem Protest auf den so genannten Markt zu zerren. Dieses mysteriöse Gebilde wird als abstraktes, nacktes Prinzip in alte, komplexe Kulturen und autoritäre Politikstrukturen hineingetrieben, ohne die geringste Rücksicht auf die kulturellen, sozialen und institutionellen Einbettungen zu nehmen, die Märkte *immer* benötigen. Ein Ergebnis dieser Prozesse ist, dass ungelöste Probleme sozialer Entwicklung sich mit wiederauftauchenden Spuren älterer, noch unerledigter ethnischer und religiöser Nationalismen verknüpft haben, sodass die Spannungen in diesen Gesellschaften in multikulturellen Formen auftreten.

Es muss betont werden, dass es sich hierbei nicht einfach um das Wiederaufleben alter archaischer Ethnizitäten handelt, obgleich solche Elemente fortwährend existieren. Alte Spuren verquicken sich mit neu entstehenden Formen von Ethnizität, die oft ein Produkt ungleicher Globalisierung und fehlgeschlagener Modernisierung sind. Diese explosive Mischung führt zu einer selektiven Wiederaufwertung alter Diskurse und verdichtet, was Hobsbawm und Ranger (1993) die »Erfindung der Tradition« genannt haben mit dem, was Michael Ignatieff (1994), Freud folgend, als den »Narzissmus der kleinen Unterschiede« bezeichnet hat, zu einer tödlichen Verbindung. (Der serbische Nationalismus und die ›ethnischen Säuberungen‹ in Bosnien und Kosovo sind augenfällige Beispiele). Ihre Wiedererfindung der Vergangenheit in der Gegenwart erinnert an den janusköpfigen Charakter des nationalistischen Diskurses (Nairn 1997). Diese Erweckungsbewegungen bleiben der Idee der ›Nation‹ eng verbunden.[8] Sie betrachten die Nation genau in dem Augenblick, in dem die Globalisierung die nationalstaatsgetriebene Phase des Kapitalismus zu einem zögerlichen Ende bringt,

8 »Globalisierung im postimperialen Zeitalter erlaubt nur denen ein postnationales Bewusstsein, die das Glück haben, im reichen Westen zu leben.« (Ignatieff 1994)

als einen Motor der Modernisierung und als Garanten eines Platzes im neuen Weltsystem.

Der dritte Faktor ist unsere gute alte Freundin, die Globalisierung. Auch die Globalisierung ist nicht neu. Europäische Entdeckungen, Eroberungen und Kolonisierung waren frühe Formen desselben säkularen, historischen Prozesses (Marx nannte ihn einst »die Formierung des Weltmarktes«). Aber seit den siebziger Jahren ist der Prozess intensiver geworden und hat zudem neue Formen angenommen (Held et al. 1999). Die gegenwärtige Globalisierung ist verknüpft mit dem Auftreten neuer, deregulierter Finanzmärkte, mit globalen Kapital- und Währungsflüssen, die groß genug sind, um mittlere Wirtschaften zu destabilisieren, mit transnationalen Produktions- und Konsumtionsweisen, mit dem exponentiellen Wachstum der neuen Kulturindustrien, angetrieben durch neue Informationstechnologien und dem Aufkommen der ›Wissensökonomie‹. Charakteristisch für diese Phase ist die »Zeit-Raum-Verdichtung« (Harvey 1989), die, wenn auch nur mit partiellem Erfolg, partikulare Zeiten, Orte, Geschichtsabläufe und Märkte in einer homogenen ›globalen‹ Raum-Zeit Chronotopie zusammenfasst. Diese Phase ist auch gekennzeichnet durch eine ungleiche Auflösung sozialer Verhältnisse und durch Prozesse der Enttraditionalisierung (Giddens 1999), die nicht nur auf die sich entwickelnden Gesellschaften beschränkt sind. Westliche Gesellschaften können sich genauso wenig gegen solche Effekte verteidigen wie periphere Gesellschaften.

Dieses System ist global in dem Sinne, dass seine Operationssphäre der gesamte Planet ist. Nur wenige Orte sind dem Zugriff seiner destabilisierenden Abhängigkeit entzogen. Es hat die nationale Souveränität entscheidend geschwächt und den ›Handlungsraum‹ der älteren westlichen Nationalstaaten (die ehemaligen Motoren der Globalisierung) verringert, ohne sie vollständig zu entmachten. Das System ist jedoch selbst nicht global, wenn wir darunter verstehen, dass der Prozess seinem Charakter nach einheitlich ist, sein Einfluss überall gleich ist, es ohne widersprüchliche Effekte arbeitet oder auf dem gesamten Globus einheitliche Ergebnisse produziert. Es bleibt ein System tiefer, ja sich vertiefender, globaler Ungleichheiten und Instabilitäten, das von keiner Macht mehr – nicht einmal von den USA, der ökonomisch und militärisch mächtigsten Nation der Erde – vollständig kontrolliert werden kann.

Wie das Postkoloniale ist die Globalisierung sowohl neu als auch widersprüchlich. Ihre ökonomischen, finanziellen und kulturellen Kreisläufe werden vom Westen und von den USA beherrscht. Ideologisch wird sie vom globalen Neoliberalismus regiert, der mit großer Geschwindigkeit zum *Common Sense* des gegenwärtigen Zeitalters wird (Fukujama 1992). Ihre dominante kulturelle Tendenz ist Homogenisierung; sie ist jedoch nicht die einzige. Sie hat auch weitreichende *differenzierende* Effekte gehabt, sowohl innerhalb wie zwischen Gesellschaften. So gesehen ist Globalisierung *kein* natürlicher und unvermeidbarer Prozess, deren Imperativen man sich wie dem Schicksal fügen muss, ohne ihnen widerstehen oder sie verändern zu können.[9] Es handelt sich hier vielmehr um einen hegemonialen Prozess im Sinne Gramscis. Er ist ›strukturell dominant‹, aber er kann nicht alles innerhalb seiner Umlaufbahn kontrollieren oder durchdringen. Als einen seiner unbeabsichtigten Effekte produziert er subalterne Formationen und neu auftauchende Tendenzen, die er nicht kontrollieren kann, sondern die er versuchen muss zu ›hegemonisieren‹ oder in den Dienst seiner allgemeineren Zwecke zu stellen. Es handelt sich eher um ein System der ›Konformierung‹ von Differenzen, um ein passendes Synonym für die Auslöschung von Differenzen. Dieses Argument ist entscheidend, wenn wir berücksichtigen wollen, wie und wo Widerstände und Gegenstrategien am ehesten erfolgreich entwickelt werden können. Diese Perspektive enthält ein Modell der Macht im neuen globalen Umfeld (Umwelt), das diskursiver ist, als es gemeinhin bei den »Hyperglobalisierern« (Held et al. 1999) üblich ist.

Die subalterne Verbreitung von Differenz

Neben der homogenisierenden Tendenz der Globalisierung gibt es die ›subalterne Verbreitung von Differenz‹. Es ist ein Paradox der gegenwärtigen Globalisierung, dass die Dinge kulturell ähnlicher auszusehen scheinen (eine Art Amerikanisierung der globalen Kultur zum Beispiel), es jedoch gleichzeitig eine starke Zunahme von ›Differenzen‹ gibt. Das ›Vertikale‹ der amerikanischen kulturellen, ökonomischen und technologischen Macht scheint fortwährend von einer Reihe horizontaler Verbindungen durchkreuzt und herausgefordert zu werden, die die Vorstellung einer Welt produzieren, die aus vielen ›lokalen‹ Differenzen besteht, mit denen das ›global-Vertikale‹ rechnen muss (Hall 1994b). In diesem Modell wird der klassische binäre Gegensatz der Aufklärung zwischen Traditionalismus und Moderne durch eine Reihe regionaler ›Modernitäten‹ verschoben. Denken wir zum Beispiel daran, wie *News International* bei ihrem Versuch, Indien und China mit dem Grundnahrungsmittel des westlichen Fernsehens zu versorgen, zu einem taktischen Rückzug gezwungen wurde. Sie konnten nur an Boden gewinnen durch eine ›Indigenisierung‹ der lokalen

9 Globalisierung-als-Schicksal scheint das entscheidende Merkmal der Blair/New Labour/ Dritter Weg Position zu sein. Giddens, der ebenfalls solche Argumente vorgebracht hatte, befürwortet nun stärker die Regulierung globaler Unternehmermacht (vgl. Giddens 2000).

Fernsehindustrien, die die Reichweite der lokal angebotenen Bilder sehr viel komplexer machte und die Entwicklung einer einheimischen Industrie in Bewegung setzte, die in verschiedenen kulturellen Traditionen verwurzelt ist. Einige meinen, dies verlangsame nur die Verwestlichung der dem globalen Markt ausgesetzten indischen und chinesischen Kulturen. Andere sehen darin eine Form, in der die Völker dieser Regionen versuchen, in die ›Moderne‹ einzutreten: sie ernten die Früchte ihrer Technologien, tun dies jedoch, in gewissem Ausmaß, unter ihren eigenen Bedingungen. Im globalen Kontext ist der Kampf zwischen ›lokalen‹ und ›globalen‹ Interessen hier noch nicht endgültig ausgetragen.

Dies ist, was Derrida in einem anderen Kontext ›*différance*‹ nennt: die spielerische Bewegung, die »diese Differenzen, diese Differenzeffekte [...] produziert« (Derrida 1982).[10] Dies ist nicht die binäre Form der Differenz zwischen dem was absolut gleich und dem was absolut ›anders‹ ist. Es ist ein Gewebe von Gleichheiten und Differenzen, das sich der Aufspaltung in starre binäre Gegensätze entzieht. *Différance* charakterisiert ein System, in dem »jeder Begriff (oder jede Bedeutung) eingeschrieben ist in eine Kette oder in ein System, in dem es sich durch das systematische Spiel der Differenzen auf ein anderes bezieht, auf andere Begriffe (Bedeutungen)« (Derrida 1986). Die Bedeutung ist hier nicht der Ursprung oder das endgültige Ziel, sie kann nicht endgültig fixiert werden, ist immer *im Prozess*, innerhalb eines Spektrums ›positioniert‹. Ihr politischer Nutzen kann nicht essentiell, sondern nur relativ bestimmt werden.

Strategien der *Différance* können keine völlig anderen Lebensformen einführen (sie funktionieren nicht nach dem Begriff einer totalisierenden, dialektischen ›Überwindung‹). Sie können alte, traditionelle Lebensweisen nicht unversehrt erhalten. Sie funktionieren am besten in dem was Homi Bhabha die ›Grenzzeit‹ der Minderheiten genannt hat (Bhabha 2000). *Différance* hindert jedoch jedes System daran, sich als vollständig abgetrennte Totalität zu stabilisieren. Sie erhebt sich in den Lücken und Aporien, die potenzielle Orte des Widerstandes, der Intervention und der Übersetzung bilden. In diesen Zwischenräumen liegt die Möglichkeit einer Verbreitung einheimischer Modernitäten. Kulturell können sie sich der Woge der verwestlichenden Techno-Moderne nicht frontal entgegenstellen. Sie beugen, brechen und ›übersetzen‹ jedoch deren Imperative von unten.[11] Sie

10 Ich übersetze hier natürlich von der Philosophie in die Kultur, und erweitere Derridas Konzept ohne Garantie, aber wie ich hoffe, nicht gegen den Geist seiner Bedeutung (Derrida 1986).

11 Für Derrida bedeutet *différance* beides, »sich unterscheiden« und »aufschieben«. Es ist begründet in Strategien der Verzögerung, der Auslassung, des Aufschubs, des Umwegs, der Zurückstellung, des Reservierens (Derrida 1986).

stellen die Basis dar für eine neue Art des ›Lokalismus‹, der nicht unabhängig, partikularistisch ist, sondern der *innerhalb* des Globalen entsteht, ohne bloß sein Abbild (Simulacrum) zu sein (Hall 1994b). Dieser ›Lokalismus‹ ist nicht nur ein Überbleibsel der Vergangenheit, er ist etwas Neues – der die Globalisierung begleitende Schatten; das was der Globalisierungssturm zur Seite fegt, was jedoch zurückkehrt, um die kulturellen Niederlassungen der Globalisierung in Schwierigkeiten zu bringen und zu stören. Es ist das »konstitutive Außen« der Globalisierung (Laclau und Mouffe 1991; Butler 1993). Hier finden wir die Rückkehr des Partikularen und Spezifischen – des spezifisch differenten – im Zentrum des globalisierenden Universalismus und des panoptischen Strebens nach Schließung. ›Das Lokale‹ hat keinen stabilen, transhistorischen Charakter. Es widersteht dem homogenisierenden Sturm des Universalismus mit verschiedenen, konjunkturellen Zeiten. Es ist nicht eingeschrieben in eine bestimmte politische Position. Es kann entweder progressiv oder regressiv und fundamentalistisch sein – offen oder geschlossen – je nach dem jeweiligen Kontext (Hall 1993). Seine politische Stoßrichtung wird nicht durch einen essentiellen Inhalt bestimmt (normalerweise als Widerstand der Tradition gegen die Moderne karikiert), sondern durch seine Artikulation mit anderen Kräften. Es entsteht an vielen Orten. Einer der wichtigsten ist die geplante und ungeplante, die erzwungene und die so genannte ›freiwillige‹ Migration: sie hat die Ränder ins Zentrum gebracht, das multikulturell verbreitete ›Partikulare‹ ins Herz der westlichen Metropolen. Nur in diesem Kontext können wir verstehen, warum gerade die drohende westliche globale Schließung – die Apotheose seiner globalen universalisierenden Mission – *gleichzeitig* die langsame, unsichere und langwierige Dezentrierung des Westens ist.

Die Ränder im Zentrum: der britische Fall

Wie ist die unzeitgemäße Anwesenheit der Ränder im Zentrum – das Herz der multikulturellen Frage – zu dem geworden, was Barnor Hesse die »zersetzende Kraft« (*transruptive force*) in den politischen und sozialen Institutionen der westlichen Staaten und Gesellschaften nennt?

Der britische Fall kann hier für das umfassendere Argument als Beispiel dienen. Die nationale Geschichte unterstellt, dass Britannien bis zu den Einwanderungen aus der Karibik und dem asiatischen Subkontinent in der Nachkriegszeit eine einheitliche und homogene Kultur war. Das ist eine extrem vereinfachte Version einer komplexen Geschichte (Hall 1999a, 1999c, 1999d). Britannien ist keine gekrönte Insel, die fix und fertig geformt und eigenständig als integrierter Nationalstaat aus der Nordsee aufstieg.

Obgleich ›als ewig und unveränderlich‹ dargestellt, ist Britannien aus einer Serie von Eroberungen, Invasionen und Niederlassungen entstanden (Davis 1999). Es war Teil der europäischen Landmasse bis zum sechsten Jahrhundert v. u. Z. Jahrhundertelang wurde es von Frankreich beherrscht; es war bis zur Reformation in europäische Beziehungen integriert. Als Nationalstaat existiert Britannien erst seit dem 18. Jahrhundert, als Ergebnis eines zivilrechtlichen Vertrags (der in einer angelsächsischen, protestantischen Vorherrschaft wurzelte), der Kulturen mit bedeutenden Unterschieden – Schottland und Wales – mit England verband. Der »Act of Union« (Einheitspakt) mit Irland (1801) endete in einer Spaltung und schaffte es nie, die irische Bevölkerung oder das keltisch-katholische Element in die britische Vorstellungswelt zu integrieren. Irland war tatsächlich Britanniens früheste ›Kolonie‹ und die Iren die erste Bevölkerungsgruppe, die systematisch rassisiert wurde. Die so genannte Homogenität des ›Britentums‹ als nationale Kultur ist erheblich übertrieben worden. Sie ist von Schotten, Wallisern und Iren immer herausgefordert, von lokalen und regionalen Loyalitäten in Frage gestellt und von Klassen- Geschlechter- und generationsspezifischen Gegensätzen durchkreuzt worden. Es hat immer sehr viele unterschiedliche Arten gegeben, ›britisch‹ zu sein. Die meisten nationalen Leistungen – von der freien Rede, über das allgemeine Wahlrecht, zum Wohlfahrtsstaat und zum nationalen Gesundheitswesen – wurden durch bittere Kämpfe zwischen verschiedenen Gruppen von Briten/Britinnen gewonnen. Nur im Nachhinein wurden diese radikalen Unterschiede reibungslos in das nahtlose Gewebe eines transzendenten ›Britentums‹ eingefügt. Britannien war auch das Zentrum des größten Imperiums im modernen Zeitalter und regierte eine Vielzahl unterschiedlicher Kulturen. Diese imperiale Erfahrung hat die britische nationale Identität tiefgreifend beeinflusst, ebenso wie die britischen Vorstellungen über seine Größe und seinen Platz in der Welt (C. Hall 1994). Dieser mehr oder weniger kontinuierliche Austausch mit ›Differenz‹, der im Zentrum der Kolonisierung stand, hat den ›Anderen‹ zum konstitutiven Element der britischen Identität gemacht.

Seit dem 16. Jahrhundert gab es eine ›Schwarze‹, seit dem 18. Jahrhundert eine asiatische Präsenz in Britannien. Aber eine Einwanderung aus der nicht-Weißen globalen Peripherie, deren Art und Ausmaß den starren Begriff der britischen Identität herausfordert, ist ein postkoloniales Phänomen der Nachkriegszeit. Historisch begann diese Einwanderung 1948 mit der Ankunft des Schiffes »Empire Windrush« in Britannien, das zurückgekehrte freiwillige Soldaten und die ersten zivilen karibischen Einwanderer brachte, die die schwachen Ökonomien der Region auf der Suche nach einem besseren Leben verlassen hatten. Der Einwandererstrom bekam rasch Verstärkung aus der Karibik, dann aus dem asiatischen Subkontinent und von den aus Ostafrika ausgewiesenen Asiat/innen, sowie von Afrikaner/innen und anderen Personen aus der Dritten Welt. Er dauerte bis in die späten siebziger Jahre, als die Einwanderungsgesetzgebung die Tür wirksam verschloss.

Die alten kolonialen Verhältnisse, Sklaverei und die koloniale Herrschaft, die Britannien mehr als 400 Jahre mit dem Imperium verknüpften, markierten die Wege, denen diese Migranten folgten. Aber diese historischen Beziehungen von Abhängigkeit und Unterordnung wurden rekonfiguriert – in der jetzt klassischen postkolonialen Weise –, als sie auf dem heimischen britischen Boden zusammentrafen. Im Gefolge der Dekolonisierung, maskiert durch eine kollektive Amnesie und die systematische Leugnung des ›Imperiums‹ (das sich 1960 wie eine Wolke des Unwissens herabsenkte), wurde dieses Zusammentreffen als ein ›Neuanfang‹ interpretiert. Die meisten Briten und Britinnen schauten auf diese ›Kinder des Imperiums‹, als ob sie sich nicht vorstellen könnten, wo ›die‹ hergekommen sein könnten, was für eine Beziehung sie um alles in der Welt zu Britannien haben könnten.

Nach und nach fanden die Migranten schlechte Wohnungen und unqualifizierte, schlecht bezahlte Arbeit in den Städten und industriellen Regionen, die sich gerade von einem Krieg erholten und vom steilen Niedergang des britischen ökonomischen Erfolges heimgesucht wurden. Heute bilden sie und ihre Nachkommen etwa 7% der britischen Bevölkerung.[12] Sie machen jedoch schon 35% der Londoner Bevölkerung aus, was die selektive Dichte der Niederlassung veranschaulicht. Diese Bevölkerungsgruppe ist all den Prozessen der sozialen Ausgrenzung, der Race-spezifischen Benachteiligung, des informellen und institutionalisierten Rassismus ausgesetzt worden, die man heute, angesichts vergleichbarer Prozesse in Frankreich, Spanien, Portugal, Deutschland und Italien als für ganz Westeuropa typisch ansehen muss. Ihre postkoloniale Geschichte ist gekennzeichnet durch die Kämpfe gegen solche rassisierende Benachteiligung, Konfrontationen mit rassistischen Gruppen und der Polizei, durch institutionellen Rassismus in den Institutionen und bei den öffentlichen Ämtern, die das jeweilige Unterstützungssystem leiten und verteilen, von dem die Einwanderergruppen in starkem Maße abhängig sind. Grob gesprochen, drängt sich die Mehrheit am unteren Ende des Spektrums sozialer Entbehrungen, charakterisiert durch hohe Armuts- und Arbeitslosigkeitsraten

12 Man muss diese Zahl mit der Größe der afrikanisch-amerikanischen, Latino, karibischen, koreanischen und vietnamesischen Bevölkerungen in den USA vergleichen, um eine Vorstellung von der Dimension zu bekommen.

sowie durch schlechte schulische Resultate. Im Jahre 1991 hatte weniger als zwei Drittel der Männer und weniger als die Hälfte der Frauen im arbeitsfähigen Alter eine Arbeit.

Jedoch hat sich die ökonomische Position im Laufe der Zeit merklich differenziert (Modood et al. 1997). Einige Inder/innen, Asiat/innen aus Ostafrika und Chines/innen erfahren, obgleich sie hochqualifiziert sind, den Effekt des ›Glasdachs‹: eine Beförderung auf die höheren Stufen der Karriereleiter ist blockiert. Die pakistanischen Communitys sind im Bereich der Kleinbetriebe bemerkenswert unternehmerisch aktiv. Ein paar asiatische Millionäre können jedoch nicht die Tatsache verdecken, dass einige indische und viele pakistanische Familien nach wie vor in großer Armut leben. Bangladeschis sind durchschnittlich vier Mal mehr benachteiligt als irgendeine andere identifizierbare Gruppe. Geschlechterdifferenzen spielen eine entscheidende Rolle. Junge afrokaribische Männer sind hoher Arbeitslosigkeit ausgesetzt, haben unterdurchschnittliche schulische Leistungen und sind überrepräsentiert, wenn es um Schulausschluss, Durchsuchungen und Verhaftungen und Gefängnisstrafen geht. Afrokaribische Frauen haben hingegen jetzt eine größere Arbeitsmobilität und höhere Einkommensraten als Weiße Frauen. Es findet sich nicht mehr das Bild einer einheitlichen Deprivation, obgleich die sozioökonomische Benachteiligung nach wie vor extensiv ist.

Was für eine Art Communitys haben sie gebildet? Wie einheitlich und homogen sind ihre Kulturen? Was ist ihre Beziehung zur so genannten ›Mainstream‹-Gesellschaft? Welche Strategien sind sinnvoll, um sie vollständiger in die britische Mainstream-Gesellschaft zu integrieren?

Der Begriff ›Community‹ (z.B. Communitys der ethnischen Minderheiten) veranschaulicht korrekt die starke Gruppenidentität, die man unter diesen Gruppen findet. Er kann jedoch gefährlich irreführend sein. Das Model idealisiert die face-to-face (unmittelbaren) Beziehungen innerhalb eines Dorfes unter Menschen derselben Klasse. Es konnotiert homogene Gruppen mit starken, verpflichtenden inneren Bindungen und sehr klaren Grenzen, die sie von der äußeren Welt abtrennen. So genannte ›ethnische Minderheiten‹ haben tatsächlich deutlich markierte kulturelle Communitys geschaffen, die im Alltagsleben, besonders im familiären und häuslichen Kontext, bestimmte soziale Gebräuche und Praktiken aufrechterhalten. Es gibt beständige Verbindung mit ihren Herkunftsorten. Das trifft besonders in dicht besiedelten Gegenden zu, wie zum Beispiel in den afrokaribischen Communitys in Brixton, Peckham und Tottenham, in Manchesters Moss Side, Liverpool und Handsworth; oder in den asiatischen Communitys in Gegenden wie Southhall, Tower Hamlets, Birminghams Balsall Heath,

Bradford und Leeds. Aber es bestehen auch Unterschiede, die sich nicht aufheben lassen. Leute, die von den karibischen Inseln kommen, sind ethnisch und bezüglich ihrer Races sehr vermischt, obwohl sie alle (fälschlicherweise) als Jamaikaner betrachtet werden. Auch Asiaten werden in eine einzige Gruppe zusammengeworfen. Aber »obwohl sie einige kulturelle Charakteristika gemeinsam haben [...] gehören Asiat/innen zu verschiedenen ethnischen, linguistischen und kulturellen Gruppen und bringen verschiedene Ängste und historische Erinnerungen mit« (Parekh 1999). Alle diese Communitys sind ethnisch und bezüglich ihrer Races vermischt und enthalten einen beträchtlichen Anteil Weißer Bevölkerungen. Keine lebt in einem rassisiert, ethnisch segregierten Getto. Sie sind entschieden weniger segregiert als zum Beispiel nicht-Weiße Minderheiten in vielen US-amerikanischen Städten. Ebenso wie in der Weißen Bevölkerung entscheiden Klasse und Geschlecht über die jeweils unterschiedliche Position in der britischen Gesellschaft (Brah 1996, Yuval-Davis 1997, Phoenix 1998). Ein genaueres Bild müsste mit der gelebten Komplexität beginnen, die sich in diesen Diaspora Communitys entwickelt, in denen so genannte traditionelle Lebensweisen, die aus den Ursprungskulturen abgeleitet sind, ihre Bedeutung für die Selbstdefinitionen der Community behalten, aber gleichzeitig neben den ausgedehnten täglichen Kontakten existieren, die auf allen Ebenen mit dem sozialen Leben des britischen Mainstream stattfinden.

Race-spezifische, ethnisch-kulturelle und religiöse Identitäten aufrechtzuerhalten ist für das Selbstverständnis dieser Communitys sicher von Bedeutung. ›Schwarzsein‹ ist ebenso entscheidend für die Identität der afrokaribischen dritten Generation[13] wie der hinduistische oder moslemische Glaube für einige Asiat/innen der zweiten Generation. Aber es handelt sich bei ihnen mit Sicherheit nicht um Communitys, die sich in eine starre Tradition einkapseln. Wie in den meisten Diasporas variieren die Traditionen von Person zu Person und manchmal sogar innerhalb einer Person; sie werden beständig revidiert und transformiert im Verhältnis zur jeweiligen Migrationserfahrung. Zwischen und innerhalb der verschiedenen Communitys – zwischen verschiedenen Nationalitäten und linguistischen Gruppen, innerhalb von Glaubensgemeinschaften, zwischen Männern und Frauen und über Generationen hinweg – gibt es bedeutende Variationen, sowohl was die Intensität des Engagements, als auch was die Praxen selbst angeht. Jugendliche aus allen Communitys drücken ihre fortdauernde Loyalität zu ihren ›Traditionen‹ aus und engagieren sich gleichzeitig deutlich weniger

13 Einiges weist daraufhin, dass ›Schwarzsein‹ unter den frühen karibischen Migranten und Migrantinnen keine große Bedeutung hatte, sondern sich erst in den sechziger Jahren in Britannien als Reaktion auf den Rassismus entwickelte.

in den konkreten Praxen. Identitäten sind weniger Zeugnis einer primordialen Identität als die standpunktspezifische Wahl der Gruppe, mit der sie assoziiert werden möchten. Die Wahl der Identität ist eher politisch als anthropologisch orientiert, eher ›beziehungsspezifisch‹ als Ergebnis einer Zuschreibung (Modood u. a. 1997).

Angesichts solcher multikulturellen Komplexität ist es deshalb extrem schwierig, verallgemeinernde Schlussfolgerungen zu ziehen. Bhikhu Parekh, ein scharfer Beobachter, wählt eine *starke* Definition ›ethnischer Communitys‹: »die asiatischen und afrokaribischen Communitys sind ihrer Natur nach ethnisch, das heißt, sie sind physisch unterscheidbar, verknüpft durch soziale Bindungen, die auf gemeinsamen Bräuchen, Sprachen und endogamen Heiraten beruhen und in einer spezifischen Geschichte, kollektiven Erinnerungen, geografischen Herkunft, bestimmten Lebensauffassungen und sozialen Organisationen begründet sind.« Dennoch sieht er auch Folgendes:

> »Im Gegensatz zum öffentlichen Eindruck sind innerhalb der ethnischen Communitys große Veränderungen im Gange und jede Familie ist zum Schlachtfeld gedämpfter oder explodierender Auseinandersetzungen geworden. In jeder Familie müssen Ehefrau und Ehemann, Eltern und Kinder, Brüder und Schwestern ihre Beziehungsmuster neu definieren und neu aushandeln. Dabei müssen sie sowohl ihre traditionellen Werte wie die Merkmale ihrer adoptierten Heimat berücksichtigen. Verschiedene Familien kommen zu jeweils unterschiedlichen, vorläufigen Schlussfolgerungen.« (Parekh 1991)

Es ist deshalb ein fundamentaler Irrtum zu meinen, ihre diasporischen Lebensweisen befänden sich ein einem langsamen Übergang zur vollen Assimilation (eine Vorstellung, die, zumindest in Britannien, in den siebziger Jahren sang und klanglos begraben wurde). Sie stellen eine neue kulturelle Konfiguration dar, sie sind ›kosmopolitische Communitys‹, gekennzeichnet durch eine extensive Transkulturation (Pratt 1992). Umgekehrt haben sie einen stark pluralisierenden Einfluss auf das private und gesellschaftliche Leben in Britannien gehabt, indem sie viele britische Städte in multikulturelle Metropolen verwandelt haben. Sie waren das ›Coole‹ in dem kurzlebigen New Labour Phänomen ›Cool Britannia‹. Ein Anzeichen dafür, dass sie aus den Kategorien des Alltagsverstandes herausgewachsen sind, ist die Tatsache, dass sie sowohl als Beispiel für den ›Gemeinschaftssinn‹ angeführt werden, den die liberale Gesellschaft angeblich verloren hat, als auch als das avancierteste Zeichen der urbanen postmodernen Erfahrung in den Metropolen dargestellt werden!

Die Leserinnen und Leser werden vielleicht mit dem einen oder anderen Detail dieser Prozessbeschreibung nicht einverstanden sein (die notwendigerweise verallgemeinernd und abstrakt ist). Wenn das grundlegende

Bild jedoch nicht entscheidend in Frage gestellt wird, lohnt es sich über die Konsequenzen nachzudenken, die diese enorm zerreißende oder (wie Barnor Hesse es in seiner Einleitung genannt hat) ›zersetzende‹ Kraft dieser Entwicklungen für eine politische Strategie oder für eine Annäherung an die multikulturelle Frage haben. Der restliche Teil dieses Kapitels verfolgt einige dieser ›transruptiven‹, zerreißenden Effekte.

Das Sprechen über Race und Ethnizität durchbrechen

Der erste Effekt ist der ›zersetzende‹ (*transruptive*) Einfluss auf die traditionellen Kategorien Race und Ethnizität. Das Aufkommen der multikulturellen Frage hat differenzierte Rassisierungen zentraler Bereiche des britischen Lebens und der britischen Gesellschaft mit sich gebracht.[14] Briten/Britinnen waren gezwungen, sich selbst und ihre Beziehungen zu anderen Gruppen im Vereinigten Königreich zunehmend als rassisiert zu denken. Auch Ethnizität hat Eingang in das einheimische britische Vokabular gefunden. Während die USA nach US-amerikanischem Verständnis eine Gesellschaft ist, die sich aus verschiedenen Ethnizitäten zusammensetzt, hat Britannien (obgleich seine Ursprünge sehr verschiedenartig sind) den Begriff immer nur auf alle anderen angewandt – das Britentum war dagegen das leere Zeichen, die Norm, an der ›Differenz‹ (Ethnizität) gemessen wurde. Die zunehmende Sichtbarkeit der ethnischen Communitys und die Entwicklung hin zu einem verantwortungsvollen Regieren haben Fragen aufgeworfen bezüglich der ›Homogenität‹ der britischen Kultur und des ›Englischtums‹ als einer Ethnizität. Die multikulturelle Frage rückte damit ins Zentrum einer Krise der nationalen Identität.

Natürlich ist das Britentum als Kategorie immer durch und durch ›rassisiert‹ gewesen – wann hat es jemals etwas anderes konnotiert als Weißsein? Aber diese Tatsache ist sowohl von dem popularen wie dem nationalen akademischen Diskurs säuberlich abgetrennt worden. Der Begriff der ›Race‹ hat darum kämpfen müssen, in der politischen Theorie des Mainstream, im Journalismus oder im akademischen Denken als ernst zu nehmender Begriff anerkannt zu werden.[15] Das Schweigen darüber bricht in dem Maße zusammen, wie diese Begriffe sich ihren Weg ins öffentliche Bewusstsein erzwingen. Ihre zunehmende Sichtbarkeit ist notwendi-

14 Die Auswirkung der offiziellen Untersuchung des Todes von Stephan Lawrence und der Macpherson Bericht (1999) sind die deutlichsten jüngsten Beispiele hierfür.

15 Paul Gilroy spricht zu Recht von der Unfähigkeit, Race Ernst zu nehmen und von der eisernen Abneigung dagegen, den menschlichen Wert und die menschliche Würde von Menschen anzuerkennen, die nicht Weiß sind (Gilroy 1999).

gerweise ein gefährlicher und schwieriger Prozess. Darüber hinaus geht es jetzt um ›Race‹ in Anführungszeichen, ›Race‹ als durchgestrichen (*under erasure*), ›Race‹ in einer neuen Konfiguration mit Ethnizität. Diese epistemische Verschiebung ist eines der zersetzenden (*transruptive*) Effekte des Multikulturellen.

Betrachtet man die beiden größten nicht-Weißen Nachkriegscommunitys in Britannien, so wird Race normalerweise auf die afrokaribische Bevölkerung angewandt, ›Ethnizität‹ auf die asiatische. Tatsächlich passen diese Begriffe nur sehr grob für diese real existierenden Communitys. Race ist sinnvoll für die afrokaribische Erfahrung wegen der Bedeutung der Hautfarbe – eine Vorstellung, die aus der Biologie entlehnt ist. Jedoch ist die Farbskala unter der afrokaribischen Bevölkerung extrem breit – das Resultat weit verbreiteter ›Mischehen‹ in der karibischen Pflanzer-Gesellschaft und jahrhundertelanger ›Transkulturation‹ (Ortiz 1940, Brathwaite 1971, Glissant 1981, Pratt 1992). Asiat/innen sind in keiner Hinsicht eine ›Race‹, und sie sind auch keine einzelne ›Ethnizität‹. Die Nationalität ist oft ebenso wichtig wie die Ethnizität. Jedoch sind Inder, Pakistani, Bangladeschi, Sri Lanker, Ugander, Kenianer, Chinesen alle von regionalen, Stadt/Land, kulturellen, ethnischen und religiösen Differenzen geprägt.

Begrifflich ist ›Race‹ keine wissenschaftliche Kategorie. Die Unterschiede innerhalb einer Bevölkerung, die als eine Race gilt, sind ebenso groß wie die zwischen verschiedenen, als Races definierten Bevölkerungen. ›Rasse‹ ist eine politische und soziale Konstruktion. Es ist eine diskursive Kategorie, um die herum ein System sozioökonomischer Macht, Ausbeutung und Ausgrenzung organisiert ist, die man Rassismus nennt. Als eine diskursive Praxis hat Rassismus jedoch seine eigene ›Logik‹ (Hall 1994a). Er behauptet, die sozialen und kulturellen Differenzen, die rassistische Ausgrenzung legitimieren, in genetischen und biologischen Differenzen begründen zu können, das heißt in der Natur. Dieser ›naturalisierende Effekt‹ lässt rassisierende Unterschiede als eine starre, wissenschaftliche ›Tatsache‹ erscheinen, die immun ist gegen Veränderungen oder reformierendes soziales Engineering. Diesen diskursiven Bezug zur Natur hat der anti-Schwarze Rassismus mit dem Antisemitismus und dem Sexismus gemeinsam (wo die Biologie ebenfalls Schicksal ist), weniger jedoch mit der Klasse. Das Problem [für die Legitimierung ausgrenzender Praxen, NR] ist jedoch, dass die genetische Ebene nicht unmittelbar sichtbar ist. In dieser Art von Diskurs, im Rassismus, ›materialisieren‹ sich die genetischen Differenzen (die angeblich in der Genstruktur versteckt sind) und können ›abgelesen werden‹ von leicht erkennbaren, sichtbaren Zeichen, wie Hautfarbe, physischen Eigenschaften der Haare, der Gesichtszüge (z. B. die jüdische Hakennase), dem Körpertyp etc. Solche Merkmale fungieren dann im Alltagsleben als Abgrenzungsmechanismen.[16]

Im Gegensatz dazu bringt ›Ethnizität‹ einen Diskurs hervor, bei dem die Differenzen in kulturellen und religiösen Eigenschaften begründet sind. Aus diesem Grund wird er dem Begriff der ›Race‹ oft entgegengesetzt. Aber diese binäre Opposition lässt sich nicht so simpel herstellen. Biologischer Rassismus privilegiert solche Zeichen wie Hautfarbe, aber diese Zeichen sind immer auch benutzt worden (durch diskursive Ausdehnung), um soziale und kulturelle Differenzen zu bezeichnen. ›Schwarzsein‹ hat als ein Zeichen funktioniert, mit dem Menschen afrikanischer Herkunft als der Natur näher stehend definiert wurden und *daher* als faul, träge, von mangelnder Intelligenz, getrieben von Emotionen statt von der Vernunft, ausgestattet mit einem übermäßigen Sexualtrieb, mit geringen Fähigkeiten zur Selbstkontrolle und als anfällig für Kriminalität etc. Umgekehrt werden diejenigen, die auf ethnischer Grundlage stigmatisiert werden, weil sie angeblich ›kulturell verschieden‹ und deshalb minderwertig sind, auch oft durch physische Differenzen charakterisiert (wenn sie auch vielleicht nicht ebenso sichtbar sind wie Schwarze), die durch sexuelle Stereotypen untermauert werden (Schwarze werden maskulinisiert, während Orientalen feminisiert werden). Der biologische Bezug ist deshalb in Diskursen über Ethnizität nie völlig abwesend, wenn er auch indirekter ist. Je wichtiger ›Ethnizität‹ wird, umso eher werden ihre Charakteristika als vergleichsweise starre, der Gruppe innewohnende, nicht durch Kultur und Erziehung, sondern durch biologische Vererbung von einer Generation auf die nächste übertragene Merkmale dargestellt. Verwandtschaftsbeziehungen und endogame Heiratsregeln werden als Mittel dargestellt, die absichern, dass die ethnische Gruppe genetisch und damit auch kulturell ›rein‹ bleibt. Ethnizität wird untermauert durch Charakteristika, die physisch erkennbar sind aufgrund der Praxis der Heiraten untereinander (Parekh 1991). Kurz gesagt, die Verknüpfung mit der Natur (Biologie und Genetik) ist präsent, wird aber verschoben auf *Verwandtschaftsbeziehungen und Ehen innerhalb der Gruppen.*

Sowohl die Diskurse der ›Race‹ wie die der ›Ethnizität‹ funktionieren, weil sie eine diskursive Artikulation herstellen, eine ›Äquivalenzkette‹ (Laclau und Mouffe 1991) zwischen den sozialen/kulturellen und den biologischen Registern, die es erlaubt, die Differenzen in einem Zeichensystem

16 In Begriffen der Diskurstheorie hat Rassismus eine metonymische Struktur: die genetischen Differenzen, die verborgen sind, werden auf eine Bedeutungskette verschoben, indem sie in die Körperoberfläche eingeschrieben werden, die sichtbar ist. Das hat Frantz Fanon mit der »Epidermialisierung« oder dem »Körperschema« gemeint (vgl. Hall 1994a, 2004a).

von den Äquivalenzen in der anderen Kette ›abzulesen‹ (Hall 1994a). Biologischer Rassismus und kultureller Differentialismus stellen daher nicht zwei verschiedene Systeme dar, sondern die zwei verschiedenen Register des Rassismus. In den meisten Situationen sind beide Diskurse, der der biologischen und der der kulturellen Differenz, gleichzeitig im Spiel. Im Antisemitismus werden Juden vielfältig rassisiert, aus biologischen, kulturellen und religiösen Gründen. Wie Wieviorka darlegt, kann man dann von Rassismus sprechen, »wenn es eine Verknüpfung dieser Hauptstrategien gibt, deren einzelne Kombination jeweils von den spezifischen Erfahrungen, den historischen Momenten und den individuellen Präferenzen abhängt.« (Wieviorka 1997) Es scheint daher eher gerechtfertigt nicht von ›Rassismus‹ versus ›kultureller Differenz‹ zu sprechen, sondern von den ›zwei Logiken‹ des Rassismus.[17]

Es scheint drei Gründe für die gegenwärtige begriffliche Verwirrung zu geben. Die erste ist empirisch: Afrokaribische Einwander/innen – die im Allgemeinen als Race betrachtet werden – sind früher nach Britannien gekommen. Asiat/innen, die durch religiöse und kulturelle Differenzen charakterisiert werden, kamen später und wurden später als so genanntes Problem sichtbar. In den siebziger Jahren wurden die antirassistischen Kämpfe beider Gruppen unter der positiven Identität ›Schwarz‹ zusammengefasst, die als die ihnen gemeinsame, rassisierte Differenz in Bezug auf die Weiße Gesellschaft definiert wurde. Ein unbeabsichtigter Effekt war jedoch, dass die afrokaribische Erfahrung im Verhältnis zur asiatischen privilegiert wurde. In dem Maße, in dem die Bedeutung der »Politik der Anerkennung« (Taylor 1993) gestiegen ist, die das Recht auf kulturelle Differenz betont, haben sich die Wege der beiden Gruppen getrennt. ›Schwarz‹ ist zur normalisierten Bezeichnung für Menschen afrikanischer Herkunft geworden und Asiat/innen sind zu ethnospezifischen Begriffen der Identifikation zurückgekehrt. Daher die anormale Bezeichnung ›Schwarze und Asiaten‹, die ›Race‹ und ›Ethnizität‹ kombiniert. Zweitens gibt es sehr viel mehr Situationen in der Welt, in denen Ethnizität statt Race den Kern gewalttätiger, ausschließender Konflikte gebildet hat (z. B. Indonesien, Sri -Lanka, Ruanda, Bosnien und Kosovo). Drittens hat es einen bedeutenden

17 Diese Position vertritt Balibar (1990) in seiner Diskussion des »differentiellen Rassismus«, einem Begriff, den er von Taguieff entlehnt, ebenso wie Wieviorka (1997). Modood (1997) geht meiner Ansicht nach zu weit, wenn er versucht den kulturellen Rassismus von jeder Verbindung mit der Starrheit des Biologischen abzugrenzen. Er unterscheidet zu scharf zwischen ›biologischem Rassismus‹ und ›kulturellem Rassismus‹. Ich denke, diese Fehlinterpretation kommt dadurch zustande, dass er den *diskursiven* Charakter des Rassismus nicht ausreichend berücksichtigt. Modood nimmt daher fälschlicherweise den biologischen Bezug im ›biologischen Rassismus‹ zu wörtlich.

Anstieg von Diskriminierung und Ausgrenzung gegeben, die entweder mit Religion begründet wird oder eine starke religiöse Komponente enthält (Richardson 1999). Dies betrifft insbesondere die muslimischen Communitys, und bezieht sich auf die weltweite Politisierung des Islam. Einige Autoren meinen, dass ein Multikulturalismus, der sich primär auf den biologischen Rassismus, statt auf den kulturellen Differentialismus bezieht, diese religiöse Dimension verfehlt. (z. B. Modood u. a. 1997).

In den achtziger Jahren haben einige Kommentatoren einen Abstieg des biologisch begründeten Rassismus und einen Anstieg des »neuen kulturellen Rassismus« beobachtet (Barker 1988). Modood spricht von einer »Auslöschung des Rassismus der Farbe« und einer »Verstärkung des kulturellen Rassismus auf der Mikroebene in Britannien«. Empirisch scheinen sich solche Nullsummenspiele nicht bestätigen zu lassen (rassistische Überfälle auf asiatische Familien und gewalttätige Angriffe auf Schwarze Jugendliche auf der Straße finden nach wie vor gleichermaßen statt) und es ist auch nicht sonderlich hilfreich, das eine gegen das andere in dieser entweder/oder Manier auszuspielen. Angemessener scheint ein erweiterter Rassismusbegriff, der die Art und Weise begreift, in der biologischer Rassismus und kultureller Differentialismus sich in ihrer diskursiven Struktur artikulieren und verbinden. Diese zwei Logiken sind immer präsent, wenn auch in verschiedenen Kombinationen und in verschiedenen Kontexten und in Bezug auf verschiedene betroffene Bevölkerungen jeweils ein anderer Aspekt in den Vordergrund gestellt wird. Natürlich sind die konkreten Geschichten rassisierter und ethnisierter Ausgrenzung an unterschiedlichen Orten sehr verschieden (z. B. in den USA und im Vereinigten Königreich); sie entstehen zu unterschiedlichen Zeiten und in unterschiedlichen Formen, und haben sehr unterschiedliche politische und soziale Folgen. Sie sollten nicht homogenisiert werden. Die Verschmelzung von biologischen und kulturellen Diskursen der Inferiorisierung scheint aber das entscheidende Merkmal des ›multikulturellen Moments‹ zu sein.[18]

Angesichts der Art und Weise, in der ›Schwarz‹ – früher ein Schimpfwort – zum Begriff für eine positive kulturelle Identifikation geworden ist (Bonnett 1999), können wir hier von einer ›Ethnisierung‹ von ›Race‹ sprechen.[19] Gleichzeitig haben kulturelle Differenzen eine gewalttätigere, politi-

18 Hier unterscheide ich mich von der Unterscheidung zwischen Race und Ethnizität wie sie von Pnina Werbner in einem wichtigen Beitrag getroffen wird (Werbner 1997).

19 Dies war das Ergebnis eines intensiven Kampfes um eine Umdeutung. Für Judith Butler (1993) besteht das wichtige in Begriffen wie ›Schwarz‹ und ›Queer‹, deren Bedeutung sich von einer negativen zu einer positiven Konnotation verschoben haben, darin, dass sie die

siertere und widerständigere Bedeutung angenommen – die wir als Rassisierung von ›Ethnizität‹ begreifen können (z. B. ethnische Säuberung). Die Konsequenz dieser Entwicklung besteht darin, zwei aufeinander bezogene, aber verschiedene Forderungen auf die Tagesordnung eines britischen Multikulturalismus zu setzen, die bisher als unvereinbar gegolten haben: Die Forderung nach sozialer Gleichheit und Race-spezifischer Gerechtigkeit (gegen einen differentiellen Rassismus) und die Forderung nach der Anerkennung kultureller Differenzen (gegen einen universalisierenden Ethnozentrismus). Wir werden weiter unten auf die politische Bedeutung dieser Doppelforderung zurückkommen.

›Kultur‹ erschüttern

Der zweite Störeffekt (*transruptive effect*) ist der Einfluss, den die multikulturelle Frage auf unser Verständnis von Kultur hat. Die binäre Entgegensetzung aus der Aufklärung – Partikularismus versus Universalismus oder Tradition versus Moderne – bringt ein bestimmtes Verständnis von Kultur hervor. Es gibt auf der einen Seite die unverwechselbaren, homogenen, in sich ruhenden, streng abgegrenzten Kulturen der so genannten traditionellen Gesellschaften. In dieser anthropologischen Definition durchtränken die kulturellen Traditionen ganze Communitys, und zwingen die Individuen unter eine von der Gemeinschaft sanktionierte Lebensform. Dies wird dann der ›Kultur der Moderne‹ entgegengestellt, die als offen, rational, universalistisch und individualistisch dargestellt wird. In der Letzteren müssen partikulare kulturelle Loyalitäten im öffentlichen Leben negiert werden – eine Forderung, die von Fanfarenklängen über die Neutralität des zivilen Staates begleitet wird – sodass das Individuum formal frei ist, sein/ihr eigenes Drehbuch zu schreiben. Diese Merkmale werden als der starre und essentialistische Inhalt jeder dieser Kulturen gedacht. Die Vorstellung, dass liberale Gesellschaften in fundamentalistischer Weise agieren können oder dass Traditionalisten, sagen wir der Islam, sich mit modernen Lebensweisen verknüpfen könnten, erscheint als Widerspruch in sich. Traditionen werden als in Stein gemeißelt dargestellt.[20]

Spuren des Kampfes um ihre Veränderung bewahren. Dies mag eine Alternative Kampfstrategie zur ›politischen Korrektheit‹ darstellen, die versucht, die Sprache von allen Spuren des Negativen zu reinigen.

20 Hingegen muss man es als »das sich verändernde Gleiche« (Gilroy 1993a), oder als »diskursives Konzept […]« verstehen, dass bestrebt ist, in der Struktur seiner Erzählung, autoritativ eine Beziehung zwischen Vergangenheit, Community und Identität herzustellen (Scott 1999). Starrheit ist etwas, das der Tradition unter bestimmten Bedingungen zustößt – eine Form, in der es aufhört kreativ zu sein und sich in ›Autorität‹ einschließt.

Diese binäre Struktur von Tradition/Moderne ist jedoch seit dem Beginn des globalen ›Projekts‹ des Westens Ende des fünfzehnten Jahrhunderts zunehmend unterminiert worden. Kolonisierte traditionelle Kulturen blieben unverwechselbar; aber sie wurden notwendigerweise »Wehrpflichtige der Moderne«.[21] Sie mögen strenger abgegrenzt sein als so genannte moderne Gesellschaften, aber sie sind nicht mehr (falls sie es je waren) organische, starre, autarke, sich selbst erhaltende Einheiten. Als ein Ergebnis der Globalisierung im länger dauernden historischen Sinn, sind sie zu eher ›hybriden‹ Formationen geworden. Tradition funktioniert mehr als *Repertoire von Bedeutungen* denn als eine Doktrin. Individuen nutzen diese Rahmenbedingungen und die Zugehörigkeiten, die sie umschreiben, um ihrer Welt Sinn zu verleihen, ohne dass sie sich von ihnen in jedem Aspekt ihrer Existenz einbinden lassen.[22] Sie sind zum Bestandteil einer dialogischen Beziehung zum Anderen geworden. Präkoloniale Kulturen wurden, in unterschiedlichem Ausmaß, zunehmend global *zusammengebracht* unter dem Dach der westlich kapitalistischen Moderne und des imperialen Systems, ohne dass ihre Eigenständigkeit vollkommen ausgelöscht wurde. Sie blieben (wie C. L. R. James es einst für die Karibik formulierte) »in Europa, wurden aber nicht europäisch«.[23] Wie Aijaz Ahmad (kein natürlicher Verbündeter der hybridisierenden Intelligenz) beobachtet hat: »die gegenseitige Befruchtung der Kulturen war in den Wanderungsbewegungen aller Völker endemisch [...] und alle diese Wanderungen brachten Reisen mit sich, Kontakte, Veränderungen, Hybridisierung von Ideen, Werten und Verhaltensnormen.« (Ahmad 1995)

Ein Begriff, der benutzt worden ist, um die zunehmend vermischten und diasporischen Kulturen zu charakterisieren, ist ›Hybridität‹. Seine Bedeutung ist jedoch allgemein missverstanden worden.[24] Hybridität bezieht sich nicht auf vermischte Race-Zusammensetzungen von Bevölkerungen. Er ist

21 Vgl. David Scott 1999.

22 Das ist die wichtige Unterscheidung zwischen Kultur als ›Lebensweise‹ und Kultur als einer ›bedeutungsgebenden Praxis‹ (Hall 1998).

23 Anm. d. Übersetzerin: Die schöne englische Formulierung lässt sich leider nicht ebenso elegant ins Deutsche bringen: »... in but not of Europe«.

24 Ich nehme also das Argument Robert Youngs nicht ernst (dass der Gebrauch des Begriffs Hybridität lediglich den alten rassisierten Diskurs der Differenz wiederherstellt, den er überwinden wollte). Das ist eine semantische Spitzfindigkeit. Mit Sicherheit können Begriffe von ihrer ursprünglichen Bedeutung desartikuliert und wieder neu artikuliert werden: was für eine prä-post-strukturalistische Auffassung von Sprache ist das, in der die Bedeutung auf ewig an ihren rassisierten Referenten gebunden ist? Für mich ging es immer um *kulturelle* Hybridität, die ich auf die neue Kombination heterogener kultureller Elemente in einer neuen Synthesis beziehe – z. B. ›Kreolisierung‹ und ›Transkulturation‹ – und die nicht an den so genannten Race-Charakter der Menschen, deren Kultur ich diskutiere, gebunden werden oder von ihm abhängig gemacht werden kann.

ein anderer Begriff für die kulturelle Logik der *Übersetzung*. Diese Logik ist zunehmend augenfällig in den multikulturellen Diasporas und in anderen vermischten und Minderheitskulturen der postkolonialen Welt. Neue und alte Diasporas, die von dieser ambivalenten innen/außen Position regiert werden, lassen sich überall finden. Dies definiert die asymmetrisch zusammengesetzte kulturelle Logik mit der die so genannte westliche Moderne den Rest der Welt seit dem Beginn des europäischen Globalisierungsprojekts beeinflusst hat (Hall 1996b).

Hybridität bezieht sich *nicht* auf hybride Individuen, die mit ausgeformten Subjekten verglichen werden können, die entweder ›traditionell‹ oder ›modern‹ sind. Sie ist ein Prozess kultureller Übersetzung, der qualvoll ist, weil er nie abgeschlossen ist, sondern immer unentscheidbar bleibt. Es handelt sich nicht einfach um Aneignung oder Anpassung; es ist ein Prozess, durch den Kulturen genötigt werden, ihr eigenes Referenzsystem, ihre eigenen Normen und Werte zu revidieren, indem sie sich von ihren gewohnheitsmäßigen oder ›angeborenen‹ Transformationsregeln trennen. Ambivalenz und Antagonismus begleiten jeden Akt kultureller Übersetzung, weil jedes »Aushandeln« der »Differenzen des Anderen« die radikale Unzulänglichkeit unseres eigenen Bedeutungs- und Zeichensystems enthüllt (Bhabha 1997).

›Traditionen‹ und ›Übersetzung‹ werden in ihren verschiedenen Varianten jeweils unterschiedlich verknüpft (Robbins 1991). Das ist nicht nur ein Grund zum Feiern, denn die vielfältigen Formen der Deplatzierung (*dislocation*) und des Bewohnens (*habitation*) treiben die Kosten hoch und können zur Handlungsunfähigkeit führen (Clifford 1997). Wie Homi Bhabha formuliert hat, verweist dieser Prozess auf

> »einen mehrdeutigen, mit Angst besetzten Augenblick [...] des Übergangs, der jeden Modus sozialer Transformation begleitet, ohne das Versprechen eines würdevollen Abschlusses oder der Überwindung der komplexen, konfliktreichen Bedingungen, die den Prozess begleiten. [...] In ihm werden [...] die Dissonanzen, die trotz der engen Beziehungen überwunden werden müssen, offensichtlich; ebenso wie die gegensätzlichen Positionen und Machtverhältnisse, die bekämpft, sowie die Werte, die Ethik und die Ästhetik, die ›übersetzt‹ werden müssen, ohne dass sie jedoch den Transfer unbeschadet überstehen werden.« (Bhabha 1997)

Dies ist jedoch oft auch die Art und Weise, in der »das Neue die Welt betritt« (Rushdie 1991).

Die Vorstellung einer Kultur, die in die Communitys der ethnischen Minderheiten eingebettet ist, bezieht sich nicht auf eine starre Beziehung zwischen Tradition und Moderne. Sie verbleibt nicht innerhalb einer Grenze, noch überwindet sie Grenzen. In der Praxis verweigert sie sich solchen binären Gegensätzen.[25] Ihr Begriff der ›Community‹ deckt *notwendigerweise* ein vielfältiges Spektrum konkreter Praxen ab. Einige Individuen bleiben traditionellen Praxen und Werten zutiefst verpflichtet (obgleich selten ohne diasporische Brechung). Für andere haben sich so genannte traditionelle Identifikationen durch Verstärkung transformiert (zum Beispiel aufgrund von Feindseligkeiten der ›Gastgeber‹ Community, Rassismus, oder durch die veränderten weltweiten Bedingungen, wie die gestiegene Bedeutung des Islam). Für wieder andere ist die Hybridisierung stark fortgeschritten, jedoch selten im Sinne einer Assimilation. Dies ist ein radikal verschobenes, ein komplexeres Bild von Kultur und Community als dasjenige, das in die konventionelle soziologische oder anthropologische Literatur eingeschrieben ist. ›Hybridität‹ markiert den Ort dieser Unvereinbarkeit.

Unter Bedingungen der Diaspora sind Menschen oft gezwungen, sich verschiebende, multiple oder Bindestrichpositionen der Identifizierung einzunehmen. Ungefähr zwei Drittel der Befragten aus Communitys der ethnischen Minderheiten, die in der *Fourth National Survey of Ethnic Minorities* (Vierte Nationale Erhebung über ethnische Minderheiten) gefragt wurden, ob sie sich selbst als britisch bezeichnen, stimmten zu, obgleich sie ebenfalls der Meinung waren, dass zum Beispiel britisch und pakistanisch zu sein kein großer Widerspruch sei (Modood et al. 1997). Schwarz-britisch oder britisch-asiatisch sind Identitäten, die Jugendliche zunehmend annehmen. Einige Frauen, die finden, dass ihre Communitys das Recht haben, ihre Differenzen respektiert zu sehen, wollen nicht, dass ihr Leben als Frauen, ihr Recht auf Bildung oder die Wahl ihrer Ehepartner durch Normen reguliert werden, die von der Community geregelt und überwacht werden. Selbst in den traditioneller orientierten Sektoren funktioniert das Prinzip der *Heterogenität* in hohem Maße. In unseren Begriff gehen zum Beispiel ein: der von Modood so lebendig beschworene zugelassene asiatische Bilanzbuchhalter im Anzug, der in einem Vorort lebt, seine Kinder auf die Privatschule schickt, Readers Digest und Bhagavad Gita liest, oder der Schwarze Teenager, der DJ in der Disco ist, Jungle Music spielt, aber Manchester United unterstützt, oder der muslimische Student, der weite Hip-Hop-Jeans im Straßenstil trägt, aber bei den Freitagsgebeten nie fehlt –

25 Tradition ist nichts Starres. Sie ist vielmehr die Anerkennung des körpergebundenen Charakters aller Diskurse. »Sie ist ein bestimmtes diskursives Konzept, in dem Sinne, dass sie eine besondere Arbeit leistet; sie ist bestrebt, innerhalb der Struktur ihrer Erzählung, autoritativ eine Beziehung zwischen Vergangenheit, Community und Identität herzustellen […] Das Spiel von Konflikt und Streit ist ihre Bedingung. Sie ist ebenso ein Ort der Auseinandersetzung wie ein Ort der Übereinstimmung, des Diskurses wie der Harmonie.« (Scott 1999)

sie *alle* sind in unterschiedlicher Weise ›hybridisiert‹. Sollten sie in ihre Herkunftsdörfer zurückkehren, würden selbst die traditionellsten als ›verwestlicht‹ gelten, wenn nicht als hoffnungslos diasporisiert. Sie alle handeln ihre Kultur irgendwo im Spektrum der *Différance* aus, in dem die gespaltenen (zerrissenen) Zeiten, Generationen, Räume und Informationen sich der übersichtlichen Einordnung widersetzen.

Die Grundlagen des liberalen Verfassungsstaates erschüttern

Ein dritter Störeffekt (*transruptive effect*) der ›multikulturellen Frage‹ ist die Herausforderung, die sie für den dominanten Diskurs der westlichen politischen Theorie und die Grundlagen des liberalen Staates darstellt. Durch die Verbreitung instabiler Differenzen sind die bereinigten Meinungsverschiedenheiten zwischen Liberalen und Kommunitaristen, die heute die westliche politische Tradition dominieren, ernsthaft gestört.

Der liberale, rationale, humanistische Universalismus der westlichen Kultur in der Post-Aufklärung sieht jede Minute nicht weniger historisch bedeutend, aber weniger *universell* aus. Viele große Ideen – Freiheit, Gleichheit, Autonomie, Demokratie – sind in der liberalen Tradition in Ehren gehalten worden. Es ist jedoch heute klar, dass der Liberalismus nicht die ›Kultur ist, die über den Kulturen‹ steht, sondern die Kultur, die gewonnen hat, d.h. der Partikularismus, der sich auf dem gesamten Globus erfolgreich universalisiert und hegemonisiert hat. Sein Triumph, der praktisch darin bestand, die Grenzen des ›Politischen‹ zu definieren, ist im Nachhinein gesehen nicht das Ergebnis einer uneigennützigen Massenbekehrung zum Gesetz der universellen Vernunft, sondern eine sehr viel weltlichere Angelegenheit, die dem Foucault'schen Macht-Wissen-›Spiel‹ ähnelt. Es hat schon vorher eine theoretische Kritik der ›dunklen‹ Seiten des Aufklärungsprojekts gegeben, aber heute wird es am effektivsten von der ›multikulturellen Frage‹ enttarnt.

Das universelle Bürgerrecht und die kulturelle Neutralität des Staates sind zwei Eckpfeiler des westlichen liberalen Universalismus. Natürlich sind die Bürgerrechte nie universell angewendet worden, weder auf Afrikanische-Amerikaner (African-Americans) in den Händen der Gründungsväter noch auf die kolonialen Subjekte unter den Regeln der imperialen Ordnung. Diese Kluft zwischen Ideal und Wirklichkeit, zwischen formaler und substantieller Gleichheit, negativer und positiver Freiheit hat die liberale Konzeption der Bürgerrechte von Anfang an geplagt. Was die kulturelle Neutralität des liberalen Staates angeht, so sind seine Leistungen nicht leichtherzig aufzugeben. Religiöse Toleranz, freie Rede, das Gelten des Gesetzes, formale Gleichheit und legales Prozedere, universelles Wahlrecht sind – obgleich stark umstritten – positive Leistungen. Die Neutralität des Staates funktioniert jedoch nur, wenn man eine weitgehende kulturelle Homogenität bei den Regierten unterstellt. Diese Unterstellung war tatsächlich bis vor kurzem das Fundament der westlichen liberalen Demokratien. Unter den neuen multikulturellen Bedingungen scheint diese Voraussetzung jedoch mehr und mehr an Gültigkeit zu verlieren.

Es wird behauptet, dass der liberale Staat seine ethnisch-partikularistische Haut abgestreift hat und darunter seine kulturell gereinigte, universalistische, zivile Form hervortrat. Britannien ist jedoch, wie alle zivilen Nationalismen, nicht nur eine souveräne politische und territoriale Einheit, sondern auch eine ›vorgestellte Gemeinschaft‹. Es ist ein Fokus von Identifikationen und Zugehörigkeiten. Die Diskurse der Nation spiegeln nicht einen schon erreichten einheitlichen Staat wider, wie man uns glauben machen will. Ihr Zweck besteht vielmehr darin, aus den vielen verschiedenen Klassen, Geschlechtern, Regionen, Religionen und Lokalitäten, die die Nation in Wirklichkeit durchkreuzen, eine einheitliche Form der Identifizierung zu schmieden oder zu konstruieren (Hall 1994c, Bhabha 1990). Um dies zu erreichen, müssen diese Diskurse den so genannten kulturfreien ›zivilen‹ Staat in ein dichtes Gewebe von kulturellen Bedeutungen, Traditionen und Werten einbetten und verstricken, die für die Nation stehen und sie repräsentieren. Nur *innerhalb* der Kultur und ihrer Darstellung kann eine Identifikation mit der ›vorgestellten Gemeinschaft‹ überhaupt konstruiert werden.

Alle so genannten modernen, liberalen Nationalstaaten verknüpfen also die so genannte rationale, reflektierte, zivile Form der Loyalität mit dem Staat mit der so genannten intuitiven, instinktmäßigen, ethnischen Loyalität zur Nation. Diese heterogene Formation des ›Britentums‹ begründet das Vereinigte Königreich, die politische Einheit, als eine ›vorgestellte Gemeinschaft‹. Wie der große Patriot Enoch Powell beobachtet hat: »das Leben von Nationen wird, nicht unähnlich dem Leben der Menschen, weitestgehend im Geist gelebt«. Britanniens rationale und konstitutionelle Grundlagen erhalten gelebte Bedeutung und Struktur durch ein System von Repräsentationen. Sie sind begründet in den Gebräuchen, Gewohnheiten und Ritualen des Alltagslebens, den sozialen Codes und Konventionen, den dominanten Versionen von Männlichkeit und Weiblichkeit, den sozial konstruierten Erinnerungen an nationale Triumphe und Katastrophen, der Bilderwelt, den vorgestellten Landschaften und spezifischen nationalen Eigenschaften, die alle zusammen die Vorstellung von Britannien hervorbringen. Diese Aspekte sind darum nicht weniger bedeutend, weil sie ›erfunden‹ sind (Hobsbawm und Ranger 1993). Obwohl die Nation sich in einem fortwährenden Prozess ständig neu erfindet, wird sie dargestellt als etwas, das seit Anbeginn der Zeiten existiert hat. (vgl. Davis 1999). Natürlich folgt aus der Tatsache, dass der ›universelle‹ Staat sich auf sehr spezifischen kulturellen Partikularismen gründet, nicht, dass er nichts weiter ist als eine Spielwiese für rivalisierende Definitionen des Gemeinwohls. Was jedoch angesichts der ›multikulturellen Frage‹ nicht mehr aufrechterhalten werden kann, ist der binäre Gegensatz zwischen dem partikularen Charakter ›ihrer‹ Forderung nach Anerkennung der Differenz im Gegensatz zum Universalismus ›unserer‹ zivilen Rationalität.[26]

Die so genannte Homogenität der britischen Kultur ist stark übertrieben worden. Es hat immer schon sehr viele unterschiedliche Arten gegeben, ›britisch zu sein‹. Britannien ist immer schon von tiefen Gegensätzen zwischen Geschlecht, Klasse und Region durchzogen gewesen. Tiefgreifende Unterschiede in Bezug auf materielle und kulturelle Macht zwischen den ›Königreichen‹ des Vereinigten Königreichs wurden durch die Hegemonie der Engländer über den Rest, des ›Englischtums‹ über das ›Britentum‹ verdeckt. Die Iren haben nie wirklich dazugehört. Die Armen sind immer ausgegrenzt gewesen. Die Masse der Menschen hatte bis zum Beginn des zwanzigsten Jahrhunderts kein Wahlrecht. Hinzu kommt die wachsende kulturelle Vielfalt des britischen sozialen Lebens selbst. Die Effekte der Globalisierung, der Verlust des britischen ökonomischen Vermögens und der britischen Position in der Welt, das Ende des Imperiums, der steigende Druck, Macht und Regierung abzugeben, das Anwachsen des internen Nationalismus, lokale und regionale Empfindungen und die Herausforderung durch Europa – all dies hat die so genannte Homogenität des Britentums ins Wanken gebracht und eine tiefe innere Krise der nationalen Identität hervorgerufen. Darüber haben die erstaunlich schnelle Zunahme des gesellschaftlichen Pluralismus und die Geschwindigkeit der ökonomischen und technologischen Veränderungen die alten Vereinbarungen zwischen den Klassen und den Geschlechtern unterminiert. All dies hat die britische Gesellschaft zu einem weniger voraussehbaren Ort gemacht. Diese Prozesse sind die Quellen einer massiven internen Diversifizierung des gesellschaftlichen Lebens.[27] Es wäre heute schwierig, einen bedeutenden

26 Rawls (1998) hat seinen kommunitaristischen Kritikern eine wichtige Konzession gemacht, indem er zugegeben hat, dass seine Rechtstheorie besonders geeignet ist für eine liberal-pluralistische Gesellschaft, in der das Bedürfnis für politische Kooperation bereits weit verbreitet ist (das heißt, sie ist abhängig von bestimmen partikularistischen kulturellen Voraussetzungen).

27 Dies beinhaltet: die asymmetrischen Muster der ökonomischen und technologischen Entwicklung, die revolutionierte Position der Frauen und die Feminisierung der Arbeitskraft, der Niedergang der manuell arbeitenden männlichen Arbeiterklasse und deren Kultur und der älteren Berufsgruppen, neue Muster der Konsumtion und die Religion des freien Mark-

nationalen Konsens zu irgendeiner der entscheidenden sozialen Fragen zu finden, über die es sehr unterschiedliche Auffassungen und gelebte Erfahrungen gibt. Menschen gehören sehr unterschiedlichen, sich überlappenden Communitys an, die zuweilen in entgegengesetzte Richtungen ziehen. Britannien ist eine ›multikulturell vielgestaltige‹ Gesellschaft, lange bevor sie auch nur anfängt, die Einflüsse der nach der Einwanderung entstandenen multi-ethnischen Communitys in Betracht zu ziehen. Tatsächlich sieht es manchmal so aus, als ob Letztere die symbolischen Träger eines komplexen Musters von Veränderungen sind, einer Diversifizierung und eines ›Verlustes‹, für die sie lediglich die bequemsten Sündenböcke sind.

Die multikulturelle Frage hat auch dazu beigetragen, einige der anderen Inkohärenzen des liberalen Verfassungsstaates zu dekonstruieren. Die ›Neutralität‹ des liberalen Staates (das heißt, die Tatsache, dass er als eine Instanz dargestellt wird, die im *öffentlichen* Raum keine partikulare Version des ›guten Lebens‹ vertritt) sichert, so heißt es, die persönliche Autonomie und Freiheit des Individuums, seine/ihre eigene Version des ›guten Lebens‹ zu verfolgen, solange das im privaten Raum geschieht. Die ethisch neutrale juristische Ordnung des liberalen Staates beruht also auf der strikten Trennung zwischen der privaten und der öffentlichen Sphäre. Es ist zunehmend schwerer dies in einer stabilen Form abzusichern. Das Recht und die Politik intervenieren zunehmend in die Privatsphäre. Öffentliche Urteile beziehen ihre Legitimation aus der Privatsphäre. Im Postfeminismus verstehen wir besser, wie der Geschlechtervertrag den Gesellschaftsvertrag untermauert. Bereiche wie die Familie, Sexualität, Gesundheit, Essen, Kleidung, die der Inbegriff des Privaten waren, sind Bestandteil öffentlicher und politischer Auseinandersetzungen geworden. Die einfache Unterscheidung zwischen der öffentlichen und der häuslichen Sphäre lässt sich nicht länger aufrechterhalten, besonders seit dem massiven Eintritt der Frauen und der ›privatisierten‹ Aktivitäten, die mit der Privatsphäre assoziiert waren, in den öffentlichen Raum. Das ›Persönliche‹ ist überall ›Politisch‹ geworden.

Was Michael Walzer bekanntermaßen Liberalismus I genannt hat, stellt eines der großen diskursiven Systeme der modernen Welt dar, das in den letzten Jahren mit der politischen Theorie gründlich aufgeräumt hat. Nur eine sehr enge Definition von Kultur und ein sehr verdünnter Begriff von kollektiven Rechten sind mit der Betonung des Individualismus verträglich,

tes, neue Familienformen und Stile der Elternschaft, generationsspezifische Unterschiede in einer älter werdenden Bevölkerung, der Niedergang der organisierten Religion, tiefgreifende Verschiebungen im sexuellen Verhalten und in der moralischen Kultur, der Niedergang des Respekts, der Aufstieg des Managertums, die Heroisierung des Unternehmers, der neue Individualismus und der neue Hedonismus.

wie er im Zentrum dieser ›marktliberalen‹ Konzeption steht.[28] Sie begreift nicht das Ausmaß, in dem das Individuum ›dialogisch‹ ist, wie Taylor dies nennt (1993) – nicht im binären Sinn eines Dialogs zwischen schon konstituierten Subjekten, sondern in dem Sinne, dass die Beziehung zum anderen fundamental konstitutiv ist für das Subjekt, das sich nur in Beziehung zu dem was ihr fehlt – ihr Anderes, ihr konstitutives ›Außen‹ – als eine ›Identität‹ konstituieren kann (Lacan 1997, Laclau und Mouffe 1991, Butler 1993). Das sinnvolle individuelle Leben ist immer in kulturelle Kontexte eingebettet, nur in ihnen ergibt seine ›freie Wahl‹ Sinn.

> »Denn die Integrität der einzelnen Rechtsperson kann, normativ betrachtet, nicht ohne den Schutz jener intersubjektiv geteilten Erfahrungs- und Lebenszusammenhänge garantiert werden, in denen sie sozialisiert worden ist und ihre Identität ausgebildet hat. Die Identität des Einzelnen ist mit kollektiven Identitäten verwoben und kann nur in einem kollektiven Netzwerk stabilisiert werden, das so wenig wie die Muttersprache selbst als ein privater Besitz angeeignet wird. Deshalb bleibt [...] das Individuum [...] der Träger von entsprechenden ›Rechten auf kulturelle Mitgliedschaft‹.« (Habermas 1993, 172)

In der Praxis und unter dem Druck multikultureller Differenzen sind einige westliche Verfassungsstaaten wie Britannien gezwungen worden, sich auf den von Walzer so genannten »Liberalismus 2« zuzubewegen oder auf etwas, das wir in Europa mit einem weniger beschränkten Vokabular als ›sozialdemokratisches‹ Reformprogramm bezeichnen würden.[29] Der Staat hat die

28 Walzer spricht in verwirrender (und, angesichts der jüngsten Entwicklungen, in optimistischer) Weise davon, »die USA habe den Liberalismus I aus dem Inneren des Liberalismus 2 ausgewählt«. In Wirklichkeit sieht die jüngste US-amerikanische öffentliche Politik, ihr Angriff auf die »affirmative action« Programme [Programm gegen die Diskriminierung von Minderheiten, NR] im Namen liberaler Freiheiten mehr wie eine konzertierte Aktion aus, die USA zurück in den Liberalismus I zu ziehen, nach einem kurzen Flirt mit Liberalismus 2. Kymlicka, der von einem kanadischen Standpunkt aus spricht, argumentiert, das bestimmte individuell definierte Gruppenrechte mit der liberalen Konzeption vereinbar sind. Er legt die liberale Konzeption bis an die Grenzen des Möglichen aus, um sein Argument zu untermauern. Taylor (1993) meint, dies sei nicht der Fall; erstens, wegen der individualistischen Grundvoraussetzungen des Liberalismus, und zweitens, weil der Schutz kollektiver Identitäten mit dem Recht auf individuelle Freiheiten kollidiert. Der Liberalismus muss deshalb reformiert werden, um ihn in Einklang zu bringen mit der multikulturellen Forderung nach »Anerkennung«. Habermas (1993) argumentiert jedoch, dass Individualität zwar intersubjektiv konstituiert ist, aber dass, richtig verstanden, eine Rechtstheorie eine Politik der Anerkennung, welche die Integrität des Individuums als Träger des Rechts schützt, nicht nur zulässt, sondern sie erfordert; dies sei vereinbar mit dem Liberalismus, vorausgesetzt es gibt ›eine konsistente Aktualisierung des Rechtssystems‹.

29 John Rex, der die allgemeine Vorstellung einer kulturellen Neutralität des Staates unterstützt, argumentiert zu Recht, dass dieses Verfahren sich vom liberalen Individualismus unterscheidet. Mindestens bis zum Aufkommen von ›New Labour‹ ist es unterstützt worden von einem sozialdemokratischen Wohlfahrtsstaat, der substantielle Umvertei-

vielfältigen sozialen Bedürfnisse und die zunehmende kulturelle Vielfalt seiner Bürger/innen formell anerkannt und spiegelt sie öffentlichwider. Er erkennt einige Gruppenrechte an, ebenso wie individuell definierte Rechte. Er muss öffentliche Umverteilungsstrategien der Unterstützung entwickeln (z. B. *affirmative action*-Programme; eine Gesetzgebung, die gleiche Chancen sichert [*equal opportunity legislation*]; öffentlich geförderte Kompensationszuschüsse und einen Wohlfahrtsstaat für benachteiligte Gruppen etc.). Der Staat muss sogar die ›Chancengleichheit‹ sichern, die der formale Liberalismus so liebt. Er hat einige alternative Definitionen des Gemeinwohls in die Gesetzgebung aufgenommen und einige ›Ausnahmen‹ aus kulturellen Gründen legalisiert. Zum Beispiel, indem er das Recht der Sikhs anerkannt hat, Turbane zu tragen, ohne die Verpflichtungen des Arbeitgebers unter den Sicherheits- und Gesundheitsverordnungen zu suspendieren, oder indem er konsensuell arrangierte Ehen als legal akzeptiert, aber eine arrangierte Ehe, die einer nicht zustimmenden Frau aufgezwungen wird, für illegal erklärt. Die britische Gesetzgebung ist relativ weit gegangen, um ein Gleichgewicht herzustellen zwischen *kulturellem Pluralismus*, der in Bezug auf die Communitys definiert wird, und *liberalen Konzeptionen* der Freiheit individueller Subjekte.[30] Dennoch ist diese Bewegung bislang Stückwerk geblieben, und seit New Labour sich der Unterminierung des Wohlfahrtsstaates verschrieben hat, ist sie unsicher: eine willkürliche Antwort auf die wachsende Sichtbarkeit und Präsenz ethnisierter Communitys im Herzen des britischen Lebens. Sie konstituiert eine bestimmte ›multikulturelle Tendenz‹ (Hall 1999c).

Jenseits der existierenden politischen Vokabularien

Was wäre nötig, damit diese ›Tendenz‹ eine anhaltende Bewegung wird, ein konzertierter Versuch oder ein politischer Wille? Um es anders zu sagen: Was sind die Prämissen für eine radikal andere Form britischen Multikulturalismus? Er müsste begründet werden, nicht in einem abstrakten Begriff von Nation und Community, sondern in einer Analyse dessen, was ›Community‹ tatsächlich bedeutet und wie die verschiedenen Communitys, die heute die Nation bilden, praktisch interagieren. Um an den Wurzeln der Benachteiligungen anzusetzen, müsste er die von mir so genannten ›zwei Register des Rassismus‹ berücksichtigen – die wechselseitige Verwobenheit von biologischem Rassismus und kulturellem Rassismus. Die Verpflichtung,

lungsmaßnahmen einschloss, die man zu Unrecht unter einen alles einschließenden Begriff des Liberalen subsumieren würde, nur, weil sie die Rechte des Individuums respektieren.

30 Für eine überzeugende Diskussion der komplexen Probleme bei der Bewertung kultureller Praxen in einer nicht-absolutistischen Weise, siehe Parekh 1999.

Rassismus in jeder Form bloßzustellen und zu bekämpfen, müsste ein positives Ziel und die gesetzliche Verpflichtung einer Regierung sein, an der ihr Anspruch, legitimer Vertreter zu sein, gemessen werden würde. Eine solche Regierung müsste die doppelte politische Forderung erfüllen, die aus dem Zusammenspiel zwischen den groben Ungleichheiten und Ungerechtigkeiten, die sich aus dem Fehlen substantieller Gleichheit ergeben, und der Ausgrenzung und Inferiorisierung, die sich aus mangelnder Anerkennung und mangelnder Sensibilität ergeben, entsteht. Statt schließlich eine Strategie zu sein, die nur das Schicksal der so genannten ›ethnischen‹ oder rassisierten Minderheiten zu verbessern sucht, müsste sie eine Strategie sein, die mit der Mehrheitslogik radikal bricht und versucht, die gesamte Nation in einer radikal postnationalen Weise zu rekonfigurieren oder neu zu entwerfen (Hall 1999c).

Die doppelte Forderung nach Gleichheit und Differenz scheint unsere vorgegebenen politischen Vokabularien zu überfordern. Der Liberalismus hat es nie vermocht, kulturelle Differenzen in sich aufzunehmen und den Bürger/innen der Minderheiten Gleichheit und Gerechtigkeit zu geben. Im Gegensatz dazu argumentieren die Kommunitaristen, dass der Begriff des ›guten Lebens‹, das in den Communitys eingebettet ist, Vorrang vor individuellen Vorstellungen haben sollte, da das Selbst nicht von seinen Zwecken unabhängig sein kann. Kulturelle Pluralisten gründen diese Vorstellung in einer sehr starken Definition der Community als »spezifische Kulturen, die Begriffe verkörpern, die mit historischen Erinnerungen und Assoziationen geladen sind [...] die ihr Verständnis der und ihren Zugang zur Welt formen und Kulturen distinkter und bindender Communitys konstituieren« (Parekh 1991).

Wie wir zu zeigen versucht haben, sind ethnische Minderheitscommunitys keine einheitlichen kollektiven Akteure, was ihnen erlauben würde, die legalen Subjekte inklusiver Community-Rechte zu werden. Man muss der Versuchung widerstehen, die Community zu essentialisieren – es ist eine Phantasie von Vollkommenheit angesichts vorgestellten Verlusts. Einwanderercommunitys tragen schon in ihrer Entstehung den Stempel ihres Diaspora-Daseins, der ›Hybridisierung‹ und *différance*. Ihre vertikale Integration in ihre Ursprungstraditionen existiert zugleich und neben ihren lateralen Verbindungen zu anderen sowohl symbolischen wie realen ›Communitys‹ des Interesses, der Praxis, der Zielsetzungen. Individuelle Mitglieder insbesondere der jüngeren Generation erleben die widersprüchliche Anziehungskraft, die diese Kräfte ausüben. Viele machen ihre eigenen ausgehandelten ›Verträge‹ innerhalb und außerhalb der Communitys. Frauen, die die Traditionen ihrer Communitys respektieren, empfinden es als ihr

Recht, gegen deren patriarchalen Charakter und den Sexismus, den ihre Autoritäten zuweilen ausüben, Widerstand zu leisten. Andere ordnen sich ein. Wieder andere, die ihre Identitäten zwar nicht austauschen möchten, insistieren gleichwohl auf ihrem individuellen Recht auf Einigung und, wo es keine Einigung gibt, auf ihr ›Recht auszutreten‹. Sie verlangen die Unterstützung durch das Gesetz und andere soziale Einrichtungen, um die Ausübung dieses Rechtes praktisch wirksam zu machen.[31] Das Gleiche gilt für politischen und religiösen Dissens (Abweichungen).

Wenn wir uns im Zentrum der Moderne auf größere kulturelle Vielfalt zubewegen, müssen wir daher vorsichtig sein, damit wir nicht einfach in neue Formen ethnischer Abgeschlossenheit zurückfallen. Wir sollten im Auge behalten, dass ›Ethnizität‹ mit ihrem naturalisierten Verhältnis zu ›Community‹ ein weiterer Begriff ist, der nur durchgestrichen funktioniert. Wir alle lokalisieren uns in kulturellen Vokabularien und ohne sie wären wir unfähig, uns als kulturelle Subjekte auszudrücken. Wir alle kommen von und sprechen von ›irgendeinem Ort aus‹: wir sind verortet – und in diesem Sinne trägt selbst der Modernste die Spuren von ›Ethnizität‹. Wie Laclau Derrida paraphrasiert: wir können nur ›innerhalb einer Tradition‹ denken. Er erinnert uns jedoch daran, dass das nur möglich ist, »wenn man seine Beziehung zur Vergangenheit als kritische Rezeption« begreift (Laclau 1996). Kosmopolitische Kritiker haben recht, wenn sie uns daran erinnern, dass wir in der Spätmoderne auf fragmentierte Spuren und gebrochene Repertoires verschiedener Kulturen und ethnischer Sprachen zurückgreifen. Es bedeutet keine Leugnung der Kultur darauf zu insistieren, dass »die soziale Welt sich [nicht] säuberlich in verschiedene einmalige Kulturen aufteilen lässt, eine für jede Community, [noch] dass jeder nicht nur *eine* solche Einheit braucht – nicht nur eine einzelne kohärente Kultur – um […] dem Leben Form und Bedeutung zu geben« (Waldron 1992). Wir operieren zuweilen mit einem zu vereinfachten Begriff von ›Zugehörigkeit‹. Manchmal werden wir am meisten von unseren Zugehörigkeiten ›gesprochen‹, wenn wir darum kämpfen, uns von ihnen zu befreien, wenn wir mit ihnen streiten, sie kritisieren, oder uns radikal von ihnen absetzen. Wie die Beziehung zu unseren Eltern formen uns kulturelle Traditionen genauso, wenn sie uns nähren und unterstützen, *wie* wenn wir uns von ihnen unwiderruflich trennen, um zu überleben. Und darüber hinaus – obwohl wir es nicht immer erkennen – gibt es die ›Bindungen‹, die wir zu denen haben, die mit uns leben, sich aber von uns unterscheiden. Die ausschließliche Betonung der Differenz ist nur in einer rigide segregierten Gesellschaft möglich. Deren letztendliche Logik ist *Apartheid*.

31 Siehe die ausführlichen Debatten der »Women against Fundamentalism« hierzu.

Muss also die persönliche Freiheit und die individuelle Wahl am Ende jede Partikularität in modernen Gesellschaften übertrumpfen, wie es der Liberalismus immer behauptet hat? Nicht unbedingt. Das Recht, sein Leben ›von innen heraus‹ zu leben, das im Zentrum der modernen Konzeption von Individualität steht, ist innerhalb der westlichen liberalen Tradition tatsächlich gelehrt und entwickelt worden. Aber es ist nicht mehr ein Wert, der auf den Westen beschränkt wäre, zum Teil weil die Lebensformen, in denen es sich entwickelte, nicht mehr ausschließlich ›westlich‹ sind. Dieses Recht ist zu einem kosmopolitischen Wert geworden und gehört, in der Form des Diskurses über Menschenrechte, ebenso den Arbeitern in der Dritten Welt, die an der Peripherie des globalen Systems kämpfen, den Frauen in der sich entwickelnden Welt, die sich gegen patriarchale Entwürfe der ›Rolle der Frau‹ zur Wehr setzen, den politischen Kritikern, denen die Folter droht, wie den westlichen Konsument/innen in der ›schwerelosen Ökonomie‹ (*weightless economy*). In diesem Sinne ist kulturelle Zugehörigkeit (Ethnizität) paradoxerweise etwas, an dessen Besonderheit jede/jeder teilhat. Es ist ein universelles Partikulares, ein ›konkretes Universelles‹.

Das gleiche Argument lässt sich auch formulieren, wenn man anmerkt, dass jede multikulturelle Gesellschaft per definitionem immer mehr als eine Gruppe einschließt. Es muss einen Rahmen geben, in dem ernste Konflikte über Auffassungen, Glauben und Interesse ausgehandelt werden können, und das kann nicht nur der zum Gesetz erhobene Rahmen einer einzigen Gruppe sein. Dies war das Problem des eurozentrischen Assimilationismus. Die spezifische und besondere ›Differenz‹ einer Gruppe oder einer Community kann nicht absolut durchgesetzt werden, ohne Rücksicht auf den weiteren Kontext, der durch alle ›anderen‹ gebildet wird und im Verhältnis zu denen diese ›Partikularität‹ ihren relativen Wert erhält. Philosophisch bedeutet die Logik der *›différance‹*, dass die Bedeutung/Identität jedes Begriffs im Verhältnis zu allen anderen Begriffen im System konstituiert wird, und dass er nur in diesem Verhältnis eine Bedeutung hat. Eine spezifische kulturelle Identität kann nicht nur durch ihre positive Präsenz und ihren Inhalt definiert werden. Alle Identitätsbegriffe sind davon abhängig, ihre Grenzen zu markieren – zu definieren was sie sind im Verhältnis zu dem, was sie nicht sind. Wie Laclau argumentiert: »Ich kann keine differentielle Identität festlegen, ohne sie von einem Kontext zu unterscheiden, und in dem Prozess der Unterscheidung lege ich gleichzeitig den Kontext fest.« (Laclau 1996) Identitäten werden also innerhalb von Machtverhältnissen konstituiert (Foucault 1980). Jede Identität gründet auf einer Ausgrenzung und ist in diesem Sinne ›ein Machteffekt‹. Es muss etwas geben, was einer

Identität äußerlich ist (Laclau und Mouffe 1991, Butler 1993). Dieses ›Äußere‹ wird durch alle anderen Begriffe des Systems konstituiert, deren Abwesenheit oder deren Fehlen für die ›Gegenwart‹ (Existenz) dieses Äußeren konstitutiv ist. »Ich bin gerade deshalb ein Subjekt, weil ich nicht ein absolutes Bewusstsein sein kann, weil etwas konstitutiv Fremdes mir gegenübersteht.« Jede spezifische Identität ist deshalb ›radikal unzulänglich‹ in Bezug auf ihre ›anderen‹. »Das heißt, dass das Universelle insofern Teil meiner Identität ist, als ich durchdrungen bin von einem konstitutiven Mangel.«[32]

Das Problem ist jedoch, dass dieses Argument ein Alibi dafür liefern kann, den alten liberalen Universalismus heimlich durch die Hintertür wieder hereinzubringen. Laclau stellt jedoch dar: »Die imperialistische europäische Expansion musste dargestellt werden als universalisierende, zivilisierende Funktion, als Modernisierung, usw. Der Widerstand anderer Kulturen wurde […] nicht dargestellt als ein Kampf zwischen spezifischen Identitäten und Kulturen, sondern als Teil eines allumfassenden und epochalen Kampfes zwischen Universalismus und Partikularismus« (Laclau 1996). Kurz gesagt, der westliche Partikularismus wurde umgeschrieben in einen globalen Universalismus.

Innerhalb dieses Paradigmas ist der Universalismus an jedem Punkt der Partikularität und der Differenz entgegengesetzt. Wenn jedoch das ›Andere‹ Teil der Differenz ist, die wir geltend machen (die Abwesenheit, die es einer Präsenz erlaubt zu bedeuten), dann kommt jede generalisierende Behauptung, die das ›Andere‹ einschließt, nicht aus dem Weltraum da draußen, sondern sie entsteht *innerhalb des Partikularen.* »Das Universelle entsteht aus dem Partikularen, nicht als ein Prinzip, welches dem Partikularen zugrunde liegt und es erklärt, sondern als ein unabgeschlossener Horizont, der eine verrückte (dislocated) partikulare Identität vernäht (suturing)« (Laclau 1996). Warum ist der Horizont unabgeschlossen? Weil er nicht mit einem bestimmten und unveränderten Inhalt gefüllt werden kann wie in der liberalen Konzeption. Er wird immer dann neu definiert werden, wenn eine partikulare Identität, die ihre jeweils anderen und ihre eigene radikale Unvollkommenheit zur Kenntnis nimmt, den Horizont erweitert, innerhalb dessen die Forderungen aller ausgehandelt werden können und müssen. Laclau hat recht, wenn er darauf besteht, dass sein Inhalt nicht im Voraus gewusst werden kann. In diesem Sinn ist das Universale ein leeres Zeichen, ein ›fortwährend zurückweichendes Zeichen‹ (receding signifier). Es ist dieser Horizont auf den hin sich jede partikulare Differenz orientie-

32 Meine folgenden Ausführungen verdanken sich insbesondere Laclaus jüngster Diskussion des Verhältnisses von Universalismus und Partikularismus in *Emancipation(s)* (1996).

ren muss, wenn sie nicht zurückfallen will in eine absolute Differenz (die naturgemäß die Antithese einer multikulturellen Gesellschaft ist). Was wir gesagt haben über den generellen, kulturüberschreitenden Wunsch von Individuen, ihr Leben ›aus ihrem Inneren‹ leben zu wollen, ist ein Beispiel für diesen Prozess. Eine Forderung, die aus dem Inneren einer spezifischen Kultur entsteht, wird erweitert und ihre Verbindung mit der ursprünglichen Kultur wird transformiert, wenn sie gezwungen ist, ihre Bedeutung mit anderen Traditionen innerhalb eines erweiterten ›Horizonts‹ auszuhandeln, der sie nun beide einschließt.

Wie können also das Partikulare und das Universelle, der Anspruch auf Differenz und auf Gleichheit anerkannt werden? Das ist das Dilemma, das Rätsel – die multikulturelle Frage –, das im Zentrum der zersetzenden und erneuernden Macht des Multikulturellen liegt. Es zwingt uns, die traditionellen Grenzen der existierenden politischen Diskurse und ihrer fix und fertigen ›Lösungen‹ zu überschreiten. Es legt uns nahe, unser Denken nicht darauf zu lenken, die sterilen Argumente zwischen Liberalen und Kommunitaristen zu wiederholen, sondern darauf, auf neue und neuartige Weise Differenz und Identität zu *kombinieren* und die formalen Unvereinbarkeiten der politischen Vokabulare auf einem Terrain zusammenzubringen – Freiheit und Gleichheit *mit* Differenz, ›das Gute‹ *und* ›das Richtige‹.

Dieser Antagonismus mag einer formalen Lösung im Abstrakten nicht zugänglich sein, aber in der Praxis kann er ausgehandelt werden. Eine endgültige politische Entscheidung zwischen den rivalisierenden Definitionen ›des Guten‹ wäre schädlich für das gesamte multikulturelle Projekt, weil der Effekt darin bestünde, jeden politischen Raum in einen ›Stellungskrieg‹ zwischen verschanzten und absolutistischen partikularen Differenzen zu verwandeln. Die einzige Bedingung, unter denen dies nicht auf ein simples Nullsummenspiel herausläuft, ist im Rahmen einer agonistischen Form demokratischen Aushandelns (Mouffe 1993). Die Betonung muss jedoch auf dem ›agonistischen‹ liegen, das heißt, auf einem Begriff von Demokratie als einem fortwährenden Kampf ohne endgültige Lösung. Wir können ›Demokratie‹ nicht immer wieder nur beschwören. Aber die multikulturelle Frage zeigt uns auch, dass die ›Differenz‹ entscheidend ist, um Demokratie als einen wahrhaft heterogenen Raum definieren zu können. In unserem Bestreben, die Elemente möglicher Verknüpfungen zu finden, müssen wir darauf achten, die unauslöschliche Notwendigkeit dieses Moments der *Différance* hervorzuheben.[33] Was jedoch klar ist, ist dass der Prozess nicht

33 Das mag eher eine Frage der Schwerpunktsetzung sein als eine grundlegende Meinungsverschiedenheit. Laclau schreibt beispielsweise, als ob die Ausbreitung von Identitäten etwas sei, das in spätmodernen Gesellschaften einfach stattgefunden hat; er konzentriert

bei der politischen Behauptung einer radikalen Partikularität stehen bleiben darf. Es muss versucht werden, eine Vielfalt neuer öffentlicher Sphären zu konstruieren, in denen alle Partikularitäten transformiert werden, dadurch dass sie innerhalb eines breiteren Horizonts ausgehandelt werden müssen. Es ist entscheidend, dass dieser Raum heterogen und pluralistisch bleibt und dass die Elemente, die darin verhandeln, ihre *Différance* beibehalten. Sie müssen dem Drang widerstehen, sich durch eine formale Gleichwertigkeit, wie sie in das liberale Konzept der Bürgerschaft (*citizenship*) eingeschrieben ist, integrieren zu lassen, das heißt, eine assimilationistische Strategie der Aufklärung über einen langen Umweg wieder einzuführen. Wie Laclau erkannt hat: »Diese Universalisierung und ihr offener Charakter verurteilt mit Sicherheit alle Identitäten zu einer unvermeidbaren Hybridisierung, aber Hybridisierung bedeutet nicht notwendig einen Untergang durch den Verlust der Identität. Es kann auch bedeuten, dass existierende Identitäten einen Machtzuwachs erhalten durch die Eröffnung neuer Möglichkeiten. Nur eine konservative Identität, die sich selbst abschließt, kann Hybridisierung als Verlust erfahren.« (Laclau 1996)

Für eine neue politische Logik

Im letzten Teil dieses Beitrages haben wir damit gerungen, die nackten Umrisse einer neuen multikulturellen politischen Logik zu identifizieren und auszugraben. Eine solche Strategie würde versuchen, das zu tun, was im liberalen konstitutionellen Modell für prinzipiell unmöglich gehalten wird: eine radikale Rekonfiguration des Partikularen und des Universellen, der Freiheit und der Gleichheit mit Differenz zustande zu bringen. Das Ziel war, damit zu beginnen, die Erbschaften der liberalen, pluralistischen, kosmopolitischen und demokratischen Diskurse im Lichte des multikulturellen Charakters der spätmodernen Gesellschaften, in einen neuen Rahmen zu stellen. Keine einfache abschließende Lösung scheint möglich. Stattdessen haben wir versucht, ein Vorgehen zu skizzieren, das, indem es sich für wirksame und kompromisslose Strategien gegen Rassismus, Ausgrenzung

seine Untersuchung auf die Frage, wie ein so diversifiziertes Feld trotzdem durch einen bestimmen Typus der ›Universalisierung‹ hegemonisiert werden könnte. Einigen Protagonisten gerät dies oft zu einer Rückgewinnung (recuperation) des Differenzbegriffs und einer Erneuerung des alten universalistischen Arguments der Aufklärung. Von einem multikulturellen Standpunkt aus, ist die Heterogenisierung des sozialen Feldes – die Pluralisierung der sozialen Positionierungen – jedoch selbst ein notwendiges und positives, wenn auch nicht hinreichendes Moment und muss erhalten werden (in seinen hybridisierten Formen), neben der (immer unabgeschlossenen) Anstrengung, einen universelleren Horizont aus dem Inneren der Partikularismen zu formulieren.

und Erniedrigung einsetzt (die alte Tagesordnung des Antirassismus oder der Gleichberechtigung, die heute so relevant ist wie früher), dennoch bestimmte Grenzen respektiert (unter den neuen multikulturellen Bedingungen der Differenz, in denen diese Strategien nun operieren).

Wir können also individuelle Freiheit und formale Gleichheit (was New Labour in entwaffnender Weise ›Wertgleichheit‹ nennt) nicht einfach wieder neu bekräftigen, weil wir sowohl sehen, dass sie nur begrenzt tauglich sind angesichts der Komplexitäten von Zugehörigkeiten, Bindungen und Identitäten, die die multikulturelle Gesellschaft einführt, als auch wahrnehmen, welche tiefgreifenden ungerechten Ungleichheiten, sozialen Ausgrenzungen und Ungerechtigkeiten in ihren Namen nach wie vor begangen werden. Individuelle Wahl, wie sehr sie auch mit einer dünnen Schicht Kommunitarismus verschönt wird, kann weder die Bindungen bereitstellen, die durch Anerkennung entstehen, noch die Gegenseitigkeit und die Beziehungen, die unserem Leben als soziale Wesen Bedeutung geben. *Dies ist die kulturelle oder kommunitaristische Grenze der liberalen (einschließlich der marktliberalen) Formen des Multikulturalismus.* Auf der anderen Seite können wir den Forderungen der Kulturen und Normen der Communitys keine Rechte über Individuen zugestehen, ohne zugleich das Recht der Individuen auszuweiten – nicht nur als Ideal, sondern in der Praxis – eine andere Meinung als die ihrer Ursprungscommunity zu haben, sich aus ihr zu entfernen, oder sich ihr wenn nötig entgegenzustellen. Es entstehen greifbare Gefahren, wenn man in eine formal getrenntere, plurale Form politischer Repräsentation gleitet. Es entsteht die Gefahr, die spezifischen Werte der ›Community‹ aufzuwerten, als befänden sie sich nicht beständig in einer sich verändernden Beziehung zu allen anderen Werten, die um sie herum existieren und mit ihnen konkurrieren. Die Rückkehr zur Ethnizität in ihrer »ethnisch absolutistischen« Form (Gilroy 1993a, 1993b) produziert nur allzu leicht ihre eigenen Formen von Gewalt. Sie überessentialisiert kulturelle Differenzen, fixiert binäre ›Race-Unterschiede‹, lässt sie in Zeit und Geschichte erstarren (einfrieren), gibt den etablierten Autoritäten Macht über andere, privilegiert ›den Vater und das Gesetz‹ und führt zu einer Kontrolle von Differenz. Dies scheint die entscheidende Grenze zu sein, wo kultureller Pluralismus oder ethnischer Kommunitarismus *ihre liberale Schranke finden.*

Tatsache ist jedoch, dass weder Individuen als frei schwebende Einheiten, noch Communitys als solidarische Ganzheiten den sozialen Raum allein besetzen. Jedes ist konstituiert durch die Beziehungen, die es zum anderen hat, das sich von ihm unterscheidet. Wenn dies nicht in einem allgemeinen ›Krieg aller gegen alle‹ oder in einem segregierten Kommunitarismus resultieren soll, dann müssen wir danach suchen, wie sowohl eine stärkere Anerkennung von Differenz und eine größere Gerechtigkeit und Gleichheit für alle Bestandteil des gemeinsamen Horizonts werden können. Es scheint so zu sein, wie Laclau sagt, dass *sowohl* »das Universelle mit dem Partikularen unvereinbar ist« *als auch* »das erste nicht ohne das zweite existieren kann«. Statt die Demokratie zu unterminieren, ist dieses so genannte ›Versagen‹ die »Voraussetzung für Demokratie« (Laclau 1996). Dementsprechend erfordert diese multikulturelle politische Logik mindestens zwei weitere Existenzbedingungen: eine Vertiefung, Erweiterung und Radikalisierung demokratischer Praktiken in unserem gesellschaftlichen Leben; und die unerbittliche Bekämpfung jeder Form rassisierter oder ethnischer ausgrenzender Abschließung (unabhängig davon, ob sie von anderen gegenüber Minderheiten praktiziert wird, oder innerhalb dieser Minderheiten selbst). Denn Race-spezifische Benachteiligung und Ausgrenzung blockiert für jeden (einschließlich *jeglicher* Art von Minderheiten) den Zugang zu dem Prozess, eine einschließendere Form von ›Britentum‹ zu definieren, mit der dann, und *nur dann*, jeder/jede eingeladen werden kann, sich legitimerweise zu identifizieren. Dies konstituiert die *demokratische oder kosmopolitische Grenze sowohl der liberalen wie der kommunitaristischen Alternativen.*

Die Schwierigkeiten bei der praktischen und politischen Erweiterung dieser multikulturellen politischen Logik sind vielfältig, und es war nicht möglich, sie innerhalb dieses Kapitels anzugehen. Es ist jedoch unmöglich, dieses Argument stehen zu lassen, ohne die Schwierigkeiten wenigstens zu benennen. Einerseits ist dies ein günstiger Moment, um in Britannien die multikulturelle Frage auf die Tagesordnung zu setzen, weil Britentum als nationale Identität sich in einem Übergangsstadium befindet: bedrängt von Problemen, steht seine extensive Erneuerung und seine erneute Aushandlung auf der Tagesordnung. Solche Gelegenheiten sind jedoch auch immer Momente großer Gefahr. Denn gerade dann, wenn die multikulturelle Frage Dinge von unten infrage stellt, die in den westlichen politischen Institutionen als beantwortet und abgeschlossen gesehen wurden, erscheint es vielen so, als sei diese Frage der Tropfen, der das Wasser zum Überlaufen bringt. Sie verweist auf die Neudefinition dessen, was britisch bedeutet, in der das schier Undenkbare geschehen kann – es wird vielleicht möglich sein, Schwarz-und-britisch oder asiatisch-und-britisch (oder sogar britisch-und-schwul!) zu sein. Die Vorstellung jedoch, dass jede/r Zugang zu dem Prozess habe sollte, in dem solche neuen Formen von Britentum definiert werden, dazu noch der Verlust des Imperiums und der Niedergang Britanniens als Weltmacht, treibt manche Bürger/innen buchstäblich zum Wahnsinn. Die Verunreinigung von ›Little England‹ – wie sie es sehen –

muss damit rechnen, nicht nur ein Wiederauftauchen alter biologistischer Stereotypen zu produzieren, sondern zudem ein sich ausbreitendes Lexikon neuer ausgrenzender binärer Gegensätze, gründend in einer rassisierten ›kulturellen Differenz‹; eine britische Version der neuen Rassismen, die außerhalb Britanniens überall an Boden gewinnen.

Beide Prozesse sind in Britannien am Übergang zum nächsten Jahr-tausend gesund und munter. Beide gedeihen Hand in Hand in einer schicksalhaften Symbiose. Die Feiern zum Jahrestag der Ankunft des Schiffes »SS Empire Windrush«, die von einigen als »unaufhaltsamer Aufstieg eines multikulturellen Britanniens« beschrieben wurden (Phillips und Phillips 1998), fanden im gleichen Jahr statt wie die lange verschleppte Untersuchung des Mordes an dem Schwarzen Teenager Stephen Lawrence durch fünf Weiße Jugendliche. Die Untersuchung diagnostizierte ›institutionellen Rassismus‹ (Macpherson 1999). Beide Ereignisse sind höchst paradigmatisch für den Zustand des britischen Multikulturalismus. Um Britanniens konfuse und problematische Antwort auf die ›multikulturelle Frage‹ zu verstehen, ist es entscheidend festzuhalten, dass beide Ereignisse gleichzeitig auftraten, innerhalb der gleichen Konjunktur.

Aus dem Englischen von Nora Räthzel

Literaturverzeichnis

Ahmad, A. (1995): The Politics of Literary Post-Coloniality, in: Race and Class, vol. 36, no. 3

Althusser, L. (1968): Für Marx. Frankfurt/M

ders. (1970): Freud und Lacan. Berlin

ders. (1974): Lenin und die Philosophie. Reinbek

ders. (1977): Ideologie und ideologische Staatsapparate. Reinbek

ders. und E. Balibar (1972): Das Kapital lesen. Reinbek

Anderson, P. (1978): Über den westlichen Marxismus. Frankfurt/M

Babcock, B. (1978): The Reversible World: symbolic inversion in art and society. Ithaca

Bailey, D. (1988): Rethinking black representation, in: Ten/8, no. 31. Birmingham

Bakhtin, M. (1981): The Dialogic Imagination. Austin

ders. und V.N. Vološinov (1973): Marxism and the philosophy of language. Cambridge

Balibar, E. (1990): Gibt es einen ›Neo-Rassismus‹?, in: E. Balibar und I. Wallerstein, Rasse, Klasse, Nation. Ambivalente Identitäten. Hamburg

Barker, C. (2003): Kaleidoskopische Cultural Studies. Fragen von Politik und Methode, In: A. Hepp und C. Winter, Die Cultural Studies Kontroverse. Lüneburg

Barker, M. (1988): The New Racism, in: E. Balibar und I. Wallerstein, Race, Nation, Class. London

Barrett, M. (1991): The Politics of Truth. Cambridge

Barthes, R. (1971): Rhetorics of Image, in: Working Papers in Cultural Studies

ders. (1976): S/Z, Frankfurt/M

ders. (1977): Rhetoric of the Image, in: Image-Musik-Text. Glasgow

ders. (1979): Elemente der Semiologie. Frankfurt/M

ders. (1984): Die Lust am Text. Frankfurt/M

Baudrillard, J. (1983): Simulations. New York

Bennett, T., und J. Woolacott (1987): Bond and Beyond: Fiction, Ideology and Social Process. London

Bhabha, H. (1986a): The Other question, in: Literature, Politics and Theory. London

ders. (1986b): Vorwort zu F. Fanon, Black Skin, White Masks. London

ders. (1990): Nation and Narration. London

ders. (1997): The Voice of the Dom, in: Times Literacy Supplement, no. 4923

ders. (2000): Die Verortung der Kultur. Tübingen

Bogle, D. (1973): Toms, Coons, Mulattoes, Mammies and Bucks: an interpretative history of blacks in American films. New York

Bonnett, A. (1999): Anti-Racist Dilemmas, in: Race and Class, vol. 36, no. 3

Brah, A. (1992): Difference, Diversity and Differenciation, in: J. Donald und A. Rattansi (Hg.), Race, Culture and Difference. London

Brah, A. (1996): Cartographies of Diaspora. London/New York

Brathwaite, E.K. (1971): The Development of Creole Society in Jamaica, 1770–1820. Oxford

Brown, B., und M. Cousins (1980): The Linguistic Fault, in: Economy and Society, vol. 9, no. 3

Brown, R. (1965): Social Psychology. London/New York

Brunsden, C., und D. Morley (1979): Everyday Television – Nationwide. London

Butler, J. (1991): Das Unbehagen der Geschlechter. Frankfurt/M

dies. (1993): Bodies that Matter. London

dies. (1997): Körper von Gewicht. Die diskursiven Grenzen des Geschlechts. Frankfurt/M

Carby, H. V. (1998): Race Men: The W. E. B. DuBois Lectures. Cambridge

Caws, P. (1994): Identity, Trans-cultural and Multi-cultural, in: D. Goldberg (Hg.), Multiculturalism. London

Cripps, T. (1978): Black Film as Genre. Bloomington

Clifford, J. (1997): Routes. Cambridge

Davis, A. (1983): Women, Race and Class. New York

Davis, N. (1999): The Isles. Baskingstoke

Derrida, J. (1982): Margins of Philosophy. Brighton

ders. (1993): Vom Geist. Heidegger und die Frage, Frankfurt/M

ders. (1986): Positionen. Gespräche mit Henri Ronse, Julia Kristeva, Jean-Louis Houdebine und Guy Scarpetta. Wien

Diawara, M. (Hg.) (1993): Black American Cinema. New York

Douglas, M. (1966): Purity and Danger. London

Dretzel, P. (1979): Recent Sociology 2. London

Du Gay, P., et al. (1997): Doing Cultural Studies: The story of the Sony Walkman. London

Dyer, R. (Hg.) (1977): Gays and Film. London

ders. (1986): Heavenly Bodies. Basingstoke

Eco, U. (1972): Towards a Semiotic Inquiry into the Television Message, in: Working Papers in Cultural Studies, no. 3, CCCS. Birmingham

ders. (1987): Travels in Hyperreality. London

Fanon, F. (1986): Black Skin – White Masks. London

Fernando, S. (1992): Blackened Images, in: D. A. Bailey und S. Hall (Hg.), Critical Decade, Ten/8, vol. 2, no. 2. Birmingham

Fish, S. (1980): Is there a Text in This Class? The Authority of Interpretive Communities. Cambridge

ders. (1998): ›Boutique Multiculturalism‹, in: A. Melzer et al. (Hg.), Multiculturalism and American Democracy. University of Kansas Press

Foucault, M. (1971): Die Ordnung der Dinge. Eine Archäologie der Humanwissenschaften. Frankfurt/M

ders. (1973): Die Archäologie des Wissen. Frankfurt/M

ders. (1976): Überwachen und Strafen. Die Geburt des Gefängnisses. Frankfurt/M

ders. (1977): Der Wille zum Wissen. Sexualität und Wahrheit – Band 1. Frankfurt/M

ders. (1980): Power/Knowledge. New York

ders. (1984): Nietzsche, Genealogy, History, in: P. Rabinow (Hg.), The Foucault Reader. Harmondsworth

ders. (1986): Der Gebrauch der Lüste. Sexualität und Wahrheit – Band 2. Frankfurt/M

Freud, S. (1974): Massenpsychologie und Ich-Analyse, in: ders., Studienausgabe, Band 9: Fragen der Gesellschaft/Ursprünge der Religion, hg. v. A. Mitscherlich. Frankfurt/M

ders. (1982a): Drei Abhandlungen zur Sexualtheorie, in: ders., Studienausgabe, Band 5: Sexualleben. Frankfurt/M

ders. (1982b): Fetischismus, in: ders., Studienausgabe, Band 3: Psychologie des Unbewussten. Frankfurt/M

Gaines, J. (1993): Fire and desire: race, melodrama and Oscar Micheaux, in: M. Diawara (Hg.), Black American Cinema – Film Reader. New York

Gates, H. L. (1988): The Signifying Monkey. Oxford

Gerbner, G., et al. (1970): Violence in TV Drama. A Study of Trends and Symbolic Functions. Philadephia

Giddens, A. (1999): Runaway World. London

ders. (2000): The Third Way and its Critics. London

Gilman, S. (1985): Difference and Pathology. Ithaca

Gilroy, P. (1993a): The Black Atlantic: Modernity and Double Consciousness. London

ders. (1993b): Small Acts. London

ders. (1999): Joined-up Politics and Post-colonial Melancholia. The 1999 Diversity Lecture. London

Glissant, E. (1981): Le Discours Antillais, Paris

Gramsci, A. (1991ff.): Gefängnishefte – Kritische Gesamtausgabe, Bände 1–10. Hamburg

Green, D. (1984): Classified Subjects: photography and anthropology – the technology of power, Ten/8, no. 14. Birmingham.

Habermas, J. (1993): Anerkennungskämpfe im demokratischen Rechtsstaat, in: C. Taylor (Hg.), Multikulturalismus und die Politik der Anerkennung. Frankfurt/M

Hall, C. (1994): White Mall and Middle Class. Cambridge

Hall, S. (1972a): Determinations of new photographs, in: Working Papers in Cultural Studies, no. 3. Birmingham

ders. (1972b): The External/Internal Dialectic in Broadcasting, Paper presented at the 4th Symposium on Broadcasting. University of Manchester

ders. (1974): Marx's notes on method: A ›reading‹ of the ›1857 Introduction‹, in: Working Papers in Cultural Studies, no. 6. London

ders. (1976): Broadcasting an the State. The Independence/Impartiality Couplet, Paper presented at the AMCR Symposium. University of Leicester

ders. (1981): The whites of their eyes, in: R. Brunt (Hg.), Silver Linings. London

ders. (1982): Popular-demokratischer oder autoritärer Populismus, in: Neue soziale Bewegungen und Marxismus, Argument-Sonderband 78. Berlin/W

ders. (1985): Cultural Studies. [Dieses Buch ist bislang unveröffentlicht geblieben.]

ders. (1993): Culture, Community, Nation, in: Cultural Studies, vol. 7, no. 3

ders. (1994a): Kulturelle Identität und Diaspora, in: ders., Rassismus und kulturelle Identität, Ausgewählte Schriften 2. Hamburg

ders. (1994b): Das Lokale und das Globale: Globalisierung und Ethnizität, in: ders., Rassismus und kulturelle Identität, Ausgewählte Schriften 2. Hamburg

ders. (1994c): Neue Ethnizitäten, in: ders., Rassismus und kulturelle Identität, Ausgewählte Schriften 2. Hamburg ders. (1995): Fantasy, Identity, Politics; in: E. Carter, J. Donald, J. Squites (Hg.): Cultural Remix. Theories of Politics and the Popular. London

ders. (1996a): The after-life of Frantz Fanon, in: A. Read (Hg.), The Fact of Blackness: Frantz Fanon and visual representation. Seattle

ders. (1996b): When was the ›Post-Colonial‹? – thinking at the Limit, in: I. Chambers und L. Curti (Hg.), The Post-Colonial Question. London

ders. (1998): Aspiration and Attitude … Reflections on Black Britain in the Nineties, New Formations, no. 3 (spring)

ders. (1999a): From Scarman to Stephen Lawrence, History Workshop Journal, no. 48

ders. (1999b): Encoding/Decoding, in: R. Bromley (Hg.), Cultural Studies. Grundlagentexte zur Einführung. Lüneburg

ders. (1999c): Whose Heritage? Third Text, no. 49 (winter)

ders. (1999d): Thinking the Diaspora, small axe, no. 6. Kingston

ders. (2000): Das theoretische Vermächtnis der Cultural Studies, in: ders., Cultural Studies. Ein politisches Theorieprojekt, Ausgewählte Schriften 3. Hamburg

ders. (2004a): Wer braucht ›Identität‹, in: ders., Ideologie, Identität, Repräsentation, Ausgewählte Schriften 4. Hamburg

ders. (2004b): Bedeutung, Repräsentation, Ideologie. Althusser und die poststrukturalistischen Debatten, in: ders., Ideologie, Identität, Repräsentation, Ausgewählte Schriften 4. Hamburg

ders. und Jefferson T. (Hg.) (1976): Resistance through Rituals. London

ders., D. Hobson, A. Lowe, P. Willis (Hg.) (1980): Culture, Media Language. Working Papers in Cultural Studies (1972–1979). London

Harvey, D. (1989): The Conditions of Postmodernity. Oxford

Halloran, J. D. (1973): Understanding Television. Leicester

Heath, S. (1981): Questions of Cinema. Basingstoke/London

Hegel, G. W. F. (1986): Vorlesungen über die Philosophie der Geschichte, Werke 12. Frankfurt/M.

Held, D., et al. (1999): Global Transformations. Cambridge

Hirst, P. (1979): On Law and Ideology. Basingstoke/London

Hobsbawm, E., und T. Ranger (1993): The Invention of Tradition. Cambridge

Hooks, B. (1992), Black Looks: Race and Representation. Boston

Ignatieff, M. (1994): Blood and Belonging. London

Jordan, W. (1968): White over Black. Chapel Hill

Klein, M. (1957): Envy and Gratitude. New York

Kristeva, J. (1982): Powers of Horror. New York

Kymlicka, W. (1989): Liberalism, Community and Culture. Oxford

Lacan, J. (1997), Écrits. London/Tavistock

ders. (1973): Schriften 1. Olten/Freiburg

ders. (1978): Die vier Grundbegriffe der Psychoanalyse. Olten/Freiburg

Laclau, E. (1981): Politik und Ideologie im Marxismus. Kapitalismus – Faschismus – Populismus. Hamburg

ders. (1990): New Reflections on the Revolution of Our Time. London ders. (1996): Emancipations. London

ders. und C. Mouffe (1991): Hegemonie und radikale Demokratie. Zur Dekonstruktion des Marxismus. Wien

Laplanche, J., und J.-B. Pontalis (1972): Das Vokabular der Psychoanalyse. Frankfurt/M

Leab, D. (1976): From Sambo to Superspade. New York

Lentricchia, F. (1980): After the New Criticism. Chicago

Lévi-Strauss, C. (1970): The Raw and the Cooked. London

Lewis, J. (1983): The Encoding/Decoding Model: Criticisms and Redevelopments for Research on Decoding, in: Media, Culture and Society, no. 5

Lindfors, B. (unveröffentlicht): The Hottentot Venus and other African attractions

Long, E. (1774): History of Jamaica. London

Mackenzie, J. (Hg.) (1986): Imperialism and Popular Culture. Manchester

Macpherson, W. (1999): The Stephen Lawrence Inquiry – Report of an Inquiry by Sir William Macpherson of Cluny. London

Marx, K. (1953): Grundrisse der Kritik der politischen Ökonomie (Rohentwurf 1857–58). Frankfurt/M, Wien

ders (1971): 1857 Intoduction und 1859 Preface to A Contribution to the Critique of Political Economy. London

May, S. (Hg.) (1999): Critical Multiculturalism: Re thinking Multicultural and Anti Racist Education. Brighton

May, T. (Hg.) (1996): Situating Social Theory. London

MEW (Marx-Engels-Werke) (1958ff). Berlin

McClintock, A. (1995): Imperial Leather. London

McLaren, P. (1997): Revolutionary Multiculturalism – Pedagogies of Dissent for the New Millenium. Los Angeles

McNay, L. (1994): Foucault. A Critical Introduction. Cambridge

Mercer, K. (Hg.) (1994): Welcome to the Jungle. London

ders. (1994a): Reading racial fetishism, in: ders. (Hg.), Welcome to the Jungle. London

ders. und I. Julien (1994): Black masculinity and the politics of race, in: ders. (Hg.), Welcome to the Jungle. London

Miller, J.-A.(1977/78): Suture elements of the logic of the signifier, in: Screen, vol. 18, no. 4

Morley, D. (1980): The Nationwide Audience. London

ders. (1986): Family Television.London

Morton, P. (1991): Disfigured Images. New York

Mouffe, C. (1993): The Return of the Political. London

Nairn, T. (1997): The Break-Up of Britain. London

Ortiz, F. (1940): Cuban Counterpoint: Tobacco and Sugar. Durham/London

Peter, T. (1995): The Politics of Time. Modernity and Avantgarde. London

Parekh, B. (1991): British Citizenship and Cultural Difference, in: A. Geoff (Hg.), Citizenship. London

Parekh, B. (1999): The Logic of Inter-cultural Evaluation, in: J. Horton und S. Mendus (Hg.), Toleration, Identity and Difference. Basingstoke

Parkin, F. (1971): Class Inequality and Political Order, London

Peirce, C. (1931–1958): Collected Papers, in: Speculative Grammar. Cambridge

Phillips, M., und Phillips, T. (1998): Windrush – The Irresistible Rise of Multi-racial Britain. London

Phoenix, A. (1998): ›Multiculture‹, ›Multiracism‹ and Youg People: Contradictory Legacies of Windrush, Soundings, no. 10 (autumn)

Poulantzas, N. (1975): Politische Macht und gesellschaftliche Klassen. Frankfurt/M

ders. (1978): Science, Ideology and Commonsense, in: S. Hibbin (Hg.), Politics, Ideology and the State. London

Pratt, M. L. (1992): Imperial Eyes: Travel Writing and Transculturation. London

Richards, T. (1990): The Commodity Culture of Victorian Britain. London

Richardson, R. (1999): Islamophobia. London

Riefenstahl, L. (1973): Die Nuba. München

Robbins, K. (1991): Tradition and Translation: National Culture in Global Context, in: J. Corner und S. Harvey (Hg.), Enterprise and Heritage: Crosscurrents of National Culture. London

Rose, J. (1996): Sexualität im Feld der Anschauung. Wien

Rushdie, S. (1991): Imaginary Homelands. London

Said, E. (1978): Orientalism. Harmondsworth

Saussure, F. de (1974): Course in General Linguistics. London

Segal, L. (1997): Sexualities, in: K. Woodward (Hg.), Identity and Difference. London

Scott, D. (1999): Refashioning Futures: Criticism after Post-Coloniality. Princteon

Souter, James (1995): From Gender Trouble to Bodies That Matter (unveröffentl. Ms.)

Stallybrass, P., und A. White (1986): The Politics and Poetics of Transgression. London

Staples, R. (1982): Black Masculinity: the black man's role in American society. San Francisco

Taylor, C. (1993): Die Politik der Anerkennung, in: C. Taylor (Hg.), Multikulturalismus und die Politik der Anerkennung. Frankfurt/M

Thompson, E. P. (1980): Das Elend der Theorie. Frankfurt/M

Vološinov, V. N. (1975): Marxismus und Sprachphilosophie. Frankfurt/M

Wallace, M. (1979): Black Macho. London

ders. (1993): Race, gender and psychoanalysis in forties films, in: M. Diawara (Hg.), Black American Cinema – Film Reader. New York

Waldron, J. (1992): Minority Cultures and the Cosmopolitan Alternative, in: W. Kymlicka (Hg.), The Rights of Minority Cultures. Oxford

ders. (1994): The Search for the Good-enough Mammy, in: D. Goldberg (Hg.), Multiculturalism. London

Werbner, P. (1997): The Dialectics of Cultural Hybridity, in: P. Werbner und T. Modood (Hg.), Debating Cultural Hybridity. London

Wieviorka, M. (1997): ›Is it so Difficult to be an Anti-racist?‹, in: P. Werbner und T. Modood (Hg.), Debating Cultural Hybridity. London

Yuval-Davis, N. (1997): Gender and Nation. London

Drucknachweise

Ideologie und Ökonomie. Marxismus ohne Gewähr

Engl.: The Problem of Ideology. Marxism Without Guarantees, in: Betty Matthews (1983) (Hg.), Marx – A Hundred Years On. London, 57–85

Deutsche Übersetzung erstmalig in: Projekt Ideologietheorie (1984), Die Camera Obscura der Ideologie. Hamburg, 97–121

Bedeutung, Repräsentation, Ideologie. Althusser und die poststrukturalistischen Debatten

Engl.: Signification, Representation, Ideology: Althusser and the Post-Structuralist Debates, in: Critical Studies in Mass Communication (1985), vol. 2, no. 2, 91–114

Kodieren/Dekodieren

Engl.: Encoding/Decoding, in: CCCS Stenciled Paper (1977), no. 7

Deutsche Übersetzung erstmalig in: Roger Bromley et al. (Hg.) (1999), Cultural Studies. Grundlagentexte zur Einführung. Lüneburg, 92–110

Reflexionen über das Kodieren/Dekodieren-Modell. Ein Interview mit Stuart Hall

Engl.: Reflections upon the Encoding/Decoding Model: An Interview with Stuart Hall, in: Jon Cruz und Justin Lewis (Hg.) (1994), Audiences and Cultural Reception. Boulder, 253–274

Das Spektakel des ›Anderen‹

Engl.: The Spectacle of the ›Other‹, in: Stuart Hall (Hg.) (1997), Representation. Cultural Representations and Signifying Practices. London, 223–290

Wer braucht ›Identität‹?

Engl.: Introduction: Who Needs ›Identity‹?, in: Stuart Hall und Paul du Gay (Hg.) (1996), Questions of Cultural Identity. London, 1–17

Die Frage des Multikulturalismus

Engl.: Conclusion: The Multi-cultural Question, in: Barnor Hesse (Hg.) (2000), Un/settled Multiculturalismus: Diasporas, Entanglements, Transruptions. London, 209–241

Veröffentlichungen von Stuart Hall in deutscher Sprache

Schriften. Band I und II. Hamburg 2021, Argument

Vertrauter Fremder. Ein Leben zwischen zwei Inseln. Hamburg 2020, Argument [Familiar Stranger. A life between two islands]

Das Spektakel des ›Anderen‹; in: Andreas Ziemann (Hg.): Grundlagentexte der Medienkultur. Ein Reader. Wiesbaden 2019, Springer-VS, 150-160

Das verhängnisvolle Dreieck. Rasse, Ethnie, Nation; hg. v. Kobena Mercer. Berlin 2018, Suhrkamp [The Fateful Triangle]

Ausgewählte Schriften. Band 5: Populismus, Hegemonie, Globalisierung; hg. v. Victor Rego Diaz, Juha Koivisto, Ingo Lauggas. Hamburg 2014, Argument

Eine permanente neoliberale Revolution?; in: Das Argument. Zeitschrift für Philosophie und Sozialwissenschaften. 53. Jg., 2011, H 5, 651–671

Neue Ethnizitäten; in: Uwe Wirth (Hg.): Kulturwissenschaft. Eine Auswahl grundlegender Texte. Frankfurt/M. 2008, Suhrkamp

»Jeder muss ein bisschen aussehen wie ein Amerikaner«. Über die Bedeutung des Kulturellen fürs Verstehen der Gesellschaft; in: Das Argument. Zeitschrift für Philosophie und Sozialwissenschaften. 50. Jg., 2008, H 4, 479–486

New Labours doppelte Kehrtwende; in: Das Argument. Zeitschrift für Philosophie und Sozialwissenschaften. 46. Jg., 2004, H 3–4, 483–493

Ausgewählte Schriften. Band 4: Ideologie, Identität, Repräsentation; hg. v. Juha Koivisto, Andreas Merkens. Hamburg 2004, Argument

Europas anderes Selbst; in: Frank Frangenberg (Hg.): Projekt Migration. Köln 2003, DuMont, 803–805

Das Aufbegehren der Cultural Studies und die Krise der Geisteswissenschaften; in: Andreas Hepp, Carsten Winter (Hg.): Die Cultural Studies Kontroverse. Lüneburg 2003, zu Klampen, 33–50

Die Zentralität von Kultur; in: Martin Hepp, Martin Löffelholz (Hg.): Grundlagentexte zur transkulturellen Kommunikation. Konstanz 2002, UVK, 95–117

Wann gibt es ›das Postkoloniale‹? Denken an der Grenze; in: Sebastian Conrad, Shalini Randiera (Hg.): Jenseits des Eurozentrismus. Postkoloniale Perspektiven in den Geschichts- und Kulturwissenschaften. Frankfurt/M. 2002, Campus, 219–246

Von Scarman zu Stephen Lawrence. Rassismus und kulturelle Pluralität im heutigen Britannien; in: Karen Schönwälder, Imke Sturm-Martin (Hg.): Die britische Gesellschaft zwischen Offenheit und Abgrenzung. Berlin 2001, Philo, 154–168

Ausgewählte Schriften. Band 3: Cultural Studies – ein politisches Theorieprojekt; hg. v. Nora Räthzel. Hamburg 2000, Argument

Rassismus als ideologischer Diskurs; in: Theorien über Rassismus. Hamburg 2000, Argument, 7–16

Die zwei Paradigmen der Cultural Studies; in: Karl H. Hörning, Rainer Winter (Hg.): Widerspenstige Kulturen. Cultural Studies als Herausforderung. Frankfurt/M. 1999, Suhrkamp, 13–42

»Ein Gefüge von Einschränkungen«. Gespräch zwischen Stuart Hall und Christian Höller; in: Jan Engelmann (Hg.): Die kleinen Unterschiede. Der Cultural-Studies-Reader. Frankfurt/M. 1999, Campus, 99–122

Ethnizität. Identität und Differenz; in: Jan Engelmann (Hg.): Die kleinen Unterschiede. Der Cultural-Studies-Reader. Frankfurt/M. 1999, Campus, 83–98

Kodieren; in: Roger Bromley, Udo Göttlich, Carsten Winter (Hg.): Cultural Studies. Grundlagentexte zur Einführung. Lüneburg 1999, zu Klampen, 92–110

zusammen mit Eric Hobsbawm, Martin Jacques, Suzanne Moore, Geoff Mulgan: Tod des Neoliberalismus. Es lebe die Sozialdemokratie? Marxism Today: Eine Debatte. Supplement der Zeitschrift Sozialismus. 1999, H 1

Wann war ›der Postkolonialismus‹? Denken an der Grenze; in: Elisabeth Bronfen, Benjamin Marius, Therese Steffen, Anne Emmert, Josef Raab (Hg.): Hybride Kulturen. Beiträge zur anglo-amerikanischen Multikulturalismusdebatte. Tübingen 1997, Stauffenburg, 219–246

Zur kulturellen Identität im Kino der afrikanischen Diaspora; in: Marie-Hélène Gutberlet, Hans-Peter Metzler (Hg.): Afrikanisches Kino. Unkel 1997, Horlemann, 136–150

Nachruf auf Raphael Samuel; in: Historische Anthropologie. Kultur, Gesellschaft, Alltag. Köln 1997, Böhlau, 477–481

Einige ›nicht politisch korrekte‹ Pfade durch PC; in: Das Argument. Zeitschrift für Philosophie und Sozialwissenschaften. 38. Jg., 1996, H 1, 71–82

Ausgewählte Schriften. Band 2: Rassismus und kulturelle Identität; hg. v. Ulrich Mehlem, Dorothee Bohle, Joachim Gutsche, Matthias Oberg, Dominik Schrage. Hamburg 1994, Argument

Das Ökologie-Problem und die Notwendigkeiten linker Politik: Ein Interview mit Stuart Hall; in: Das Argument. Zeitschrift für Philosophie und Sozialwissenschaften. 33. Jg., 1991, H 5, 665–674

Ideologie und Ökonomie. Marxismus ohne Gewähr; in: European Journal for Semiotic Studies. 3. Jg., 1991, H 1–2, 229–254

Rassismus als ideologischer Diskurs; in: Das Argument. Zeitschrift für Philosophie und Sozialwissenschaften. 31. Jg., 1989, H 6, 913–922

Ausgewählte Schriften. Band 1: Ideologie, Kultur Rassismus, hg. v. Nora Räthzel. Hamburg 1989, Argument

Die Bedeutung des autoritären Populismus für den Thatcherismus; Das Argument. Zeitschrift für Philosophie und Sozialwissenschaften. 27. Jg., 1985, H 4, 533–542

zusammen mit Wolfgang F. Haug, Veikko Pietilä: Die Camera Obscura der Ideologie. Philosophie – Ökonomie – Wissenschaft. Hamburg 1984, Argument

Pfeifen im Dunkeln; in: Die Neue Gesellschaft. 30. Jg., 1983, H 11, 1006–1012

Die Konstruktion von Rasse in den Medien; in: Das Argument. Zeitschrift für Philosophie und Sozialwissenschaften. 24. Jg., 1982, H 4, 524–533

Labour, Sozialdemokratie, Sozialismus. Interview mit Stuart Hall; in: Das Argument. Zeitschrift für Philosophie und Sozialwissenschaften. 24. Jg., 1982, H 5, 697–704

Popular-demokratischer oder autoritärer Populismus; in: Wolfgang F. Haug, Wieland Elfferding (Hg.): Neue soziale Bewegungen und Marxismus. Berlin 1982, Argument, 104–124

Rasse, Klasse, Ideologie; in: Das Argument. Zeitschrift für Philosophie und Sozialwissenschaften. 22. Jg., 1980, H 4, 507–510

»Here We Rule«. Searching for a whole way of life – Football, Punk and Reggae in Modern Youth Culture; in: Englisch Amerikanische Studien. Zeitschrift für Unterricht, Wissenschaft & Politik. 1. Jg., 1979, 103–119

Ideologie und Wissenssoziologie. Ein historischer Abriß; in: Projekt Ideologie-Theorie: Theorien über Ideologie. Berlin 1979, Argument, 130–153

Die soziale Optik der *Picture Post*; in: Edmund Nierlich (Hg.): Fremdsprachliche Literaturwissenschaft und Massenmedien. Meisenheim 1978, Hain, 203–255

Über die Arbeit des Centre for Contemporary Cultural Studies (Birmingham). Ein Gespräch mit H. Gustav Klaus; in: Gulliver. Deutsch-Englische Jahrbücher 2; hg. v. W. F. Haug. Berlin 1977, Argument, 54–67

Die Gesamtbibliographie der textlichen und medialen Veröffentlichungen von Stuart Hall in englischer Sprache und in anderen Sprachen stellt die Stuart Hall Foundation zur Verfügung: http://stuarthallfoundation.org/professor-stuart-hall-2/bibliography/

Wir danken Christof Ohm für seine Hinweise zur Bibliografie von Stuart Hall.